アメリカ都市政治の展開
マシーンからリフォームへ

平田美和子
HIRATA Miwako

武蔵大学研究叢書　No.94
（人文叢書　No.19）

た。その結果、20世紀の初頭以来、様々な制度改革が導入され、それにもとづく「リフォーム政治」が展開されてきた。本書は、アメリカ独特の政党マシーンによる都市政治支配が、いかなるものであったのか、また、政党マシーンの市政支配に反対して展開された市政改革運動が何を目的として展開され、さらに都市政治に何をもたらしたのかを考察することを主たる目的としている。

考察の対象とする時期は、「マシーン政治」が全盛期にあったといわれる19世紀末期から、政党マシーンがほぼ消滅したといわれる一方で、革新主義市政改革以来の制度改革が浸透してきている今日までである。本書は、この100年余の期間に、都市政治がマシーン政治の時代からリフォーム政治の時代へと大きく転換してきたととらえているが、それだからといって、単純にマシーンとリフォームとの二分法によって都市政治を理解しようとしているわけではない。革新主義市政改革以来、政党マシーンは市政改革の影響を受けざるをえなかったし、それに対応しながら組織の拡大・強化をはからなければならなかった。それに対し、改革者の側も政党マシーンの手法をとりいれながら支持層を拡大していくこともあった。そうした複雑な側面に考慮しつつ、都市における政治統合をめぐる問題を考察する。

序章では、政党マシーンによる「マシーン政治」とマシーンの市政支配に反対する改革者によって提案され、実現されていった各種の制度改革にもとづく「リフォーム政治」という都市政治の二つのタイプを提示し、その特徴と歴史的発展について考察する。一般に、マシーン政治は今日の都市政治の舞台からほぼ消え去ったとみられているが、このことをリフォーム政治的政府形態、選挙タイプ・方式などの観点から明確化するとともに、「リフォーム政治」の浸透によって生み出された問題点を探る。

序章に続く章は、大きく二部にわかれており、第Ⅰ部は都市におけるマシーン政治に関する五つの章から構成されている。第1章では、まず19世紀末から今日までに展開されてきた政党マシーン論において、マシーン政治がどのようにとらえられてきたのかを検討する。その上で、あらためて一般にマシーンの全盛期といわれる19世紀末から20世紀初頭の時代における都市政党マシーンを念頭において、その特徴を明らかにする。次に、全市的支配力をもつ強力なマシーンに限っていえば、その隆盛期は、むしろ革新主義時代の後、1930年代に

まえがき

　アメリカでは、19世紀後半から20世紀初期にかけて工業化の進展にともな[い]都市化が急速に進んだ。1840年には、アメリカ人の10人に1人が都市に居住[し]ているにすぎなかったが、1900年には10人中4人が都市住民となり、つい[に]1920年には都市人口が50％以上を占めるにいたった。国民のほとんどが農[民で]あった国が、一世紀にも満たないうちに過半数が都市住民である国へと大[変貌]をとげたのである。こうした急激な都市住民の増加をもたらしたのは、着[々と]流入してくる農村からの移住者に加え、外国からの大量の移民であった。[19世]紀半ばにアイルランドとドイツからの移民の波がおしよせた後、19世紀[から20]世紀への世紀転換期には南欧・東欧出身者を中心とするより大規模な移[民の流]入があった。いわゆる「新移民」が流入したのであり、都市人口は増大[すると]同時に、その構成は多様化していった。その後、これほど大規模な移民[の流入]はみられなくなったとはいえ、都市化は郊外化をともないつつ一層進[展し、今]日ではアメリカ人の4人に3人が都市住民となっている。このように[アメリカ]の都市化が進む過程で、都市の政治も様々な面で変化をとげてきた。

　まず、アメリカ社会の都市化が急激に進行した19世紀後半以降、[20世]紀の半ばをすぎるまで、多くの都市において政治統合の役割を担っ[たのは]政党マシーンであった。政党の地方組織であるマシーンは、政治腐[敗など]の側面を内包しつつも、移民をはじめとする都市大衆の日常的な要[求に]様々な恩恵やサービスを供給することを通じて、彼らの票を獲得し[た。]普通選挙権が実現され、移民にも投票の機会が比較的容易に与え[られた]状況下で、政党マシーンは、いわば草の根の活動を通じて移民を[含めた]都市大衆を政治動員したのである。それと同時に、政党マシーン[は市の]領域にとどまらず、都市有権者の要求が全国政治の場で実現さ[れる媒介]項としての働きもはたした。その一方で、マシーン政治を批判[し、マシー]ンの市政支配を打破するために市政改革運動を推進する勢力も[あった。]

まえがき

入ってからであるといえることに注目し、その理由を考察する。

　第2章では、都市化の急激な進展を支えた移民とマシーン政治の関係に焦点をあてる。19世紀末から20世紀初頭の「古典的」マシーン全盛期に、移民とマシーンとの間にどのような関係が構築されていたのかを具体的に検証した後、両者の関係がその後いかに変化していったのかを、1960年代初頭と対比して考察する。次に、北東部、中西部の都市とは異なり、早期にリフォーム政治が浸透していった西部の都市について、移民とマシーンの関係という観点からその特異性を論ずる。最後に、なぜマシーンが衰退していったのか、その要因を分析する。

　第1章と第2章がマシーン政治に関する総論的な性格をもっているのに対して、続く第3章と第4章は、大都市における代表的マシーンともいえるニューヨークとシカゴの民主党マシーンをとりあげている。第3章では、ニューヨーク市のタマニーホールが、強力なマシーンとして、いつどのように形成され、発展していったのかを考察する。第4章では、タマニーホールとシカゴの民主党マシーンを比較する。とくにマシーンと新移民との関係に焦点をあてながら、双方のマシーンが、はたして旧移民と新移民とで構成される「虹の連合」を形成することに成功したといえるのか否か、またニューディール政策の展開とマシーンの盛衰との間にはどのような関連があるのかという二つの問題を検討する。

　第5章では、まず大統領選挙における都市の投票結果の分析を通して、民主党が、都市化の進展過程で、農村政党から都市政党へと変身していったことを論じ、それに続いて、1930年代におけるニューディール政策と政党マシーンの関係を問題にする。ニューディールの救済政策が展開される過程で、没落したマシーンもあったが、一方で新たに強力なマシーンが出現したり、弱体であったマシーンが強化されることもあったことを様々な都市に関するケーススタディにもとづいて明らかにする。

　第II部は、リフォーム政治の展開と題して、革新主義時代以降、リフォーム政治がどのように形成され、発展し、それが今日の都市政治においてどのような成果と問題点を生んでいるのかを論じる。第6章は、革新主義市政改革運動において、改革者としてのビジネスマンがいかなる理由で、どのような改革を

iii

推進していったのかを検討する。第7章では、リフォーム政治における代表的政府形態であるシティ・マネージャー制をとりあげている。今日の都市において、市長制と並んで高い採用率を示しているマネージャー制の発展過程で、この制度の最も大きな特徴である専門行政官としてのシティ・マネージャー職のあり方がどのように変化してきたか、またシティ・マネージャーが今日のコミュニティ政治におけるリーダーとして、どのような問題を抱えているのかを考察する。

　最後の第8章は、郊外中産階級の政治傾向を問題とする。第二次大戦後のアメリカ社会の「中産階級化」はどのようなものであったのかをふまえた上で、中産階級が多く居住する郊外に焦点をあて、彼らがコミュニティの政治に何を求めてきたのか、また彼らの政党支持傾向はどのように変化してきたかを分析する。またその関連で、郊外中産階級とリフォーム政治との関係も考察する。

　以上のように、本書は、この一世紀余りの期間に、マシーン政治からリフォーム政治へと大きく「転換」しつつ、展開してきたアメリカ都市政治を分析したものである。そこでは、マシーン政治とリフォーム政治、それぞれの実態を明らかにするにあたって、これら両都市政治タイプをいかにとらえるかについての様々な論点を検討したり、双方の問題点も論じた。しかし、アメリカの都市政治といっても、アメリカの各地域における都市政治を同等の比重で考察してはいない。西部や南部の都市の政治についても部分的にふれているとはいえ、主たる対象は、19世紀半ばから20世紀初期にかけて都市化が最も進展した北東部と中西部の都市政治におかれている。

　わが国のアメリカ政治研究において、連邦政治に比べ、都市政治の研究ははるかに少なく、その意味で本書が都市政治研究にいささかなりとも寄与することになれば、筆者にとって望外の喜びである。その一方、研究の過程で多くの残された問題があることを筆者は自覚しており、それら残された問題に対する検討は今後の課題としたい。

アメリカ都市政治の展開
—マシーンからリフォームへ—

目　次

まえがき

序章　マシーン政治とリフォーム政治 …………………………… 3
はじめに ……………………………………………………………… 3
第1節　都市政治の二つのタイプ：
マシーン政治とリフォーム政治 ………………… 4
（1）マシーン政治とその政治制度的特徴　4　（2）リフォーム政治を支える政治制度改革　6
第2節　二つの政治タイプの歴史的発展 ………………………… 7
（1）アプローチの問題点　7　（2）政府形態からみたリフォーム政治の発展　9　（3）選挙タイプ・方式からみたリフォーム政治の発展　11
第3節　今日の都市政治：リフォームの浸透と問題点 ………… 13
（1）今日の都市政府形態と選挙タイプ・方式の特徴　13
（2）リフォーム政治の浸透と問題点　15

I　都市におけるマシーン政治
第1章　政党マシーン論の検討と「支配的マシーン」 ………… 23
はじめに …………………………………………………………… 23
第1節　政党マシーン研究の変遷：
その1―マートン・モデルまで― ……………………… 25
（1）ストロングにみるモラリスティック・アプローチ　25
（2）ステフェンズにみるリアリスティック・アプローチ　27
（3）マートン的アプローチ　28
第2節　政党マシーン研究の変遷：
その2―マートン・モデルへの挑戦― ………………… 30
（1）「最後の歓呼説（"Last Hurrah" thesis）」への疑問　31

　　　　　　(2)　「虹の連合（rainbow coalition）」形成論への疑問　32

　　　　　　(3)　「中央集権的マシーン」への疑問　33　　(4)　複雑化する

　　　　　　マシーン評価　35

　　第3節　大都市における政党マシーンの興亡 ················ 36

　　　　　　(1)　都市政党マシーンの特徴　36　　(2)　「支配的マシーン

　　　　　　（dominant machine）」と「党派的マシーン（factional machine）」

　　　　　　38

　　第4節　「支配的マシーン」隆盛とその要因 ················ 40

　　　　　　(1)　反マシーン多数派連合形成の困難　40　　(2)　マシーンと

　　　　　　リフォームの共存　42　　(3)　行政権の集中・強化　44

　　　　　　(4)　ニューディール体制下の新しい政府間関係　46

　　むすび ·· 47

第2章　マシーン政治と移民 ································ 55

　はじめに ·· 55

　　第1節　「古典的」マシーン政治と移民 ······················ 57

　　　　　　(1)　マシーンの隆盛と移民の都市への流入　57　　(2)　政党マ

　　　　　　シーンによる各種の「恩恵」　59　　(3)　移民の投票権とマシー

　　　　　　ン　61

　　第2節　第二次大戦後のリフォーム政治拡大と移民 ········· 63

　　　　　　(1)　リフォーム政治と移民との関係──1960年代初頭における両

　　　　　　者の関連性　63　　(2)　移民と都市政治との関係における地域

　　　　　　差　64

　　第3節　西部の都市と政党マシーン ························· 68

　　　　　　(1)　西部の都市発展とマシーン　68　　(2)　西部における鉄道

　　　　　　マシーン　70

　　第4節　政党マシーン衰退の原因 ··························· 71

(1) リフォーム政治的制度改革 72　　(2) ニューディール以降の連邦政府の新たな政策展開 74　　(3) 都市住民の社会経済的な変化及びその他の要因 76

　　むすび………………………………………………………………80

第3章　都市政党マシーンの形成と展開……………88
　　　　　　──タマニーホールを中心に──

　　はじめに……………………………………………………………88

　　第1節　強力なマシーンとしてのタマニーホールの形成………92
        (1) ニューヨーク市政党史 92　　(2) 第一期:「どん欲な個人主義」の時代 93　　(3) 第二期:タマニー組織強化の時代 97

　　第2節　全盛期のタマニーホールと革新主義市政改革運動………99
        (1) 第三期:強力なマシーンの確立期 99　　(2) 市政改革運動への対応 102

　　むすび……………………………………………………………104

第4章　政党マシーンと新移民……………………110
　　　　　　──ニューヨークとシカゴのケース──

　　はじめに…………………………………………………………110

　　第1節　世紀転換期から1920年代へ……………………………114
        (1) ニューヨークのケース:タマニーホールの隆盛期 114
        (2) シカゴのケース:民主党マシーンの形成期 118

　　第2節　ニューディール期………………………………………123
        (1) ニューヨークのケース:タマニーホールの衰退 125
        (2) シカゴのケース:安定的な民主党マシーンの確立 128

　　むすび……………………………………………………………131

第5章　民主党の都市政党化と政党マシーン………140

　　　　——ニューディール期を中心に——
　はじめに ………………………………………………………………… 140
　第1節　1920年代における都市化と民主党 ………………………… 141
　　　　　（1）共和党優位と都市　141　（2）1928年大統領選挙における民主党の都市政党化への方向　145
　第2節　ニューディールと都市 ……………………………………… 148
　　　　　（1）ロウズヴェルトの勝利と都市　148　（2）ニューディールの救済政策と都市政治　150
　第3節　ニューディールの救済政策と政党マシーン ……………… 153
　　　　　（1）「最後の歓呼説」の検証：その1　153　（2）「最後の歓呼説」の検証：その2　157
　むすび …………………………………………………………………… 160

　II　リフォーム政治の展開
第6章　革新主義市政改革とビジネス …………………………………… 169
　はじめに ………………………………………………………………… 169
　第1節　革新主義時代前期における市政改革 ……………………… 169
　　　　　（1）道徳主義的改革運動の行き詰まり　169　（2）改革の新たな方向：制度改革の推進　172　（3）異なる方向からの市政改革：「社会改革（social reform）」　174　（4）前期市政改革とビジネス　175
　第2節　革新主義時代後期の市政改革とビジネス ………………… 178
　　　　　（1）ビジネスの市政改革運動参加の背景　178　（2）委員会制・マネージャー制導入運動とビジネス　181　（3）委員会制・マネージャー制採用都市の特徴　183　（4）市政調査会運動とビジネス　185
　むすび …………………………………………………………………… 187

第 7 章　シティ・マネージャー制の発展とマネージャー職の変容 … 196
　　はじめに ………………………………………………………… 196
　　第 1 節　シティ・マネージャー制の誕生とその歴史的発展 … 197
　　　　　　（1）　革新主義市政改革運動の所産としてのマネージャー制　197
　　　　　　（2）　マネージャー制の飛躍的発展　200
　　第 2 節　「中立的行政官」としてのマネージャー ……………… 202
　　　　　　（1）　マネージャー職理念の萌芽　203　（2）　科学的管理法思想とマネージャー職理念の結合　206
　　第 3 節　「コミュニティリーダー」としてのマネージャー ……… 210
　　　　　　（1）　新しい理念の萌芽：「中立的行政官」からの脱却　210
　　　　　　（2）　1952年『規範』の誕生とマネージャーの役割　212
　　第 4 節　今日のシティ・マネージャー ………………………… 215
　　　　　　（1）　「コミュニティリーダー」概念の定着と『規範』　215
　　　　　　（2）　シティ・マネージャーは「コミュニティリーダー」か？　216　（3）　マネージャーと市長の共同チーム　218
　　むすび …………………………………………………………… 219

第 8 章　現代政治における中産階級 ……………………………… 228
　　　　──郊外住民の政治傾向──
　　はじめに ………………………………………………………… 228
　　第 1 節　1950年代のアメリカ社会：国民の中産階級化と郊外での生活様式 …………………………………………………… 229
　　　　　　（1）　ニューディール体制の確立と国民の中産階級化　229
　　　　　　（2）　郊外での中産階級的生活　232
　　第 2 節　中産階級の「衰退化」：所得分配の不平等 …………… 235
　　　　　　（1）　平均実質賃金の低下傾向　235　（2）　世帯所得分布の不平等と中産階級の「衰退」　236　（3）　平均実質世帯所得及びジニ係数にみる格差　238

第3節　郊外の変貌と郊外中産階級の政治的態度 ……………… 240
　　　(1) コミュニティの政治に求めたもの　240　(2) 郊外の変貌と住民の政治・政府観　241　(3) 中産階級の政党支持傾向　245
　むすび ………………………………………………………………… 250

参考文献 ……………………………………………………………… 257
あとがき ……………………………………………………………… 277
索引…………………………………………………………………… 279

アメリカ都市政治の展開

マシーンからリフォームへ

序章　マシーン政治とリフォーム政治

　はじめに

　アメリカの都市政府を築きあげている「制度」は驚くほど多様で、複雑である。そこでおこなわれる政策決定は、それぞれの「都市自治体[1]」がおかれている政治・経済状況によって異ることはもちろんであるが、様々な「制度」の下で、誰がいかなる権限をもっているかに関するルールによっても異なる[2]。このようにみていくと、アメリカ都市政治をマクロ的に理解しようという試みは、ほとんどドン・キホーテ的挑戦のようにも思えるが、その第一歩として、この章では、都市政府の政策決定プロセスの基本的ルールを規定している政府形態及び公職者を選出する選挙のタイプ・方式に注目し、第一にその特徴を述べ、次にその歴史的展開を概観することにしよう。

　単に制度の変化をみるのみでは、都市政治のダイナミックスを理解することはできない。しかし、制度に関する歴史的展開を知ることは、20世紀アメリカ都市政治史を知る上で必須であるといえる。というのは、19世紀末期から20世紀初期にかけて全国的に展開された革新主義市政改革運動によって生まれた政治制度改革が、今日にいたるまで都市政治に大きな影響を与えてきたからである。

第 1 節　都市政治の二つのタイプ：マシーン政治と
　　　　　リフォーム政治

(1) マシーン政治とその政治制度的特徴

　19世紀後半から20世紀初頭の都市では、職業政治家であるボスの支配する政党マシーン（political machine）[3]が政治勢力の中心をなす政治、つまりマシーン政治がごく一般的にみられた。一概に政党マシーン（以下、単にマシーンと呼ぶこともある）といっても、そのあり方は時代や場所、またその他の条件によって多様であったものの、いくつかの共通の特徴をもっていた。詳しい定義については第 1 章で改めて述べるが、ごく簡単にいえば、マシーンとは一定のイデオロギーというより、むしろ物質的利益を動機とし、主として大都市で組織されたアメリカ特有の政党組織である。マシーンは移民をはじめとする都市住民に仕事や金品を与えたり、彼らが直面する日々の生活でのトラブルの相談にのったりすることを通じて、彼らの選挙での支持を獲得するようにつとめる。様々な「恩恵」を与えるのと引き換えに、マシーンは選挙で票を得るのである。そして、これらの「恩恵」を施すための資金を調達するため、マシーンはビジネスの世界と深くかかわる。特定の企業に対して公共事業を発注したり、特権や保護を与える代償として現金等の報酬を得ていた。その意味で、マシーンは一種の仲介業務をおこなう組織であったといえる。

　アメリカの都市においてこうした政党マシーンが発展した背景には、急速な工業化の過程にあった19世紀後半に、白人男子普通選挙権が実現していたことがあった。工業化にともなって都市に集まった労働者層は、たとえ移民であっても比較的容易に選挙権を得ることができたのであって、政党マシーンを通じて政治参加する道が開かれていた。彼らが都市に到着したその日から、マシーンは接触を試みていったのであって、労働者層も選挙権をもっているが故に政党政治に引き込まれていった。一方、都市人口の急激な増大を支えた移民をはじめとする労働者層がマシーンの支持基盤となっていくプロセスで、マシーンによる政治に不満をもつ人々も増えていった。

　労働者層の中にも既存のマシーンに反旗を翻す者もいたが、マシーン政治を

序章　マシーン政治とリフォーム政治

批判し、都市政治からマシーンを追い出そうと試みる運動が南北戦争直後に始まった時から、その中心は比較的富裕な階層であった。リフォーム政治とは、彼らいわゆる市政改革者が求める改革にもとづく政治である。ただ後に述べるように、市政改革者の運動は19世紀末にいたるまでマシーンに対するモラル攻撃に偏る傾向があった。しかし、20世紀に入って各種の制度改革が提案され、それを導入することによっておこなわれる政治が実際上、リフォーム政治であるとみなされるようになった。

　それでは次に、マシーン政治とリフォーム政治がどのような制度を枠組みとして展開されたのかをみてみよう。まずマシーン政治においては、政府形態として市長市会制（mayor-council system、以下市長制と略す）が一般的であった。市長制はアメリカ都市政府の古典的な形態であるが、その一般的特徴は、市長が行政部門の長となる一方、立法部門として市会をおくというものである。もっとも市長制といっても、市長の権限の強弱によって大きく、「弱い市長制（weak-mayor system）」と「強い市長制（strong-mayor system）」の二つのタイプに分けられる。前者では、ウォード[4]と呼ばれる選挙区ごとに選出された議員で構成される市会と全市レベルで選出される市長が行政権を共有する。市会は行政部門の人事の一部を握るだけでなく、たとえば予算委員会などの委員会を通じて行政部門に大きな影響力を行使する。さらに市長や市会と独立して選出される行政官も行政部門の一部を支配するため、市長の行政権限は大幅に制限されている。市長が任命権をもつ役職もあるが、市会の承認が必要とされる。

　これに対して、強い市長制では、市長の権限が強化されている。すなわち、市長は行政各部門の長を市会の承認なしに独自に任命、罷免しうる権限、予算を作成する権限、市会に法案を勧告する権限、市会の定める条例に対する拒否権が与えられている。市会は理論的には行政に介入しない。二つの市長制のうち最も古典的なものは弱い市長制であり、ほとんどのアメリカの都市は1880年代までこの弱い市長制の下にあった[5]。しかし弱い市長制の下では行政権が分散化し、行政の方向、責任が明確化せず、従って行政の能率も低いため、次第に強い市長制が求められるようになった[6]。

　ともあれ、マシーン政治における典型的政府形態は市長制であったが、選挙

形態に関しては、パルティザン選挙（partisan election）制がとられており、しかもそれはウォード制という小選挙区制をともなっていた。パルティザン選挙とは、政党が候補者をたてて選挙活動をする方式であり、ウォードという小選挙区を基礎に政治活動して、選挙民の支持を獲得することを常としていた政党マシーンにとって、最も好都合な選挙形態であった。つまりマシーン政治は政府形態としての市長制と選挙形態としてのパルティザン選挙制、ウォード制と密接に結びつきつつ、アメリカ都市政治における典型をなしていたのである。

このような制度的特徴をもつマシーン政治は、19世紀末期から20世紀初頭にかけて全盛期を迎えたといわれているが、この時期は同時にマシーン政治が革新主義者によって挑戦された時期でもあった。マシーンと実業界との不当なつながり、利権をめぐる汚職といった当時の都市政治の腐敗、堕落、さらには市長制、とくに弱い市長制の下での行政の非能率と不経済は、改革者によって厳しく批判された。彼らは都市政治における腐敗と特定グループの利益擁護を排除し、草の根の民主主義を実現するとともに、都市政治の問題を能率的に、また経済的に解決していく方向での改善を求めたのである[7]。都市政治の腐敗、堕落、非能率の根源はマシーン政治そのものにあるとみる改革者は、まずマシーンの手から都市政治を奪いかえそうと選挙を通じてマシーンに挑戦したが、まもなく、それのみでは不十分であると考えるようになっていった。

(2) リフォーム政治を支える政治制度改革

選挙での改革派の勝利をめざすだけではリフォーム政治の実現はむずかしいと考えた市政改革者の中から、都市政治を改革するための新たな制度改革が提案されることになった。政府の形態においては委員会制（commission system）と市会マネージャー制（council-manager system、シティ・マネージャー制とも呼ばれる。以下マネージャー制と略す）が、選挙タイプ・方式においてはノンパルティザン選挙制（non-partisan electoral system）、全市単一選挙区制（at large electoral system）が具体的方策であった[8]。これらの制度改革は、20世紀に入って革新主義運動が高揚する過程で各地で採用され、後にみるようにマシーン政治に対抗するリフォーム政治特有の制度として発展してきたのであるが、ここではまずこれらの制度の仕組みをごく簡単にみておこう。

序章　マシーン政治とリフォーム政治

　まずリフォーム政治にとって典型的な都市政府の形態となった委員会制とマネージャー制についてみれば、このうち委員会制は市民の間から政党色のない数人の委員を選出し、彼らに行政・立法権限を与え、都市の統治を委任しようとする制度である[9]。これに対し、マネージャー制の下では、市会は市政の基本的方針を決定するとともに、この方針の実行担当者としてプロの行政官たるマネージャーを任命する。マネージャーは行政各部門の役人の任命権、予算編成権をもつばかりでなく、時には特別報告をおこなって市会の決定する基本方針に重大な影響を与えることができる。従ってマネージャーは市会の干渉を受けずに行政をビジネスライクに推進していくことができると想定されている。要するに委員会、マネージャーはすでにみた弱い市長制の下での市長に比べ、はるかに大きな権限を与えられており、能率的に行政を進めていくことができるという意味で市政改革者の主張にそったものであった。

　次に選挙タイプ・方式についてみると、すでにふれたようにリフォーム政治においてはノンパルティザン選挙制、全市単一選挙区制[10]が典型的な形態である。このうちノンパルティザン選挙制の下では、文字通り、全候補者が無所属として立候補する。このことは都市レベルで政党が存在していない場合は当然であるが、たとえ政党が存在しているにしても政党は立候補者を選出したり、また表立った選挙運動をすることは許されない。従って選挙を通じて形づくられた市会は、基本的には政党に基礎をもつものではないといえる。つまりこのノンパルティザン選挙制は、党派的対立にさまたげられずに都市政府が「公益」を実現していくための方策であった。全市単一選挙区制もまた同じ趣旨にもとづいた方策であったことはいうまでもない。要するに市長制、パルティザン選挙、ウォード制は典型的なマシーン政治を、一方、マネージャー制または委員会制、ノンパルティザン選挙、全市単一選挙区制は典型的なリフォーム政治を支える制度的枠組みであったといえる。

第2節　二つの政治タイプの歴史的発展

(1) アプローチの問題点

　では革新主義時代に市政改革者によって開始されたリフォーム政治は、マシ

ーン政治に対抗する政治タイプとしていかなる発展をとげてきたのであろうか。この問題はさしあたりマシーン政治あるいはリフォーム政治に特有な政府の形態あるいは選挙の形態を指標にとり、各形態における対立した制度がどのように推移してきたかによって答えられるであろう。

　しかしアプローチの仕方は簡単ではない。というのは、革新主義時代以前には市長制―パルティザン選挙制―ウォード制というタイプが一般的であったが、その後リフォーム政治が台頭する過程で、制度的には政府の形態と選挙タイプ・方式との種々の組み合わせが生じていったからである。たとえば、市長制の下でノンパルティザン選挙制・全市単一選挙区制がとられていたり、逆にマネージャー制がパルティザン選挙制、あるいはウォード制とともに採用されているケースがある。こうしたケースは、なお旧来のマシーン勢力が一部に残っているため制度改革が困難なこと、あるいは逆に旧来の制度がもはやリフォーム政治推進の障害にならなくなっていることを意味しているといえるだろう。一方、マシーンの下にある都市においても選挙タイプ・方式がリフォーム政治特有の制度になっている場合があるが、このことはマシーン政治がリフォーム政治の拡大過程で、何らかの形でリフォームを導入せざるをえなくなっていることを意味しているといえる。

　さらに、考慮しなければならない問題は、後の章で詳述するが、マネージャー制や委員会制の導入を利用して、マシーンがその組織を拡大・強化する場合もあったことが近年の研究によって明らかになってきていることである[11]。つまり革新主義時代の市政改革運動の所産である諸制度改革が実現されたからといって、マシーンが消滅または弱体化したとは必ずしもいえないばかりでなく、諸改革を利用して強力なマシーンが形成されることさえあったのである。

　とはいうものの、新たな政府形態や選挙制度が採用されたということは、いずれにせよ旧来の市長制―パルティザン選挙制―ウォード制下での政治からの転換という意味で、リフォームの発展であることに変わりはない。そこで、ここでは革新主義時代に提案された制度改革がどのように発展してきたかという角度から、リフォーム政治の発展をふりかえってみたい。少なくともこれによって、今日までリフォーム政治がどのように拡大してきたかをマクロ的に確認することができるだろう。

(2) 政府形態からみたリフォーム政治の発展

まず政府形態を指標にとってみよう（表1）。マシーン政治に対抗する都市政治のタイプとしてのリフォーム政治は、最初ガルヴェストン（テキサス州）で委員会制が採用され（1901年）、またこのガルヴェストン型を修正し、より民主的にした制度がデモイン（アイオワ州）に導入される（1908年）ことによって、その第一歩を踏みだした。それ以降、第一次大戦までの期間、革新主義運動の高揚とともに、委員会制は市長制に対抗する最も有力な政府形態として発展した。第一次大戦前夜までは、主として中西部、南西部、大西洋岸、太平洋岸の諸州における中規模の都市で続々と採用され、1910年には92都市、1915年には423都市が委員会制の下にあった[12]。

たとえば、テキサス、アイオワについで1910年代の初めに委員会制の採用を検討したイリノイ州では、早くも1912年の終わりまでに22都市が実際に採用を決めた[13]。1911年には東部のニュージャージー州でも委員会制採用が認められるようになったが、当時の州知事ウィルソン（Woodrow Wilson）はこの新しい制度が「ビジネスライクで、無党派、経済的、能率的政府」を約束すると市政改革者グループに告げたといわれる[14]。第一次大戦中には、委員会制採用都市は450をこえたのであるが、すでにその頃にはこの制度の持つ欠点が指摘されるようになった。そのため、大戦後、委員会制採用の動きは停滞していった。その後、委員会制の下にある都市数は、1960年代までほとんど変化がなかったが、1960年代に急速に減少した。人口5千人以上の都市についてみれば、委員会制採用都市数は、1967年には190、2000年には108となっている（表1）。

リフォーム政治は委員会制の衰退傾向によってその勢いを失うことはなかった。委員会制に代わってリフォーム政治の旗手となったのは、マネージャー制である。マネージャー制の採用は1908年ストーントン（バージニア州）にはじまるといわれるが、1913年にデイトン（オハイオ州）で採用されるまでは注目されず、1915年にようやく全都市中、51都市がマネージャー制の下にあったに過ぎない。しかし第一次大戦以降、マネージャー制採用都市の数は確実に増加した。すなわち、1925年には299都市、1935年には463都市がこの制度を採用するにいたった[15]。

表1にみられるように、1929年には、人口3万人以上の都市（284都市）中、

表1　政府形態別都市数の推移、1915—2000年

	市長制		委員会制		マネージャー制		その他		計	
	数	構成比(%)	数	構成比(%)	数	構成比(%)	数	構成比(%)	数	構成比(%)
1915	n.a.	n.a.	423	n.a.	51	n.a.	n.a.	n.a.	n.a.	n.a.
1920	n.a.	n.a.	477	n.a.	160	n.a.	n.a.	n.a.	n.a.	n.a.
1929a)	n.a.	n.a.	n.a.	n.a.	370	n.a.	n.a.	n.a.	n.a.	n.a.
1929b)	142	50.0	82	28.9	60	21.1	n.a.	n.a.	n.a.	n.a.
1934	160	51.6	81	26.1	69	22.3	n.a.	n.a.	n.a.	n.a.
1940	1,116	61.8	307	17.0	302	16.7	81	4.5	1,806	100.0
1950	1,163	57.2	302	14.9	495	24.3	73	3.6	2,033	100.0
1967	1,512	48.6	190	6.1	1,283	41.2	127	4.1	3,112	100.0
1975	1,801	46.9	162	4.2	1,658	43.2	219	5.7	3,840	100.0
1985	2,084	47.9	136	3.1	1,852	42.6	277	6.4	4,349	100.0
1995	2,038	44.1	118	2.6	2,173	47.0	293	6.3	4,622	100.0
2000	1,826	38.5	108	2.3	2,534	53.4	272	5.7	4,740	100.0

注 1. 1929年 a) までは、全都市についてのデータ。
出所： *The Municipal Year Book 1936*, 124, Table 1 ; Bradley Robert Rice, *Progressive Cities*（Austin : University of Texas Press, 1977）, 53, Table 3 から作成。
2. 1929年 b) と1934年は人口3万人以上の都市のデータ。
出所： *The Municipal Year Book 1934*, 101, Table 1 ; E.C. Lee, *The Politics of Nonpartisanship*（Berekley : University of California Press, 1960）, 25, Table 1 から作成。
3. 1940年以降は、人口5千人以上の都市のデータ。「その他」に含まれるのは、タウンミーティングなどの他の制度。
出所： *The Municipal Year Book 1940*, 21, Table 1 ; *1950*, 39, Table 1 ; *1968*, 54, Table 1 ; *1975*, n. pag., Table 3 ; *1985*, xv, Table 3 ; *1995*, xii, Table 2 ; *2000*, xi, Table 2 から作成。

市長制の下にある都市数が142であったのに対し、委員会制とマネージャー制のどちらかを採用していた都市数も142と同数になった[16]。もっとも人口5千人以上の都市に限ってみれば、なお市長制の下にある都市が1940年には1,116都市にのぼり、委員会制またはマネージャー制をとる都市（609）の2倍近かった。このことは、第二次大戦までにリフォーム政治的政府形態は中都市以上では、市長制とほぼ対等の地位を都市政治において確立していたが、人口5千人から3万人の小都市では未だ市長制が維持されることが多かったことを意味していた。

ところが第二次大戦後、マネージャー制は委員会制の衰退傾向の中で急テンポに各規模の都市に進出していった。すなわち、第二次大戦後の都市（人口5千人以上）の急増過程で、小都市を中心にマネージャー制を採用する都市の数は増大し、その数は1950年の495から67年には1,283へと2.6倍増加したのであ

る。これに対し、市長制を採用する都市は1,163から1,512へと1.3倍の増加にすぎなかった。この結果、1950年には全都市（人口5千人以上）の24％にすぎなかったマネージャー制採用都市比率が、67年には41％へと大幅に高まった。一方、同じ期間に市長制を採用する都市の比率は57％から49％へと低下した。この結果、市長制とマネージャー制が現代アメリカの都市政府の二大形態となったのである。

　その後もマネージャー制は躍進を続け、1970年代半ばには、採用都市数は1,658に達し、市長制に迫る勢いを示した。委員会制採用都市（162都市）とマネージャー制採用都市を合わせれば、市長制採用都市（1,801都市）をこえるまでとなり、リフォーム政治の浸透を示していたといえる。1990年代に入ると、ついにマネージャー制は、市長制を採用都市数で凌駕し、その勢いはとどまりそうもない。すなわち、1995年には全都市（人口5千人以上）中、47％がマネージャー制を採用していたが、さらに2000年には、市長制採用都市の割合が39％へと激減する一方で、マネージャー制採用都市比率は53％へと上昇したのである。

(3) 選挙タイプ・方式からみたリフォーム政治の発展

　都市政府形態の推移を分析することによって、都市政治のタイプ変化を見てきたが、選挙タイプ・方式（市会議員選挙）を指標としても、リフォーム政治の発展をみることができる。1938年と1962年とを比較してみよう（表2）。まず、すでに1938年に、全都市（人口5千人以上）の51％が選挙タイプとして、ノンパルティザン選挙を採用している。選挙方式としては、53％が全市単一選挙区制を採用しているが、さらにウォード制と全市単一区制の組み合わせ方式を採用する都市（18％）を加えれば、選挙方式においては70％以上がリフォーム型を採用していたことになる。リフォーム政治傾向は1962年にはさらに強まり、ノンパルティザン選挙制採用率は、64％に達している。全市単一選挙区制も拡大し、61％、ウォード制とのコンビネーション採用率は17％である。

　政府形態との関係をあわせてみると、1938年から62年にかけて、市長制ではパルティザン選挙採用率が65％から51％、ウォード制が41％から31％へと低下している。このこともリフォーム政治の拡大とみてよいだろう。それに対して、

表2 市会選挙タイプ・方式別都市構成比、1938年、1962年

		1938年								1962年						
		選挙タイプ			報告	選挙方式				選挙タイプ			報告	選挙方式		
		報告	構成比(%)		都市数	構成比(%)				報告	構成比(%)		都市数	構成比(%)		
政府形態		都市数	パルティザン	ノンパルティザン		全市単一	ウォード	コンビネーション		都市数	パルティザン	ノンパルティザン		全市単一	ウォード	コンビネーション
市長制		1,134	65	35	1,134	36	41	23		1,563	51	49	1,578	45	31	24
委員会制		264	14	86	264	100	0	0		254	37	63	250	94	5	1
マネージャー制		288	16	84	288	74	10	16		1,120	16	84	1,121	77	12	11
計		1,686	49	51	1,686	53	29	18		2,937	36	64	2,949	61	22	17

注：1. 報告都市（人口5千人以上）のみの結果。
2. タウンミーティングなどその他の制度をとる都市は除外。
3. 選挙方式の「コンビネーション」は全市単一選挙区制とウォード制のコンビネーション。1938年については、実数から算出。1962年については実数が示されていないため、政府形態別都市数と構成比から逆算して算出。
4. 三つの制度を合わせた「計」の構成比算出方法：1938年は全市単一選挙区制、ウォード制のコンビネーションを合わせた「計」を実数から算出。

出所：*The Municipal Year Book 1938*, 243, Table 3 ; *The Municipal Year Book 1962*, 103, Table 7 から作成。

マネージャー制の下での選挙タイプ・方式については変化があまりみられない。ノンパルティザン選挙採用率は、両年とも84％であり、全市単一選挙区制採用率も74％から77％に伸びたにすぎない。一方、委員会制では1938年にすべての都市が全市単一選挙区制を、86％がノンパルティザン選挙制を採用していたのであるが、62年にはそれぞれ採用率が落ちている。このことは、リフォーム制度にもなんらかの問題があったことを示唆しているであろう。

最後に、1960年代以降の選挙タイプ・方式の趨勢についてみてみよう。ノンパルティザン選挙は「もっとも成功した改革の一つ[17]」といわれるように、小規模都市を含む都市全体[18]としては、1960年代以降も採用率が高まり、1986年に70.2％、91年に74.5％となり、96年には76.0％に達している[19]。

全市単一選挙区制はノンパルティザン選挙制に比べて採用率はのびていないばかりでなく、低下傾向にある。1981年には66.5％であった採用率は、86年には60.4％に下がり、91年には60％を切った[20]。これは、この制度が憲法修正第14条と1965年連邦投票権法に違反しているのではないかという観点から、裁判がおこされたことと関連していると思われる。1980年の連邦最高裁の判決[21]では、違憲判決はでなかったものの、その後、投票権法に修正が加えられ、マイノリティの選挙での挑戦が容易になった一方、都市が全市単一選挙区制のみに依存することはむずかしくなっているのである[22]。代わって、ウォード制またはディストリクト制[23]と全市単一選挙区制の組み合わせ方式を採用する都市の割合が1980年代に増大し、91年には29.3％にまで達した。しかし、その後は減少に転じて、96年には22.3％となっている。その一方で、ディストリクト制が11.7％から16.8％へと増大したのである[24]。

第3節　今日の都市政治：リフォームの浸透と問題点

(1) 今日の都市政府形態と選挙タイプ・方式の特徴

革新主義時代から一世紀が経過し、新たな世紀転換期にある今日、人口5千人以上の都市全体では、政府形態からみるとマネージャー制が市長制を凌駕し、ノンパルティザン選挙制も全市単一選挙区制も過半数をこえる採用率を示していることはすでに述べた通りである[25]。一方、マシーン政治特有のスタイルは

今日でも各地でみうけられるものの、市政を支配する組織としての政党マシーンはほぼ消滅状態にあるといわれる。つまり、今日の都市政治におけるリフォームの浸透はめざましいものがあるといってよい。ただこれは都市全体についての傾向としていえることであり、都市の規模、地域などによってリフォーム政治制度の浸透にも特徴がある。

①まず都市の規模別にみた政府形態の特徴をみてみよう（表3）[26]。マネージャー制は人口100万以上の巨大都市をはじめ、大都市でもかなり採用されてきているが、大都市では今日でも市長制の採用率が高い。人口100万以上の都市の60％、50万以上100万未満の都市の88％がこの制度の下にある。それに対して、マネージャー制採用率の最も高い都市規模は、人口2万5千以上25万未満の中都市であり、この規模の都市の60％以上がマネージャー制を採用している。

②次に選挙タイプ・方式と都市規模についてであるが[27]、ノンパルティザン選挙の場合、規模による違いはさほど大きくない。すでに述べたように、全都市平均で76％の採用率であるが、平均より採用率が高いのは人口2万5千以上の都市であり、人口5万以上の都市では8割をこえている。全市単一選挙区制は、規模の小さい都市ほど採用率が高い傾向がみられる。人口5万以下の都市の過半数はこの制度をとっており、ことに人口1万以下の小都市の採用率は、6割をこえている。

③政府形態と地域との関係をみると[28]、マネージャー制は太平洋岸地域の8

表3　都市人口規模別市長制・マネージャー制分布、2000年

人 口 規 模	都市数	市長制採用都市		マネージャー制採用都市	
		数	構成比(％)	数	構成比(％)
1,000,000以上	10	6	60.0	4	40.0
500,000〜999,999	17	15	88.2	2	11.8
250,000〜499,999	38	16	42.1	20	52.6
100,000〜249,999	138	45	32.6	88	63.8
50,000〜 99,999	352	114	32.4	232	65.9
25,000〜 49,999	686	211	30.8	440	64.1
10,000〜 24,999	1,649	614	37.2	873	52.9
5,000〜 9,999	1,850	805	43.5	875	47.3
計	4,740	1,826	38.5	2,534	53.5

注：構成比は他の制度採用都市を含む全都市に占める割合。
出所：*The Municipal Year Book 2000*, xi, Table 2 から作成。

割近くの都市で採用されており、このことが最も注目すべき特徴である。その他に南部大西洋（67.9％）、中部南西部（58.7％）、山岳部（54.5％）でマネージャー制採用率が高い。一方、中部南東部ではマネージャー制は市長制に比べて採用率がかなり低い。

④選挙タイプ・方式と地域との関係については、選挙タイプに際だった地域差がみられる[29]。中部大西洋地域ではほとんどノンパルティザン選挙が採用されていないのに対して、太平洋岸、山岳部、中部北西部、南部大西洋の各地域では9割以上がこの制度を用いている。全市単一選挙区制の採用率が最も高い地域は太平洋岸（85.5％）であり、それについでニューイングランドが8割、中部大西洋がほぼ7割の採用率を示している[30]。

⑤大都市圏の中心都市と郊外での政府形態分布をみると、中心都市でも郊外でも、マネージャー制が市長制をしのいで、採用率はそれぞれ56.7％と50.5％である[31]。すでにのべたように巨大都市では、市長制採用率が高いわけであるから、マネージャー制は大都市圏の中心都市の中でも比較的中規模以下の都市で多く導入されているといえよう。

⑥中心都市と郊外との差が激しいのは全市単一選挙区制採用率であり、中心都市32.2％に対し、郊外では69.7％と採用率が高い[32]。ただ、中心都市では、ディストリクト制とのコンビネーションの採用率が半分近くに達していることを忘れてはならない。ノンパルティザン選挙制については、中心都市と郊外との差は大きくなく、それぞれ79.0％と71.2％がこの制度を採用している[33]。

(2) リフォーム政治の浸透と問題点

以上のように、革新主義市政改革以来、アメリカの都市に発展してきたリフォーム政治制度は今日の都市政治を規定している。ノンパルティザン選挙制、全市単一選挙区制の下で選出された市会と強い権限と専門能力をもつ行政官の組合せは、革新主義市政改革以来、改革派が追求してきた目標であった。そしてそれは、マネージャー制に最もよく具体化されていると考えられ、実際、各地でこの制度が発展してきたことはすでにみてきたとおりである。

一方、市長制の下でもノンパルティザン選挙制、全市単一選挙区制またはディストリクト制とのコンビネーションが広く採用されるようになっている。特

にノンパルティザン選挙制はマネージャー制の下ほどではないとはいえ、市長制の下でもかなり高い比率（64.8％）[34]で採用されている。また、今日では市長制の下で専門の行政官である首席行政管理官（chief administrative officer, CAO）が置かれることが多い。市長が政治的リーダーの役割をはたすことを期待されているのに対して、CAOは専門知識・能力を発揮して行政に専念して、市長を助けるのであって、市長制採用都市の約半数がこのCAO制度をとりいれている[35]。このように、リフォーム政治は、マネージャー制だけでなく、市長制の下でも実質的に進行しているといえる。

　しかし、リフォームモデルに問題がないわけでは決してない。マネージャー制が大都市で採用されていく過程で、この制度が都市成長に伴う問題解決に有効であるという評価が下される反面、マネージャー制の下では政治的リーダーシップが欠如しがちであることが問題視されてきた。このことと関連してノンパルティザン選挙制や全市単一選挙区制についても問題が指摘されている。これらのリフォーム政治制度が、はたして多様な都市住民の利害を反映しているのかに疑問がよせられているのである。特に比較的大都市においては、対立する利害関係を調整する政治的リーダーシップが必須であるという認識から、マネージャー制をはじめとするリフォーム政治制度に関して何らかの改革が求められているといってよいだろう。

　実際に、毎年各地でマネージャー制を放棄し、市長制に変更しようという運動がおこされ、住民投票もおこなわれている[36]。結果はマネージャー制を保持する割合が圧倒的に多いものの、マネージャー制において「政治」が都市政治の場から消えていってしまうことの弊害が指摘されているのである[37]。全市単一選挙区制の拡大が1960年代以来さほど進まない[38]一方で、全市単一選挙区制とディストリクトとのコンビネーションの採用率が増大しつつあることも[39]、この問題に対する対処のひとつと考えられる。

　マシーン政治の「政治」を批判し、「政治」を廃して行政の「能率と節約」を目指してきたリフォーム政治は、今日の都市政治に定着している。しかし、それは一方的なリフォームの勝利というわけではなく、都市レベルでの「政治」の必要性の再認識も促しているようである。

　マシーン政治からリフォーム政治へと都市政治の大きな流れの変化が明確に

なった1960年代以来、リフォーム政治制度改革がアウトプットとしての政策にどのような影響を与えるかという問題が研究者の間で大きな問題となってきた[40]。しかし、市長制においてCAOが導入される一方で、マネージャー制において市長の政治的リーダーシップを拡大する改革がなされる複雑な現状をみる時、制度改革と政策の関連を考察することは非常にむずかしいと思われる。とはいえ、筆者の主たる関心はこの問題にあるわけではない。本書の課題は、この章で述べてきたマシーンからリフォームへという都市政治の大きな流れの変化をふまえて、改めて政党マシーンの興隆と衰退、リフォーム政治の発展にかかわる諸問題を多角的に考察することにある。

注

1) アメリカにおいて「都市（city）」と呼ばれている自治体の範囲は必ずしも一定していない。厳密にいえば、「都市」とは州から与えられた憲章（charter）にもとづき法人化されている「ミュニシパル・コーポレーション（municipal corporation）」をさす。この定義にもとづけば、いわゆる「市」の他に、通常、市と呼ばれていないborough、town、villageも含まれる。この場合、人口5千人以下の自治体も都市と呼ばれることになる。しかし、本書で一般に都市という時、それは都市政治学が通常、対象としている人口5千人以上、あるいは5万人以上の都市を指している。もっとも、統計データの制約や各章の課題とも関連して、対象とする都市の規模は問題ごとに異なっている。

2) Tari Renner, and Victor S. DeSantis, "Municipal Form of Government : Issues and Trends," in *The Municipal Year Book 1998*, 30.

3) 政党マシーンの定義について詳しくは、第1章を参照されたい。

4) ウォード（ward）とは、都市における基本的政治単位、つまり市会議員を選出する地域単位である。1ウォードから1議員が選出される。

5) Charles R. Adrian, "Forms of City Government in American History," in *The Municipal Year Book 1988*, 8.

6) アメリカにおいて市政府の形態は、州議会が個々の都市に認める憲章（charter）によってきまるが、20世紀初頭までに主要都市の中で、弱い市長制を強い市長制に変更した都市の例と変更年は、次の通りである。ニューヨーク（1875）、ボストン（1885）、フィラデルフィア（1885）、ピッツバーグ（1887）、クリーブランド（1891）、ロチェスター（1900）、デンバー（1903）。Alan DiGaetano, "The Rise and Development of Urban Political Machines," *Urban Affairs Quarterly* 24.2 (December 1988), 260.

7）この時期の市政改革については、本書第6章、第7章を参照されたいが、とりあえず、以下の一般的参考文献を挙げておく。Edward C. Banfield and James Q. Wilson, *City Politics* (New York: Vintage Books, 1963), chapter 11; Charles R. Adrian, *Governing Urban America*, 2nd ed. (New York: McGraw-Hill, 1961), 147-160; Samuel P. Hays, "The Politics of Reform in Municipal Government in the Progressive Era," *Pacific Northwest Quarterly* 55 (1964), reprinted in Hays, *American Political History as Social Analysis* (Knoxville, The University of Tennessee Press, 1980), 205-232.

8）革新主義時代に提案・採用されていった都市政治に関係する制度改革としては、これらの他にイニシアチブ、レファレンダム、リコール、メリットシステムなども挙げられるが、ここでは政府形態と選挙タイプ・方式に関する改革を指標として都市レベルのリフォームの趨勢を検討する。

9）単一の行政責任者をもたないことがこの制度の特徴であったが、後にそれがこの制度の欠点とされ、第二次大戦後は衰退傾向にある。

10）市政改革運動の全国的組織である全国都市連盟（National Municipal League, NML）が1915年に作成したモデル都市憲章によれば、大都市の場合は、むしろ各選挙区の定員が5名以上の大きないくつかの選挙区に分ける方式がとられてもよいとされている。Frank Mann Stewart, *A Half Century of Municipal Reform* (Berkeley and Los Angeles: University of California Press, 1950), 54-55.

11）この点については、本書第1章を参照されたい。

12）Robert Bradley Rice, *Progressive Cities: The Commission Government Movement in America, 1901-1920* (Austin: University of Texas Press, 1977), 52-55. なお、人口5千人以上の都市に限定すると、1910年に66都市、1915年に297都市である。ちなみに、1920年には345都市に達しているが、増加の伸びはとまっている。

13）*Ibid.*, 115.

14）Martin J. Schiesl, *The Politics of Efficiency: Municipal Administration and Reform in America, 1800-1920* (Berkeley and Los Angeles: University of California Press, 1977), 138.

15）*The Municipal Year Book 1936*, 124. なお、以降、特に注を付してない数値に関しては、表1の注を参照されたい。

16）Eugene C. Lee, *The Politics of Nonpartisanship* (Berkeley and Los Angeles: University of California Press, 1960), 25. なお、委員会制採用都市は82、マネージャー制採用都市は60であった。

17）Renner and DeSantis, "Municipal Form of Government," 39.

18）ここまでに検討の対象としてきたのは、基本的には人口5千人以上の都市

であったが、この場合は、近年、International City／County Management Association, ICMA が調査の対象としている人口２千５百人以上の都市全体をさす。

19) *Ibid*., 39-40.
20) *Ibid*., 38.
21) *City of Mobile v. Bolden*, 446 U. S. (1980)
22) この問題の概略は、たとえば以下に述べられている。Dennis R. Judd and Todd Swanstrom, *City Politics* (New York : HarperCollins College Publishers, 1994), 102-104.
23) (district system) *The Municipal Year Book* では、従来、マシーン政治下で各市会議員を選出する選挙区であるウォードと全市単一選挙区との分類を用いていたが、1970年代になって「ウォードまたはディストリクト」と全市単一選挙区という分類を用いるようになった。ディストリクトは、ウォードより規模の大きな選挙区も含み、今日では *The Municipal Year Book* においても、ウォードまたはディストリクトの場合、ディストリクトとして分類されている。
24) Renner and DeSantis, "Municipal Form of Government," 38.
25) 委員会制は採用都市が激減し、今日では市長制・マネージャー制と同等に比較する意味はない。
26) *The Municipal Year Book 2000*, xi.
27) Renner and DeSantis, "Municipal Form of Government," 40. なお、以下、都市規模別、地域別、中心都市と郊外別のデータは1996年の調査結果にもとづいている。
28) *Ibid*., 31.
29) *Ibid*., 40.
30) *Ibid*.
31) *Ibid*., 31.
32) *Ibid*., 40.
33) *Ibid*.
34) このデータは1991年の全都市に関する調査結果である。ちなみに、この当時、マネージャ制の下でのノンパルティザン選挙制比率は、83.3%である。Tari Renner and Victor S. DeSantis, "Contemporary Patterns and Trends in Municipal Government Structures," in *The Municipal Year Book 1993*, 68.
35) Renner and DeSantis, "Municipal Form of Government," 33.
36) 大都市に関していえば、たとえば、1995年にシンシナティ（オハイオ州）が保持を決定し、一方、1998年にオークランド（カリフォルニア州）が放棄を決めた。

37) たとえば、以下を参照されたい。Rob Curwitt, "The Lure of the Strong Mayor," *Public Management* (July 1993), 36-41.
38) 1962年に全市単一選挙区制採用率は平均で61％であったが（表2）、今日でもほとんど変わりがない。なお、表2の数値は人口5千以上の都市に関してであるが、最近のデータは全都市平均で61％となっている。しかし、人口5千以下の都市の採用率が高い。Renner and DeSantis, "Municipal Form of Government," 40.
39) *Ibid*.
40) この問題については、とりあえず *Ibid*., 30を参照されたい。

I　都市におけるマシーン政治

第1章　政党マシーン論の検討と「支配的マシーン」

はじめに

　アメリカでは合衆国政府成立後まもなく、フェデラリスト派とリパブリカン派という相対する二つの党派が出現することになった。連邦国家としての合衆国を規定する憲法草案に賛成した人々の中でも、特に連邦政府の強い権限を擁護する立場をとるハミルトン（Alexander Hamilton）を中心とするグループとハミルトンの経済政策に反対し、連邦政府権限については比較的狭義に解釈するジェファソン（Thomas Jefferson）の下に集結したグループが、事実上、政党組織を形成することになったのである。ただフェデラリスト派とリパブリカン派が相対峙していた18世紀末から19世紀初めの時代には、未だ政党活動が、一般大衆化していたとはいえなかった。成年男子の普通選挙権は、西部の新州ではほぼ認められていったものの、東部諸州では未だに財産による制限がもうけられていることが多かったし、また、公職につく権利に関しても財産上や宗教上の資格条件が残っている場合があった。ジョージ・ワシントンやジェファソンをはじめとする、当時の大統領や政治指導者の多くがいわゆる名望家出身であることに象徴されるように、この時代に、活発に政治活動をおこなっていたのは、比較的限られた人々であったといえる。
　しかし、その後19世紀半ばまでに、アメリカの政党は大きく変化していった。西部への開拓が進み、続々と合衆国に新州が加わる過程で、白人男子選挙権は大幅に拡大したのである。新州ばかりでなく、東部の旧植民地諸州においても所有財産に関係なく成人男子市民に投票権が認められるようになった。また、

同時に公職につくことに対する制限も廃止されるようになった。このような民主主義の拡大にしたがい、アメリカには、1820年代から30年代にかけて、大衆に支持基盤をもつ政党が世界に先駆けて、生まれることになった。1840年代までに、ほとんどあらゆる州で、政党組織作りのリーダーが輩出され、その活発な活動の結果、有権者の4分の3が大統領選挙に参加するようになっていったといわれている[1]。

　こうして政党による大衆の政治への動員が活発になっていき、今日ふりかえって見たとき、19世紀は「政党の時代」であったといわれるまでになるのであるが、その中軸ともなったのが、当時、人口集中が進みつつあった都市に発展した政党マシーンである。急速な工業化と都市化を背景として、移民をはじめとする都市大衆を広く支持基盤とすることによって、マシーンはその組織を維持、発展させることに成功した。そして、概していえば、20世紀の半ばすぎまで、マシーンは、それに言及することなしにアメリカ政治を語れない存在であった。しかし、政党マシーンは次第に各地で衰退するようになり、新たな世紀転換期にある今日では、ほとんど消滅状態にある。

　政党マシーンが各地に出現した19世紀後半以来、マシーンとそのリーダーであるボスについては、かなりの関心が払われてきた。筆者自身も1974年に、マシーンについて最初の論文[2]を発表して以来、持続的に研究を重ねてきているが、ここで過去四半世紀におけるマシーン研究の進展をふまえて、マシーンとはいかなるものであったのかを改めて問うてみたい。というのは、学界における研究の進展とともに、マシーンの評価は変化または、多様化しているからである。マシーンについて再考察の手始めとして、まず第1節では、マシーン研究の変遷を考察しよう。「19世紀のアメリカ政治の所産[3]」ともいわれる政党マシーンが、この100年余の間にどのように研究・評価されてきたかをたどる。次に第2節では、その結果をふまえて、マシーンをどのようにとらえ直すべきか、また、どのような問題が残されているかを検討する。具体的には、連続して選挙を勝ち抜く全市的政治支配力をもつマシーンが、なぜ革新主義市政改革時代以降に隆盛期を迎えたのかに焦点をあわせて、新たな時代のマシーンのあり方がどのようであったのかを考察する。

第1節　政党マシーン研究の変遷：その1
——マートン・モデルまで——

　19世紀後半に政党マシーンがアメリカの都市で注目される存在になって以来、マシーンについての研究はおこなわれてきたが、そのアプローチとマシーンに対する評価はかなり変化してきた。そこで、まずその変遷を追いながら、マシーンがどのようにとらえられてきたのかを考察しよう。

⑴　ストロングにみるモラリスティック・アプローチ

　マシーン研究の歴史に言及する際に、まず登場するのは、1880年代のアメリカを訪れて『アメリカ共和国（*The American Commonwealth*）』を書いたイギリス人、ブライス（James Bryce）である。彼は、アメリカ民主主義についておおむね好意的に見ていたものの、都市においてマシーンとそのボスが外国生まれの有権者を操っていると判断し、それを理由に都市政治は「アメリカの非常に顕著な失敗[4]」であると断じている。こうしたマシーンに対する否定的評価は、19世紀後半から20世紀初頭の改革者に典型的にみられ、それがマシーン打倒の運動へとつながっていったのである。こうした改革者的アプローチも、たちいって検討すると、当時のプロテスタント中産階級及び上流階級が共有したモラルに照らしてマシーンを批判する見方と、批判的ではあるものの、より現実的にマシーンを評価しようと試みる立場に分かれていた。

　まず、前者の立場について、牧師ジョサイア・ストロング（Josiah Strong）をとりあげ、大量の移民が流入する世紀転換期の都市において、アメリカ生まれのプロテスタントがマシーンとそのボスをどのようにとらえていたかをみてみよう。1886年に出版されたストロングの著書『我らが祖国（*Our Country*）[5]』は30年間にわたって17万5千部以上も売れたのであるが、同書には、当時のアメリカにおけるアングロサクソン・プロテスタント支配層の考えや態度が強く反映されていた。その意味で、『我らが祖国』は一種の歴史的資料ともいえるのである[6]。

　『我らが祖国』の中で、ストロングはアメリカ人が楽観的に自分たちは神か

ら選ばれた特別な民だと考えることをいさめている。アメリカの将来は安泰だとの考えは、分別ある判断ではない。というのは、アメリカの農村で伝統的にはぐくまれてきたアメリカ民主主義の伝統が、都市の移民を支持基盤にしたマシーンに犯されているからである[7]。次に、ストロングはアメリカ民主主義の核心は、プロテスタント的な価値に支えられた自治にあることを強調し、これが、ボスとそのマシーンによって、台無しにされようとしていることに警鐘を鳴らしている。

　アメリカに近年、カトリックとユダヤ教徒が入り込んできて、それとともに彼ら独特の習慣・文化がもたらされることに問題がある。彼らは都市にやってきて、生粋のアメリカ人を駆逐する勢いである。例えば、1885年のマサチューセッツの人口調査によれば、65のタウンと市で、65.1％が移民系（外国生まれと両親の少なくとも一方が外国生まれ）となっている[8]。彼ら移民系の人々は、都市に彼らの習慣・文化をもたらし、その結果、「聖なる祭日は単なる休日と化している[9]」。酒飲み、ギャンブラー、泥棒がはびこり、かれらとマシーンが結びつき、都市政府は悲惨な状況にある。これに対して、心ある人々は改革運動にのりだし、選挙でボスを落選させようと試みてはいるものの、成功しているとはいえない。とくに大都市政府の状況が最も悪く、腐敗が激しい。

　ストロングのこうした見解には、トマス・ジェファソンにさかのぼるアメリカ人の伝統的農村志向が反映されている。当時より約1世紀前に、ジェファソンは都市の生活は時間を浪費するばかりでなく、不道徳と惨めさをもたらすものであるとのべ、すでに成長しつつあった都市への危惧を示した[10]。同時に、彼は、農村のコミュニティでアメリカ民主主義は守り、育てられるはずであると信じたのであるが、19世紀末の急速に都市化の進んだ時代にあって、こうした農村に根づいた自治を重視するアメリカ民主主義思想がマシーンとその中心にあるボスに対する批判と結びついていったともいえよう。

　ただ19世紀末の状況がそれをさかのぼる100年前と異なるのは、大量の移民を都市がかかえていたことである。アメリカは移民の国であるから、ジェファソンの時代にももちろん、移民は流入していた。しかし当時やってきた移民の多くは、周知の通り、イギリスを中心とする北欧・西欧出身が主であった。さらに彼らの多くは、都市の労働者としてではなく、農民としてやってきたので

あり、ジェファソンがアメリカ民主主義の守り手とみなした種類の人々であった。ところが、西部への開拓が終結期に近づいていた19世紀末期にアメリカに到来した移民にとって、生きる場所は工業化が急速に進行する都市であった。しかも、彼らの多くは、英語を母国語としないばかりか、民主主義思想ともほとんど無縁の南欧・東欧系の移民であったのだから、彼らを迎えた、アングロサクソン系の人々のとまどいも、想像に難くない。

　ストロングのとらえ方は、彼の著作が当時としては破格の売れ行きを示したことからもわかるように、当時、中産階級以上のアメリカ人の共感をよんだのであるが、アングロサクソン優越主義傾向の強い彼のモラリスト的アプローチは、その後の時代の研究者からは、批判を受けることとなった。すなわち、当時の移民が社会主義、飲酒の習慣などをもちこみ、アメリカ人に害悪をもたらしていると一方的に非難するだけでは、現実の都市政治の実態が十分にとらえられていないのではないかという疑問が呈せられたのである。

(2)　ステフェンズにみるリアリスティック・アプローチ

　一方、19世紀末から20世紀初頭に活躍したマックレイカーズの一人であるリンカーン・ステフェンズ（Lincoln Steffens）は、モラル的評価に偏りがちであった同時代人の中では、一歩進んだ見方をとっていた。彼は、当時の改革者の代弁者とみられているが、ボスとマシーンに対してより現実的なとらえ方をしている。

　ステフェンズもその一員であったマックレイカーズとは、当時のアメリカ社会の恥部をレポートし、また攻撃した一群のジャーナリストである。彼らはジョン・バニヤンの小説『天路歴程』にちなんで、マックレイカーズと呼ばれたが、その際、マック（muck）はゴミ、レイカーズ（rakers）は、まぐわでかき集める人を意味した。ステフェンズの場合、まぐわでかき集めたゴミとは、市政の腐敗である。彼は、20世紀初めのシカゴ、ニューヨーク、フィラデルフィアなどの大都市の政治をつぶさに観察し、その結果をよく知られている『都市の恥辱』(1904)にまとめあげたが、その中で、マシーンが支配する市政府の非能率、不経済、腐敗を厳しく攻撃する一方で、無関心な市民、自らの利益しか考えないビジネスマン、モラルばかり重視する改革者を批判している。

ステフェンズによれば、改革者や一般の人は、表面的な市政の状況だけを見ている。「悪者」を市政府から追い出して、市政府を効率化すれば、問題が解決すると考えているようだが、彼らは政治腐敗の真の根源を理解しているとはいえない。移民のせいにする人々も多いが、自分たちアメリカ人が責任をもたなくてはならないのであって、自分たちの政府が食い物になっていることに気付かなければならない。誰が腐敗した市政府を動かしているのか、誰がこのシステムを支えているのか、マシーンとそのボスに渡る金はどこから来ているのか。こうした問題に関心をもたなくてはならないとステフェンズは主張したのである[11]。

　彼は、マシーンのボスとビジネスマンとの腐敗した関係を明らかにして、人々のビジネスマンへのモラル的な信頼を打ち崩したのであるが、その一方で、マシーンのボスが都市政治において建設業者、銀行家、商人など、ビジネスにたずさわる人々に一種のサービスを供給していたととらえた[12]。ビジネスマンが貪欲なのに比べて、ボスが最も悪人であるとはいえず、かえってボスは人間的であり、寛容で、考え深くもあるという彼の見方[13]は、マシーンをモラル一辺倒で攻撃する人々にショックを与えた。

　ステフェンズは、マシーンを単にモラリスト的な立場から批判するのではなく、なぜマシーンに都市政治が支配されているのかという問題にまで踏み込んで考察した点で、その後のマシーン研究の先駆け的役割をはたしたといえる。

(3) マートン的アプローチ

　ステフェンズが示唆した、政党マシーンに対する積極的役割評価を理論に発展させたのが、社会学者のロバート・マートン (Robert K. Merton) である。彼は、19世紀末以来のモラリスティックな傾向の強いアプローチを完全にくつがえしたことで、マシーン研究に大きな影響を与えた。第二次大戦後に、彼によって提示された、いわゆる「機能分析 (functional analysis)」は、マシーン研究に完全に新たなページを開いた[14]。これをもって、マシーン研究の第二の時代がやってきた。

　マートンはある特定のシステムの機能を「明白な機能 (manifest functions)」と「隠れた機能 (latent functions)」の２つに分けて、前者はそのシス

テム参加者によって意図され、認識された機能であるのに対して、「隠れた機能」は、参加者に意図されず、認識されもしない機能であると規定した。その上で、これらの概念をマシーンの分析に適用したのであるが、マシーンの場合、「明白な機能」には、選挙活動を行うこと、支援者に役職を分配すること、または賄賂の代償として優遇措置を講ずることなどが含まれる。一方、マシーンにとっての「隠れた機能」とは、何であろうか。

　マートンは、マシーンはアメリカ政治システムに機能的に欠けている部分を補う形で「隠れた機能」をはたしていたとみるのであるが、アメリカ政治システムに欠けている部分とは、その基本原則としての権力分立が生み出す結果として、社会的な必要に十分応えていないことである。彼は、アメリカでは連邦レベル同様に、地方レベルにおいても権力の分散のために効果的な決定や行動がおこなわれていないが、マシーンとそのボスはその欠陥を補う役割をはたしているとみた[15]。彼にとって、「ボスが果たす重要な構造的役割」は、「わが国の政治組織を貫いて分散する『権力の断片』を組織し、中央集権化し、良好に機能するように維持すること[16]」であった。マートンはマシーンの役割を全面的に評価していたわけではないが、政府の権力分散のために、必要を満たされていない、「恵まれない階層（deprived classes）[17]」、「個人的な『昇進』へ向かう、より世間並の道から排除されてしまう[18]」人々、合法・非合法のビジネスといった様々なグループの要求に対して、マシーンは「隠れた機能」をはたすことで応えているととらえた。換言すれば、「公式の機構がもつ機能的欠陥が、現下の必要をより効果的に満たすために、代替的な（非公式の）機構を生み出した[19]」とみて、マシーンの積極的な役割を評価したのである。

　マートン・モデルを採用して、アメリカ社会に潜在する社会的要求とマシーンの興隆とを関連させる見解は、学界で認められるようになり、1960年代には通説ともなった。ダール（Robert A. Dahl）、グリーンスタイン（Fred I. Greenstein）、コーンウェル（Elmer E. Cornwell, Jr.）、バンフィールド（Edward C. Banfield）、ウィルソン（James Q. Wilson）ら、当時を代表する都市政治研究者は、少なくとも基本的にはマートンの理論を認めて、受け容れたといってよい。マートンの理論が提示されて以降、1960年代と70年代にマシーンに関する多くの研究が行われ、その過程で、世紀転換期のマシーンに対するモラル面

からの否定的評価は完全にくつがえされていった。極端にいえば、20世紀初頭には、「悪者」として批判の対象であったマシーンとそのリーダーであるボスは、いわば名誉回復することになったのである。

　革新主義時代の改革者に、民主主義とはほど遠い存在として攻撃されていたマシーンは、こうして1960年代にマートン・モデルの隆盛にともない再評価されたのであるが、それはボストンのボス・カーリー（James Michael Curley）をモデルとして書かれた小説『最後の歓呼』[20]（1956）の主人公、ボス・シェフィングトンが、貧民の味方として一種のノスタルジーをもって描かれたことと符合していた。つまり、急速な工業化・都市化の下で苦闘する移民層・低所得層を暖かく世話する温情に満ちたボスというイメージとボスが支配していた時代を「古きよき時代」とみる傾向が、強まったのである。そしてまた、都市の貧民に各種の「ソーシャルサービス」をほどこすことによって市政を握っていたマシーンは、ニューディールの到来とともに、カーリーがそうだったように[21]、当然衰退していくとみる仮説も通説として受け容れられていったのである。

第2節　政党マシーン研究の変遷：その2
　　　──マートン・モデルへの挑戦──

　マートン・モデルがマシーン研究に基本的に応用されていった一方で、1970年代以降、このモデルへの挑戦がおこなわれるようになった。これが、マシーン研究の第三の波ともいうべき新しい方向である。マートン・モデルが政治社会学的アプローチにもとづいていたのに対して、新たな挑戦はおおむね政治経済学的アプローチをとったことに特徴がある。連邦政府のニューディール政策がどのように都市の政治・経済発展に影響を与えたのか、マシーンの支持者はマシーンを支持することによって、はたして実際に社会・経済的上昇という恩恵に浴することができたのか、マシーンは都市の成長過程でどのようなビジネスといかなる関係をもってきたのか等の疑問に答えることを通じて、マシーンに対する新たな解釈がおこなわれたのである。これらは、マートン・モデルから引き出されるマシーンに関する主要な仮説に対して、それぞれ挑戦したものであった。

第1章　政党マシーン論の検討と「支配的マシーン」

(1)「最後の歓呼説（"Last Hurrah" thesis）」への疑問

　マートンに対する第一の挑戦は、「最後の歓呼説」が誤りであるという主張である。「最後の歓呼説」とは、ニューディール期の救済政策、さらにはニューディールに始まる社会保障政策の導入によって、政党マシーンは没落したとみる仮説であって、マートン・モデルと整合性をもっていた。

　マートン・モデルを応用すれば、マシーンとそのボスは、政府による社会福祉政策がほとんど存在しなかった時代に、移民をはじめとする貧困な都市大衆が必要としていた「ソーシャルサービス」を提供していたという意味で、積極的に評価された。ところが、ニューディール期以降についていえば、連邦政府が失業者や生活困窮者を救済する役割を担うようになることによって、マシーンが果たしてきた各種サービス活動の「隠れた機能」は失われることになる。そのため、マシーンと支持者の結びつきは終わり、結果として、マシーンは各都市で没落していったと類推されるのである。

　このマシーン衰退の仮説が「最後の歓呼説」と呼ばれている理由は、すでに言及した小説『最後の歓呼』が、ニューディール期以降に没落したボスの状況を最も明確に描いていることにある。社会福祉政策を連邦政府が実施するようになって、ボスの権力の源泉が失われ、その結果、マシーン政治は壊滅的打撃をうけたと解釈するこの「最後の歓呼説」は、マートン・モデルに合致しており、多くの歴史家や政治学者に支持されてきた。この説は因果関係が明確であり、論理性もあり、マシーン「衰退」の一因を説明する見解として無視できないものである。

　しかし、表面的には「最後の歓呼説」で説明できるように見えても、実際は諸都市のケース・スタディを検証すると、マシーン衰退の原因は直接的にニューディール政策であるとはいえない場合がかなりみられることがわかってきた。たとえば、小説『最後の歓呼』のモデルといわれるジェームズ・カーリーがボスであったボストンや悪名高いタマニーホールを擁したニューヨークのケースでは、確かに既存の民主党マシーンである、カーリー・マシーンとタマニーホールは衰退するものの、それはボストンのカーリーやニューヨークのタマニーが、ニューディール政策の実施過程で、それぞれの都市で主導権を握れなかったためであった。

ニューディール政策は、マシーンから活躍の場を奪ったというよりも、かえって多額の資金や役職を都市に付与したことを通じて、マシーンにチャンスを与えたともいえるのである。これを「活用」することによってマシーンを育てることも可能であった。実際、ボストンでは、カーリー・マシーンは力を失ったものの、同じ民主党のウォルシュ（David Walsh）のマシーンが躍進したし、ニューヨークでは、共和党のラガーディア（Fiorello H. LaGuardia）がニューディールを支持して、大統領ロウズヴェルト（Franklin D. Roosevelt）と良好な関係を形成し、自らの組織を築くことに成功した。また、ピッツバーグ、カンザスシティ、ジャージーシティなどの都市でも、「最後の歓呼説」に反して、ニューディールは民主党マシーンを拡大強化する支えとなったのである。なお、「最後の歓呼説」への具体的な反証については、本書第5章を参照されたい。

(2)　「虹の連合（rainbow coalition）」形成論への疑問
　マートンに対する第二の挑戦は、いわゆる「虹の連合」形成論への疑問提示である。マートン・モデルを応用すれば、マシーンのボスたちはマシーンを通じて、多民族による連合を作り出し、アイリッシュをはじめとする旧移民ばかりでなく、ユダヤ系、イタリア系、ポーランド系をはじめとする新移民の社会・経済的上昇を助けたということになる。つまり、マシーンを通じて、多様な民族の連合が形成されたという、一種の楽観論が「虹の連合」形成論である。この説は1960年代に積極的に評価され、その後もかなり広く信じられてきた。そのため、1980年代になっても、過去のマシーンをモデルとして、黒人・ヒスパニック、一部のアジア系による「虹の連合」を作ろうという政治運動が大都市で起こったほどである。
　しかしながら、新移民は必ずしも、マシーンを握っていたアイリッシュによって歓迎されたとはいえない。このことについてくわしくは、本書第4章で、ニューヨークのタマニーホールとシカゴの民主党マシーンについて比較しながら検討するが、結論として、アイリッシュ・マシーンと新移民との関係はその時期と状況によって大いに異なっていたといえる。まず、タマニーについては、世紀転換期にニューヨークに流入した新移民を積極的に支持基盤として受け容れたとはいえなかった。というのは、すでにこの時期にタマニーは旧移民を確

固とした支持層としつつ、組織として成熟期を迎えていたからである。一般に、マシーンは支持基盤の拡大のために、移民の帰化や投票登録を積極的に援助したと考えられているが、実際には、ニューヨークにおいて、タマニーは旧移民に対してのように新移民に帰化を奨励することはなかったとみることができる[22]。

この点は、ボストン、ニューオーリンズなどの都市についても指摘されている。ロッチン（R. W. Lotchin）によれば、1860年代から1870年代にかけて、旧移民の有権者拡大に関してマシーンは熱心であったとしても、その後、1890年代に急速に新移民が増大してくるとともに、新たな移民について熱心に帰化援助を行うことはなくなっていった[23]。というのは、大都市をとれば、人口の3分の2が移民系、それも新移民系が多数を占めるということも珍しくなくなった状況では、有権者の拡大は既存のマシーンにとって、かえって危険なものとなったからである。例えば、市政府の官職や党の役職の配分という観点から考えた時、新移民を旧移民と同等に扱うことは、すでに支持層として確保していた旧移民を失う危険をはらんでいた。実際、分配できる資源は限られていたのであるから、新移民は相対的に、不利に扱われる傾向が強かったのである[24]。

さらにアイルランド系にとってさえも、マシーン政治は経済的上昇という観点から見た場合、有利だったとはいえないということもいわれている。確かに彼らは官職や党の役職の分配において有利な立場にあったが、分配された仕事は彼らの社会・経済的上昇を助けるためというより、政党マシーンの組織を維持するためであった。実際、仕事の種類はブルーカラーが大半であり、そうした仕事に就くことが多かったことによって、アイリッシュのアメリカ社会での中産階級化はかえって遅れたという指摘がなされているのである[25]。

(3) 「中央集権的マシーン」への疑問

マートン・モデルに対する第三の挑戦は、マシーンは必ずしも中央集権的組織であったとはいえないという指摘である。アメリカ政治制度は、憲法上、権力の分散を特徴としているが、そのために連邦レベルでも、地方レベルでも、時として政府の効果的な決定や行動がはばまれることがある。マートン・モデルによれば、そうした場合に解決策となるのが、マシーンであった。マートン

は法律家が法に従って、民主主義を遵守することに力をそそぐ一方で、その陰にあってマシーンとそのボスは、彼らの中央集権的組織を使って、要求をみたされないままにいる様々なグループへ温情に満ちたサービスを提供して、政治統合に貢献したとみた[26]。彼はマシーンが分権化している市政府の欠陥をうめる役割をはたしたととらえて、積極的な評価を与えたわけであるが、その際に、マシーンが全市的な支配力をもつ、統制のとれた組織であったという認識は当然のことと見なされていた。

　マシーンといえば、都市政治を圧倒的に支配する組織であるという認識に対して、ニューヨークやシカゴをはじめとする様々な都市についてケーススタディがおこなわれる過程で、マシーンは必ずしも統制のとれた中央集権的組織であったとはいえないのではないかという疑問が提起された。マシーンと呼ばれていたとしても、それは単に選挙区を支配するリーダーの集まりであったり、あるいは互いに対立する党派の集合であったりしたのであり、19世紀の都市政党政治を特徴づけていたのは、中央集権性よりも党派性であるといわれるようになった[27]。一方で、確かに強力な権力集中型のマシーンが存在していたことを裏付ける実証研究も提示されたが、そうしたマシーンは少なくとも19世紀末までは例外的であったのではないかと考えられるようになった。

　たとえば、ニューヨークの民主党マシーンであるタマニー・ホールを取り上げてみよう。一般的に強力なマシーンというイメージのあるタマニーホールであるが、たちいって考察すると、そのイメージには修正がなされなければならないことがわかる。まず、少なくとも1870年代以前のタマニーは、全市に圧倒的支配力をもつマシーンではなく、ニューヨーク民主党内の党派の一つにすぎなかった。1871年までタマニーは、悪名高いボス・トゥイード（William Tweed）が率いるグループであるトゥイード・リングが中心となって市政を支配していた。とはいうものの、タマニーにおけるトゥイードの統率力も決して絶対的というものではなく、タマニーの中で最も強力なグループであったにすぎなかった。民主党内部での他のグループとの勢力争いは、熾烈を極めていた。その後、ケリー（John Kelly）が、タマニーの主導権を握る時代になって、トゥイードに反対していた一群のビジネスマンの支持を背景に、タマニーの組織強化がはかられたが、一方でそうした動きに反対する政治家グループがタマニ

第1章　政党マシーン論の検討と「支配的マシーン」

ーを離れていき、そのため、民主党内部にタマニーを含めて様々な党派が形成されていった。つまり、マシーンの代名詞のようにいわれるタマニーも、1880年代にいたるまで、実のところ、ニューヨーク市全体を支配するマシーンとはいえなかったのである。1890年代になって、ようやくタマニーは移民系支持層のクラブのネットワークを張り巡らすと同時に、党組織の中央集権化の強化に成功し、全市的支配力をもつマシーンとなったのである[28]。

(4) 複雑化するマシーン評価

　以上のように、1970年代以降、マシーン研究においてマートン・モデルへの挑戦がおこなわれたことによって、マートン以来のマシーンに対する通説が修正されていったのであるが、それと同時に、1970年代以降、別の角度からマシーン研究への批判がなされた。それは、都市政治研究がマシーン対リフォームという二分法にとらわれすぎているという指摘であった。都市政治の舞台の登場人物を相対するボスと改革者の2つに分けて考えることは、革新主義時代以来おこなわれてきたのであるが、こうしたアプローチは必ずしも的確とはいえないという批判がなされたのである。

　この背景には、ボスの中に改革者の手法をとるものがいると同時に、ボスに特有とみられた戦術を取り入れる改革者もいて、ボスと改革者という区分をおこなうことにどれだけの意味があるかという問題が提示されたことがあった。まず、1972年に、カンザス・シティのペンダガスト・マシーンの研究をおこなったドルセット（Lyle W. Dorsett）が、ボスと改革者の二分法を改めるべきであると主張した[29]のに続いて、セーレン（David P. Thelen）[30]、ティーフォード（Jon C. Teaford）[31]、ミラー（Zane Miller）[32]らも次々と同様の見解を表明した。

　こうしてマシーンをいかに理解するべきかについての見解は、時を経て変化してきたし、また多様になってきた。その過程で、マシーンの真実は何であったのかを理解することは、かえってむずかしくなってきたともいえよう。そこで、本章の後半では、マシーンとそのボスをどのようにとらえ直すべきかについて、再検討してみよう。

第3節　大都市における政党マシーンの興亡

はたして政党マシーンとは何であったのか。ここでは、マシーンの特徴を整理した後、マシーンを「支配的マシーン」と「党派的マシーン」の2つのタイプに分類して、19世紀末から20世紀半ばにかけて両タイプのマシーンの分布状況がどのように変化したかを跡づけてみよう。

(1) 都市政党マシーンの特徴

政党マシーンといっても、かなりの多様性があることはいうまでもない。たとえば、本書の第3章の主題となるニューヨークのタマニーホールも、組織の発展段階によってその実態は大いに異なっていた。また第4章では、タマニーとシカゴの民主党マシーンの比較研究をおこなう。とはいえ、それらのマシーンが共通の特徴を持っていたことも確かである。そこで、政党マシーンの多様性を承知の上で、19世紀末期から20世紀初頭における「古典的」都市マシーンを念頭において、その特徴を概括的に述べてみよう[33]。

第一に、都市政党マシーンとは、その都市（場合によってはその都市境界をこえて）政府の政策決定と権力構造を支配することを目標とする政党組織である。具体的には、まず選挙に際して候補者をたて、勝利を求めて政治活動する。市政を支配する直接の動機となるのは、主として物質的報酬であって、政府の官職、党組織の役職、市政府との契約、各種ライセンス、フランチャイズ、行政上の優遇措置などが手に入る機会を求めて、政治家はマシーンに所属する。選挙に勝利して、こうした機会を確保することがマシーンの第一の目的であるから、マシーンにとってイデオロギーは二の次の問題となる。マシーンはイシューへの関心がないわけではないが、政策を実現するために選挙に打って出るというよりも、支持者にとりわけ物質的利益がある政策に関心を払うというのが、マシーンの基本的姿勢である。

マシーンの候補者が選挙に勝利すれば、マシーンのリーダーであるボスは市政府の政策決定に大きな影響力を行使できる。万一、公職に就いた者がマシーンとそのボスに対して忠実でなければ、マシーンが力をもつ限りほとんど再選

のチャンスはないといってよい。自分自身は公職に就かずに、単にマシーンのリーダーとして市政に隠然たる力をもつボスもいるが、20世紀の大都市ではボス自らが市長となり、その行政首長としての権限をマシーン統括に有効に用いることが多かった。

　第二に、マシーンは通常、ピラミット型の組織になっており、その頂点に組織全体を統括する一人または複数のボスを擁する。マシーン（machine）という言葉には、周知のように、機械のように票を獲得することができる組織という意味合いがあるが、組織の中心となって、選挙の候補者選出に支配力をもつボスの下に、選挙区を単位に下部組織が構成されている。各選挙区にはリーダーがいて、投票区の責任者たちの助けをかりながら、グラスルーツの活動を行う。多くのマシーンが近隣住民のクラブのネットワークを形成し、ピクニック、スポーツ大会、ダンスなどの催しを通じて住民とマシーンとの緊密な接触をはかる努力をおこなって支持票の確保につとめる。

　マシーンの主たる支持基盤は、移民をはじめとする都市の労働者層であるが、多くの場合、各選挙区の多数を占めるエスニックの出身者がマシーンのリーダーとなり、また選挙区の候補者ともなる。彼らは選挙民に日常的に接して、要求に耳を傾け、選挙において支持を確保しようとつとめるのであって、支持者との関係は、主として個人的恩義に依存している。マシーンが仕事や金品をはじめとする各種の「恩恵」を与えるのに対する最大の「恩返し」は、選挙において支持の投票を行うことである。

　マシーンは選挙過程を支配する結果、市会議員、市長など選挙で選出される公職者に対して影響力をもつことになると同時に、市政府の仕事の分配に大きな力をもつ。選挙における勝利に貢献した人物を政府の役職に任命するばかりでなく、ゴミ収集、清掃、消防、警察などの市政府の日常的な仕事を党の功労者・支持者に分け与える。

　第三に、市政支配力を維持・拡大するため、マシーンは都市のビジネスとのつながりを重視する。マシーンがつながりをもつビジネスの種類は都市の経済的発展とともに変化するが、19世紀末期から20世紀初期にマシーンと密接な結びつきをもっていた典型的なビジネスは、建設、不動産、輸送、電灯、ガス、下水道その他の公共事業・公益事業関係の民間企業であり、建設・営業許可な

どの各種の利権・特権、行政上の優遇措置を与える一方で、金銭等の報酬を得て、マシーンはビジネスと一種の相互依存関係ともいえる結びつきをもっていた。こうしたビジネスとのつながりから得た利益によってマシーン政治家は私腹をこやす場合もある一方で、利益の一部を支持層である都市大衆を私的に救済するために用いた。ビジネスから得た金品、仕事口はマシーンの支持者にも分配されたのである。

　第四に、マシーン支持者の多くは貧困な労働者層であったが、労働者階級がマシーンを支持し、中産階級以上の人々はマシーンを批判して、改革を支持するというとらえ方は必ずしもできない。19世紀末期から20世紀初頭に限定したとしても、少なくともビジネスや中産階級の一部はマシーンと結びつき、マシーンとの関係によって利益を得ていた一方で、労働者層の中にはマシーンに不満をもって、他の選択肢が与えられればマシーンを離れていく人々もあった。

　マシーンとの関係があったために、アメリカの労働者層はひとつのまとまった階級として政治に参加する道をとざされたとみることもできよう。しかし、19世紀後半から20世紀初頭にかけて、アメリカの労働者の多くは移民系であって、労働者層として一つにまとまるというより、エスニックを基礎に社会生活をいとなむ傾向をもっていた。それに加えて、都市に移民をはじめとする労働者層が出現した19世紀半ばに、世界に先駆けて彼らにも普通選挙権が与えられた。そのため、アメリカの労働者層は、投票権を通じて既存の政党マシーンに組み入れられやすかったのである。

(2)　「支配的マシーン（dominant machine）」と「党派的マシーン（factional machine）」

　上に述べたような特徴をもつマシーンは、19世紀後半から20世紀前半にかけてアメリカの多くの都市でみられた。しかし、とりわけ世紀転換期は、マシーンの全盛期であったといわれ、ほとんどの大都市がボスの支配下にあったとみるのが通説となっている[34]。近年、この点を主要30都市について検証したブラウンとハラビーの研究に従っても、通説通り、マシーンの全盛期は19世紀末からの世紀転換期にあるといえる[35]。1890年から1900年の間にピークを迎え、その後、1910年頃までかなりの勢いが保たれている（図1-1）。とはいえ、より

第1章　政党マシーン論の検討と「支配的マシーン」

深く分析してみると、興味深い結果が得られるのである。

　まず、マシーンを「支配的マシーン」と「党派的マシーン」の2つのタイプに分類する。両者を区分する具体的指標は、各マシーンが市長選挙と市会議員選挙において、原則的に連続して3回勝利しているか否かである。双方の選挙に連続して3回勝利しているマシーンを「支配的マシーン」とよび、一方、マシーン特有の政治スタイルを有していても、選挙に継続的に勝利をおさめてはいないマシーンを「党派的マシーン」とよぶ。つまり、2つのタイプのマシーンを分けているのは、各都市の政治をマシーンが継続的、効果的に握っているかどうかである[36]。

　そこで、「支配的マシーン」と「党派的マシーン」の両タイプがどのように分布していたか、その動向をみてみよう（図1-1）。第一に、従来、マシーンとしてイメージされてきたのは、多くの場合、「支配的マシーン」タイプであったにもかかわらず、1930年代まではどの時代をとっても「支配的マシーン」は「党派的マシーン」に比較して数が少ない。特にトータルでみた場合に、最もマシーン全体が隆盛期にある1890年代に、「支配的マシーン」の割合は極端に落ち込んでいる。つまり、世紀転換期がマシーンの全盛期だとしても、それは「党派的マシーン」によって支えられていたのである。

　第二に、双方のタイプのマシーンをあわせれば、1870年から1945年の間に平均して6割強（63.4％）の都市がマシーン政治下にある。特に、1890年代から1910年代にかけては、約8割の都市がマシーン政治を経験している[37]。

　最後に、興味深いのは、「支配的マシーン」に限っていえば、そのピークは1920年代後半から30年代初期にあるといえることである[38]。1930年代はじめまで、マシーン全体に占める割合からいえば「党派的マシーン」が依然として多数を占めているものの、1920年代には「支配的マシーン」はかなり急速に増加している。そして、30年代後半に「党派的マシーン」とほぼ同等の割合で分布するようになる（図1-1）。

図1-1 大都市におけるマシーン政治の盛衰:「支配的マシーン」と「党派的マシーン」, 1870-1945年

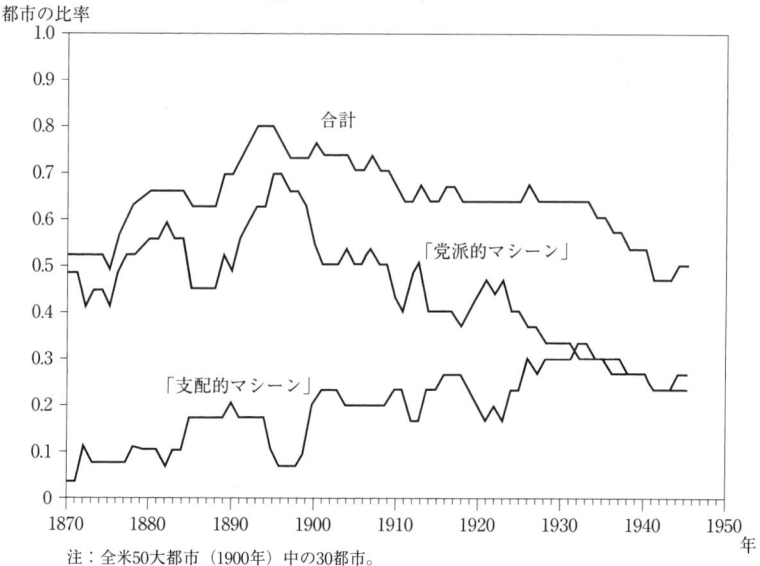

注:全米50大都市 (1900年) 中の30都市。
出所:M. Craig Brown and Charles N. Halaby, "Machine Politics in America," *Journal of Interdisciplinary History*, 17. 3 (Winter 1987), 598, Fig. 1.

第4節　「支配的マシーン」隆盛とその要因

　すでに述べたように、19世紀末期から20世紀初頭の革新主義時代に、マシーンは改革者の攻撃をあびた。それにもかかわらず、上にみたように、20世紀初頭から1930年代半ばにかけて大多数の主要都市がマシーン政治下にあり、しかも注目すべきことに、「支配的マシーン」が1930年代に隆盛期を迎えたとするならば、その理由はどこにあるのだろうか。次にこの問題を検討してみよう。理由として、いくつかの互いに関連する要因が考えられる。

(1)　反マシーン多数派連合形成の困難

　選挙において反マシーン多数派連合を形成・維持することは、容易なことではなかった。ニューヨークの民主党マシーン、タマニーホールの地区ボス・プランキット (George Washington Plunkitt) は、市政改革運動を「朝方は美しく

第 1 章　政党マシーン論の検討と「支配的マシーン」

見えるが、すぐにしおれてしまう朝顔のようなものだ[39]」と問題にしなかったことはよく知られている。市政改革運動がプランキットにとって、はかない「朝顔」に見えたのは、選挙においてリフォーム側が継続的に勝利をおさめられなかったからであった。100年後の現在、振り返った時、市政改革運動が都市政治に与えた衝撃は決してあなどれないものであったが、選挙政治のレベルに限定すれば、確かに革新主義時代に大都市で市政改革者が決定的勝利をおさめることは、まれであった。たとえ勝利することがあっても、その勝利が長続きすることは少なかったのである。

　ただこのことは、マシーン反対勢力が少数派であったことを意味するとは、必ずしもいえない。リフォーム支持者は、非能率・不経済な市政運営の改善を求めるビジネスマンや市政の不正・腐敗に道義的怒りをもつ中産階級など比較的富裕な人々ばかりでなく、マシーンの支持基盤といわれる労働者階級の中にもみつけることができた。本書第4章で詳しく論ずるように、イタリア系やユダヤ系をはじめとする新移民たちの間には、マシーンがアイリッシュ中心に運営されていることに対する不満があった。さらにまた、労働者層の中には、ホッリ（Melvin G. Holli）らによって指摘されたように、電気・ガス・輸送などの公共サービス事業の市営化を含めた、公共サービスの安価な供給、福祉プログラムの提供などをめざす「社会改革（social reform）」支持傾向がみられた[40]。この他にも、労働者層の支持をバックに、ポピュリスト的改革運動の流れをくむ運動が、既存の政党マシーンに対する挑戦を生み出している。

　たとえば、ニューヨークではすでに1850年代に、マイケル・ウォルシュ（Michael Walsh）が労働者層の価値観、要求、世界観を代弁して既存の政党を批判したし[41]、また1886年には市長選挙で、連合労働党候補者のヘンリー・ジョージ（Henry George）が敗れたとはいえ善戦している。ウォルシュもジョージも二大政党の政策と政治に怒りや不満をもつ労働者層の共感を得ていたのであるが、革新主義時代には各地で同様のポピュリスト系候補者が労働者層から支持を得た[42]。1905年と1909年のニューヨーク市長選に出馬したハースト（William Randolph Hearst）や1905年にシカゴ市長選で勝利したダン（Edward Dunne）が、そうしたポピュリスト的改革者の代表であって、市政府の「能率と節約」を求める比較的富裕な改革者とは一線を画していた。

41

つまり、革新主義時代には、社会の上層、中間層、労働者層の間にマシーン政治に対する様々な不満・批判がうずまいていたのであるが、それを選挙での勝利に結実させることができるとは限らなかった。いうまでもなく、多様な要求を抱えた異質な人々を反マシーン連合に結集することができなければ、選挙でマシーンをうち負かすことはむずかしかったが、反マシーン連合形成は容易なことではなかったのである。それ故、たとえ選挙での継続的勝利を指標として「支配的マシーン」の存在を確認できたとしても、必ずしもそのマシーンの市政支配力が盤石であったとはいえない。選挙でマシーンの勝利が引き続いたとしても、背後にマシーンに不満をもつ多様な人々が存在することも考えられたのである。

(2) マシーンとリフォームの共存

一方、革新主義時代も後期に入ると、マシーン支配が続く大都市で新たな改革運動の試みがビジネス界を中心とする比較的富裕な改革者グループによって推進されていった[43]。従来の選挙政治における勝利をめざすという方法ではなく、別の方法で利益を実現する道を探っていったのである。その具体的方法は、市政調査会運動などを通じて行政権の強化と行政の専門化を推進することであった。これによって、間接的にマシーン政治に風穴を開けようと試みたともいえる。

市政調査会運動は20世紀の初めに市政に関する調査・研究を通じて社会政策を充実させようという意図から、ニューヨーク市で始まったのであるが、やがて市政の効率化を促進するための一連の行政改革を提案した。年次予算制、中央一括購入制、新しい財務手続と会計方式、タイムシート、公務員制度の改正などを含む改革案は、ビジネスマンを最大の支持者としていたが[44]、行政部の中に賛同者を獲得していった。タマニーホールの市政支配がいまだ健在であった1920年代においても、市政調査会と官僚は緊密に連絡を取り合い、行政の「能率と節約」にむけての提案ばかりでなく、様々な社会政策を提案し、実現していった[45]。ニューヨークにおける市政調査会の成功は、他の大都市に同様の組織を設立する運動を引き起こし、北東部と中西部の主要都市とサンフランシスコに調査会が設置された。

つまり、たとえ選挙においてマシーンが擁立する候補者に勝利することができなくとも、市政府の行政部を通じてリフォーム政治を実現していく方法がとられたのである。ここで、こうした行政改革を通じてマシーンがどの程度打撃を受けたのかについて、各種の行政改革の中でもマシーンにとって影響が大きかったと考えられるメリットシステムを基礎とする公務員制度導入とマシーン衰退との関係をみてみよう。

人口10万人(1930年)以上の33都市について両者の関係を調べると[46]、当然予想されるように、両者の関係が密接である都市もある。たとえば、ルイスビル(ケンタッキー州)では、市長制の下でパルティザン選挙制がとられている状況であったが、1937年に専門公務員制度が導入されるとまもなく民主党マシーンは衰退していった。また、制度的にルイスビルよりさらにリフォームが進行していたいくつかの都市では、専門公務員制度が確立した時期と前後してマシーンは衰退している。たとえば、シンシナティでは、1910年に専門公務員制度、1912年に中央一括購入制度、1925年にマネジャー制とノンパルティザン選挙制が導入されたが、マシーンは1925年に衰退している。しかし、カンザスシティのように、専門公務員制度導入後にもマシーンが健在であった都市もかなりみられるのである。メリットシステムによる公務員制度が導入されても、政治的配慮の下で分配される官職がすべて消滅したわけではなかったのであり、この制度の採用とともにどの都市においてもマシーンが消滅したというわけではなかった。

とはいえ、専門公務員制度が充実していくプロセスで、マシーンを選挙でうち破ることができなくとも、実質的に改革者の要求が実現されていく道が開かれていったといえよう。教育、雇用、交通、衛生、福祉などの諸問題に対して、専門家の調査研究にもとづいて政策提案がおこなわれるのならば、たとえ選挙でマシーンに敗北したとしても官僚との人的ネットワークを利用して、有利な政策を実現・実行する可能性がましていくのであり、ある意味で、マシーンの選挙での勝利を黙認してもかまわないともいえた[47]。裏返していえば、マシーン政治家も都市問題が複雑化する過程で、政策作成において技術的・専門的知識をもつエキスパートの力に頼らざるを得ない状況にたたされていったのである。しかしそうした状況に対して手をこまねいて待つばかりが、ボスの姿勢で

はなかったことも確かである。革新主義時代以降のマシーンのボスは、リフォーム政治運動にいかに対処して、自らの立場を有利に導くかを考慮せざるを得なかった。それ故、選挙での連続的な勝利を指標に「支配的マシーン」と定義した場合、その隆盛期が1930年代だとしても、その時期の大都市マシーンは19世紀後半のマシーンとはかなり異なる性格をもっていたのである。

つまり新たな時代のマシーンとそのボスは、19世紀末から20世紀初頭の「古典的」マシーンとボスとは異なり、自らリフォーム政治をとり入れていったのである[48]。たとえば、メンフィスのボス・クランプ（Edward Crump）やジャージーシティのボス・ヘイグ（Frank Hague）は市政の「能率と節約」を提唱し、実際に両市は、革新主義時代に委員会制を採用している。クランプは委員会制導入運動を通じて古い民主党の党派に挑戦して、メンフィス民主党のボスとなった[49]。一方、ヘイグは委員会制導入運動当初には反対の立場をとっていたものの、この新たな制度によってかえって市政支配が容易になると考えるにいたり、賛成派にまわった[50]。彼ら二人に加えて、シカゴのボス・サーマック（Anton Cermak）やタマニーのボス・マーフィー（Charles Francis Murphy）は、都市の改革のために犯罪、麻薬、売春と闘うキャンペーンをはったりもした。もちろん、革新主義時代以降にも、カンザスシティ（ミズーリ州）のペンダガスト・マシーンのように汚職と犯罪にまみれた組織も残っていたものの、多くの大都市マシーンはリフォーム政治の手法をとりいれていったといえよう。

(3) 行政権の集中・強化

革新主義時代以降に「支配的マシーン」が隆盛期を迎えた第三の理由は、前述の第二の理由と密接に関係している。マシーンとそのボスは、革新主義市政改革に必ずしも反対する姿勢をとるのではなく、リフォームを採用していったと述べたが、行政権の集中・強化を求めて実現された諸改革は、マシーンを「支配的」な組織とする上で有利に作用したと考えられるのである。

行政権の集中・強化をめざす改革としては、まず市政府の制度自体の改革が挙げられる。従来、市政府では、市会が立法ばかりでなく、行政にもかなりの権限を有する、いわゆる「弱い市長制」が採用されることが多かったが、これに代わって大都市では「強い市長制」が採用されるようになった。この制度は、

第1章　政党マシーン論の検討と「支配的マシーン」

19世紀後半に段階的に行われてきた市長の権限強化が革新主義時代に確立したものであり[51]、実際に採用された場合、様々なバリエーションがあった。しかし、基本的には、市長が行政各部門の長を任命し、市会に政策案を勧告するとともに、市会を通った法案を拒否する権限を有していた[52]。

市会に多くの権限が与えられている「弱い市長制」の下では、たとえマシーンが市会の多数を握っていたとしても、個々の市会議員に権力が分散しているために、政党マシーンの中央集権化をはかることはむずかしかったのに対して、「強い市長制」はマシーン自体の中央集権化を助ける役目をはたした。というのは、「強い市長制」の下では、政治的パトロネージが行政部に集中しているために、ボスはその分配を通じて、マシーン組織の末端を掌握しやすくなったばかりでなく、市長が政策決定の中心となる体制が作られる。そのため、「強い市長制」の下では「支配的マシーン」が形成・維持される土壌が形成されたといえるのである。

実際、「強い市長制」導入後のニューヨークでは、1880年代にタマニーがジョーン・ケリー（John Kelly）とリチャード・クローカー（Richard Croker）の下で、中央集権的な統制のとれた強力なマシーンを確立していった。自らは市長に就任しなかったが、彼らの意をくんで動く人物を市長に据えて、彼らは行政部を通して市政を支配することを自らの党組織固めに有効に利用した。同様に、19世紀末のロチェスターでは、ジョージ・オルドリッジ（George Aldridge）が「強い市長制」の下で自らの強力なマシーンを形成したといわれている[53]。彼は1894年に市長に選出されたものの、改革派の抵抗にあって市政への支配力を固めることができなかったのであるが、1899年に「強い市長制」が導入されたのを契機に、「支配的マシーン」形成に成功した。以後20年以上にもわたって、彼はこのマシーンを通じてヘゲモニーを築いたのである。この他、自ら「強い市長制」下の市長となって、その立場を強いマシーン作りに生かしたボスとして、デンバーのスピア（Robert Speer）、ニューオーリンズのバーマン（Martin Behrman）、インディアナポリスのタガート（Thomas Taggert）などを挙げることができる[54]。

「強い市長制」ばかりでなく、革新主義時代に考案された委員会制とマネージャー制導入後、「支配的マシーン」が誕生することもまれではなかった。こ

れら二つは、元来、マシーン政治を打破することをねらって考案されたリフォーム政治運動の旗手ともいえる制度であった[55]。ビジネスの原理を政治にとり入れることによって、主として市政の「能率と節約」を実現する制度として提案されたのであるが、実際に導入されると「強い市長制」同様に、強力なマシーンを出現させる場合があった。それは、市政府の権力が分散している状況では困難であった「支配的マシーン」の形成が、委員会制やマネージャー制の下での行政権の集中・強化によって可能になったためである。

すでにふれたジャージーシティの例をとると、1913年にこの都市では、立法権と行政権をともに有する5人の委員によって構成される委員会制が改革者の運動の成果として採用された。ところが委員会制導入前には弱体だった民主党マシーンのリーダー、ヘイグは、このチャンスをとらえて、マシーンを「支配的マシーン」に変身させることに成功した[56]。ヘイグ同様に、委員会制導入にともなって強力なマシーンを築き上げたボスの例はかなりある[57]。

一方、カンザスシティでは、マネージャー制導入を契機に強力なマシーンが形成された。同市の民主党は、1890年代末に「党派的マシーン」を有していたものの、未だ全市的なレベルで政治を握っているとはいえなかった。このマシーンが「支配的マシーン」となったのは、1925年に同市がマネージャー制を採用した後であった。当時のボス、トム・ペンダガスト（Thomas J. Pendergast）は、市会の立法議題とマネージャーの任命について大きな影響力を握ることに成功し、その後民主党マシーンは全市的支配力をもつ強力な党組織として成長していった[58]。

(4) ニューディール体制下の新しい政府間関係[59]

1930年代半ばに「支配的マシーン」が隆盛期を迎えた理由として、最後にニューディールに始まる都市政府と連邦政府との新たな政府間関係を挙げなければならないだろう。革新主義時代をこえて1930年代まで生きのびたマシーンにとって、ニューディール期に始まった新たな政府間関係と連邦政府の資金は大いなる福音であった[60]。

この章の第2節でふれたように、多くのマシーンが、連邦救済事業をめぐる人事と資金とを利用して、組織を維持したばかりか、拡大強化さえしたのであ

る。というのは、連邦政府の事業といっても運営面ではそれぞれの地方に、かなりの責任と権限が与えられていたため、連邦政府とパイプをもつ政党や組織は、地方の救済機関の人事、救済資金と仕事の配分に深くかかわることができたからである。本書第5章で詳しく論じるので、ここでは簡単にふれるのみにとどめるが、ニューディール政策の展開過程で、連邦救済事業と深くかかわることができた政治家や政党組織は、救済機関の人事、救済資金と仕事の分配などを通じて、支持基盤を強化することができたのである。

　要するに、ニューディール期に、多くのボスは、連邦政府との新たな関係を利用して自らのマシーンの強化・拡大を図ったのであり、そのことは、19世紀後半から20世紀半ばのマシーン政治時代の中で、1930年代半ばが「支配的マシーン」のピーク時をなした大きな要因のひとつと考えられる。実際、例をあげてみれば、ピッツバーグでは弱体であった民主党マシーンが1930年代半ばから、ニューディール政策をフルに活用して、第二次大戦後も長く維持された強いマシーンの基礎を築きあげた[61]。またジャージーシティのヘイグ・マシーンやシカゴの民主党マシーンも、ニューディールを大いに利用して、強大なマシーンへと成長していったのである。

むすび

　急速な工業化・都市化が進行すると同時に男子普通選挙権が実現した結果、アメリカの都市には政党マシーンが出現することになった。南北戦争以降、工業化にともない農村からの移住者に加え、大量の移民が都市に流入し、マシーンの時代が到来したのである。移民をはじめとする労働者層を迎えたマシーン政治家は、彼らの民族的結束を利用し、また物質的報酬を約束することを通して、彼らを支持層へとりこんでいった。当時の地方政府はインフラストラクチャー整備のために、州政府や連邦政府にまさる支出をおこなっていたのであって、第一次大戦中を除けば1930年まで、連邦政府を上まわる雇用を創出していた[62]。

　それ故、「党派的マシーン」と「支配的マシーン」をあわせてみた場合、19世紀末期から1930年代にかけて主要都市の大多数でマシーンによる政治がおこ

なわれていたことは、ある意味で当然の帰結であっただろう。ただ「支配的マシーン」の出現は、単に地方政府の支出増大の観点からだけでは説明できない。第4節で論じたように、市政府自体の中央集権化をはじめとする様々な要因がからみあって「支配的マシーン」をうみだしてきたのである。ただ、これらの要因は、裏返していえば、マシーンの弱点を反映していたともいえる。

　市政府における行政権の集中・強化は、マシーンの中央集権化を助けて、強力な支配的マシーンを生み出す一つの要因となったとしても、同時に進行した行政の専門化傾向はマシーンに有利であったとはいえない。都市政府が扱う問題が複雑化し、素人の手にはおえなくなっていく過程での当然の結果であったが、最終的にはマシーンの大切な資源である各種官職任命権が削減されていくことを意味したからである。すでにふれたようにメリットシステムによる公務員制が導入された後も、マシーンがそのために崩壊するとは限らなかった。とはいえ、導入後まもなく崩壊したマシーンがあったことも確かであるし、また長期的にはマシーンの存続に不利な条件であったことは否めない。

　また、ニューディール期以降に連邦政府による救済政策、社会福祉政策が展開される過程で、救済機関の人事や救済資金と仕事の配分がマシーンの資源となりえた。ところが、これは確実な資源とはいえず、いわば他人まかせの資源であった。つまり、地方政府の支出が連邦政府のそれを上まわっていた時代とは異なり、ニューディール期以降の時期、都市政府は連邦資金をあてにせざるをえなかったのである。さらに、たとえロウズヴェルト政権下の民主党マシーンであっても、必ずしもその「恩恵」に浴せるわけではなかった。また、相対立する側にその「恩恵」が与えられれば、マシーンにとって非常に不利な要因となったのである。

　「支配的マシーン」形成を支えたもう一つの要因として、改革者の側が選挙において、自らの多数派連合を形成・維持することに困難をかかえながら、マシーンの勝利をある意味で黙認していたことがあった。この黙認の陰には、改革者たちが革新主義時代から徐々に実現していった市政府の行政機構改革があった。改革者は、選挙で持続的に勝利できなくとも、行政機構を通して市政に影響力を与える体制を築き上げていった。たとえ、マシーン寄りの市長が選出されたとしても、専門能力のある官僚が政策の立案・実行において強い影響力

第1章　政党マシーン論の検討と「支配的マシーン」

を行使しうるのであり、官僚組織との関係を通じて利益実現の道が開かれていったといえるのである。換言すれば、たとえマシーンが選挙に勝利していたとしても、コミュニティの政治への影響力を維持しているとは必ずしもいえなくなっていったのである。

注

1）　Richard L. McCormick, *The Party Period and Public Policy : American Politics from the Age of Jackson to the Progressive Era* (New York and Oxford : Oxford University Press, 1986), 3. なお、1924年に始まるジャクソン大統領時代における各州、各地域での政党の形成、有権者の投票率などについては、Richard L. McCormick, *The Second American Party System : Party Formation in the Jacksonian Era* (New York : Norton, 1973) 参照。またジャクソニアン・デモクラシーの時代に投票率がなぜ飛躍的にのびたのかについては、John H. Aldrich, *Why Parties ?* (Chicago : The University of Chicago Press, 1995), 97-125参照。

2）　平田美和子「アメリカにおける移民と都市政治」『津田塾大学紀要』第6号（1974年），67-94。

3）　Kenneth T. Jackson and Stanley K. Schultz, "Introduction of Part Six," in *Cities in American History*, ed. Jackson and Schultz (New York : Alfred A. Knopf, 1972), 357.

4）　James Bryce, *The American Commonwealth* (1888), 3rd rev. ed., vol. 1 (New York : Macmillan, 1924), 642.

5）　Josiah Strong, *Our Country*, ed. Jurgen Herbst (Cambridge, Mass. : The Belknap Press of Harvard University Press, 1963).

6）　Alexander B. Callow, Jr., ed., *The City Boss in America* (New York : Oxford University Press, 1976), 10.

7）　Strong, *Our Country*, 41-42.

8）　*Ibid.*, 173.

9）　*Ibid.*, 55.

10）　Charles N. Glaab and A. Theodore Brown, *A History of Urban America* (New York : Macmillan, 1967), 54-56, 59, 60.

11）　Lincoln Steffens, *The Shame of the Cities* (1904 ; New York : Hill and Wang, 1992), 1-18.

12）　*Ibid.*, 145-147.

13）　*Ibid.*, 205, 211-212. なお、マシーン政治家が選挙区の移民系住民の習慣や心情に理解を示し、彼らに一種の「ソーシャルサービス」をおこなっていた

ととらえた同時代人として、シカゴの改革者でセツルメント運動の中心人物であったジェイン・アダムズ（Jane Addams）がいる。彼女は改革者が住民との一体感を欠いたり、官僚的になりがちであるのに対して、なぜマシーンが移民系住民を引きつけるのかを理解していた。Jane Addams, "Why the Ward Boss Rules," *The Outlook*, 58 (April 2, 1898), 879-882.

14) Robert K. Merton, *Social Theory and Social Structure*, rev. and enlarged ed. (Glencoe, Ill.: Free Press, 1968).
15) *Ibid.*, 127.
16) *Ibid.*, 126.
17) *Ibid.*, 129.
18) *Ibid.*, 130.
19) *Ibid.*, 127.
20) Edwin O'Connor, *The Last Hurrah* (Boston: Little, Brown, 1956).
21) 本書第5章参照。
22) Steven P. Erie, *Rainbow's End : Irish-Americans and the Dilemmas of Urban Machine Politics, 1840-1985* (Berkeley and Los Angeles: University of California Press, 1988), 4-7, 13-14, 69-72, 91-106, 244-246.
23) Roger W. Lotchin, "Power and Policy: American City Politics Between the Two World Wars," in *Ethnics, Machines and the American Urban Future*, ed. Scott Greer (Rochester, Vermont: Schenkman Books, 1981), 5-10.
24) たとえば1920年代にユダヤ系とイタリア系はニューヨーク市の人口のそれぞれ29％と14％占めていたが、1921年に市会議員と州議会下院議員に占める割合は、ユダヤ系15％、イタリア系3％にすぎなかった。Martin Shefter, "Political Incorporation and Political Extrusion: Party Politics and Social Forces in Postwar New York," in *Political Parties and the State* (Princeton, N. J.: Princeton University Press, 1994), 201.
25) Erie, *Rainbow's End*, 48, 57-66, 85-91, 241-244.
26) Merton, *Social Theory and Social Structure*, 127.
27) Jon C. Teaford, *The Unheralded Triumph : City Government in America, 1870-1900* (Baltimore: The Johns Hopkins University Press, 1984), 175.
28) 詳しくは、本書第3章を参照されたい。
29) Lyle W. Dorsett, "City Boss and the Reformer: A Reappraisal," *Pacific Northwest Quarterly* (October 1972), 150-154.
30) David P. Thelen, "Urban Politics: Beyond Bosses and Reformers," *Reviews in American History*, 7 (1979), 406-412.
31) Jon C. Teaford, "Finis for Tweed and Steffens: Rewriting the History

of Urban Rule," *Reviews in American History*, 10 (December 1982), 133-149.
32) Zane L. Miller, "Bosses, Machines, and the Urban Political Process," in *Ethnics, Machines and the American Urban Future* (Rochester, Vermont : Schenkman Books, 1981), 51-84.
33) すでに挙げた文献の他、主として以下を参照した。Clarence N. Stone, "Urban Political Machines : Taking Stock," *PS : Political Science and Politics*, 29 (September 1996), 446-450 ; Alan DiGaetano, "The Rise and Development of Urban Political Machines : An Alternative to Merton's Functional Analysis," *Urban Affairs Quarterly*, 24.2 (December 1988), 242-267 ; Steven P. Erie, "Bringing the Bosses Back in : The Irish Political Machines and Urban Policy Making," *Studies in American Political Development* 4 (1990), 269-281 ; Martin Shefter, "The Electoral Foundations of the Political Machine : New York City, 1884-1897," *The History of American Electoral Behavior* (Princeton, N. J. : Princeton University Press, 1978), 263-298 ;
34) William V. Shannon, "The Age of the Bosses," *American Heritage* (June 1969), 28-31 ; Jackson, and Schultz, "Introduction of Part Six," in *Cities in American History*, 358 ; James P. Walsh, "Abe Ruff Was No Boss : Machine Politics, Reform, and San Francisco," *California Historical Quarterly*, 51 (1972), 3-16 ; James C. Scott, "Corruption, Machine Politics, and Political Change," *American Political Science Review*, 63 (1969), 1142-1158.
35) M. Craig Brown and Charles N. Halaby, "Machine Politics in America, 1870-1945," *Journal of Interdisciplinary History*, 17.3 (Winter 1987), 587-612 ; M. Craig Brown and Charles N. Halaby, "Bosses, Reform, and the Socioeconomic Bases of Urban Expenditure, 1890-1940," in *The Politics of Urban Fiscal Policy*, ed. Terrence J. McDonald and Sally K. Ward (Beverly Hills, California : Sage Publications, 1984), 69-99. ブラウンとハラビーがとりあげた30都市は、1900年の全米50大都市の中で、マシーンに関する詳細な研究をするに足るだけの資料が手に入る都市であり、具体的には以下の都市が含まれる。ニューヨーク、シカゴ、フィラデルフィア、セントルイス、ボストン、ボルティモア、クリーブランド、バッファロー、サンフランシスコ、シンシナティ、ピッツバーグ、ニューオーリンズ、デトロイト、ミルウォーキー、ジャージーシティ、ルイスビル、ミネアポリス、プロビデンス、カンザスシティ（ミズーリ）、ロチェスター、デンバー、セントジョゼフ、オマハ、ロサンゼルス、メンフィス、オールバニー、ポートランド、アトランタ、シアトル、レディング。

36) Brown and Halaby, "Machine Politics in America, 1870-1945," 597. 主要30都市の中には、「支配的マシーン」、「党派的マシーン」のどちらも存在しない都市が含まれる。
37) *Ibid.*, 597-598.
38) マカーシー (Michael P. McCarthy) も、真の意味で大都市型ボスといえるボスが誕生したのは、革新主義時代以降で、労働者層の比率が高い都市においてであると述べている。Michael P. McCarthy, "On Bosses, Reformers, and Urban Growth : Some Suggestions for a Political Typology of American Cities," *Journal of Urban History*, 4.1 (November 1977), 35.
39) William L Riordon, *Plunkitt of Tammany Hall* (1905 ; New York : E. P. Dutton, 1963), 17.
40) Melvin G. Holli, *Reform in Detroit : Hazen S. Pingree and Urban Politics* (New York : Oxford University Press, 1969). とくに chapter 8, "Social and Structural Reform," 157-181. たとえば、デトロイト市長ピングリー (1890-1897) は低価格で質のよい公共事業と公益事業サービスの提供にくわえ、公益事業の一部市営化をめざし、民主党マシーンに不満をもつ移民労働者層の強い支持を得た。
41) Amy Bridges, *A City in the Republic : Antebellum New York and the Origins of Machine Politics* (Cambridge : Cambridge University Press, 1984), chapter 6.
42) ニューヨーク、クリーブランド、シカゴについては、以下の研究がある。Kenneth Finegold, *Experts and Politicians : Reform Challenges to Machine Politics in New York, Cleveland, and Chicago* (Princeton, N. J. : Princeton University Press, 1995).
43) 詳しくは、本書第6章を参照されたい。
44) ニューヨークでは、J. D.ロックフェラーや J. P.モルガンなどのビッグビジネスの大立て者が支援者となっていた。
45) たとえば、市政調査会の勧告によって児童衛生課が設立された。
46) Alan DiGaetano, "Urban Political Reform : Did It Kill the Machine ?" *Journal of Urban History*, 18.1 (November 1991), 41-45.
47) Martin Shefter, "Regional Receptivity to Reform in the United States," in *Political Parties and the State* (Princeton, N. J. : Princeton University Press, 1994), 187-188.
48) Dorsett, "City Boss and the Reformer : A Reappraisal," 150-154.
49) Bradley Robert Rice, *Progressive Cities : The Commission Government Movement in America, 1901-1920* (Austin : University of Texas Press, 1977), 99 ; Zane L. Miller, "Bosses, Machines, and the Urban Political Process," 54-55.

第 1 章　政党マシーン論の検討と「支配的マシーン」

50)　Mark Foster, "Frank Hague of Jersey City : The Boss as Reformer," *New Jersey History*, 86 (Summer 1968), 106-117 ; Dayton D. McKean, *The Boss : The Hague Machine in Action* (Boston : Houghton Mifflin, 1940), 37 ; Ralph G. Martin, "Frank Hague," in *The Bosses* (New York : G. P. Putnam's Sons, 1964), 173.

51)　Teaford, *The Unheralded Triumph*, 44-45.

52)　従来の「弱い市長制」の下では、ほとんどの権限が市会に与えられていたが、市会議員は建設業者、公益事業会社、飲食業者などを相手に契約、許可証、特権とひきかえにみずからの票を売り渡すことも多かった。これに不満をもつ改革者の要請をうけて、州議会が市議会の権限を縮小して、対立しあう諸利益のレフェリー役をつとめる形で、市政府の制度改革が進行していった。その結果、たとえばニューヨークでは、1884年に市長の絶対的な任命権が認められた。Teaford, *The Unheralded Triumph*, 17-25 ; Dennis R. Judd and Todd Swanstrom, *City Politics : Private Power and Public Policy* (New York : HarperCollins College Publishers, 1994), 47-48.

53)　Brown and Halaby, "Bosses, Reform, and the Socioeconomic Bases of Urban Expenditure, 1890-1940," 77.

54)　DiGaetano, "The Rise and Development of Urban Political Machines," 260. なお、デンバーは1913年に、ニューオーリンズは1912年に、委員会制へと政府形態を変更した。

55)　この二つの制度については、本書序章、第 6 章、第 7 章を参照されたい。

56)　注50) 参照。

57)　委員会制に基礎をおいて強力なマシーンを形成したボスとしては、ヘイグの他に、メンフィスのエドワード・クランプ、デンバーのロバート・スピア、ニューオーリンズのマーチン・バーマン、オマハのトム・デニソンがいる。DiGaetano, "Urban Political Reform," 44. なお、それぞれのボスについての参考文献としては、以下がある。Lyle W. Dorsett, *Franklin D. Roosevelt and the City Bosses* (Port Washington, N. Y. : Kennikat Press, 1977) ; McKean, *The Boss* ; Orville D. Menard, *Political Bossism in Mid-America : Tom Dennison's Omaha, 1900-1933* (Lanham, Md. : University Press of America, 1989) ; William D. Miller, *Mr. Crump of Memphis* (Baton Rouge : Louisiana State University Press, 1964) ; George M. Reynolds, *Machine Politics in New Orleans, 1897-1926* (New York : AMS Press, 1936).

58)　DiGaetano, "The Rise and Development of Urban Machines," 262 ; Brown and Halaby, "Bosses, Reform, and the Socioeconomic Bases of Urban Expenditure, 1890-1940," 76 ; Lawrence H. Larsen and Nancy J. Hulston, *Pendergast !* (Columbia : University of Missouri Press, 1997) 66

53

-70. なお、ペンダガスト・マシーンについての主要参考文献は *Pendergast !* の他、以下の通りである。Lyle W. Dorsett, *The Pendergast Machine* (New York : Oxford University Press, 1968) ; Dorsett, *Franklin D. Roosevelt and the City Bosses* (Port Washington, N. Y. : Kennikat Press, 1977).
59) ニューディール期の連邦救済政策展開過程で、連邦政府と都市政府との関係がどのように変化したかについては、以下を参照されたい。平田美和子「ニュー・ディール救済政策における政府間関係」『津田塾大学紀要』第13号 (1981年), 231-256。
60) Steven P. Erie, *Rainbow's End* ; Dorsett, *The Pendergast Machine* ; Bruce M. Stave, *The New Deal and the Last Hurrah : Pittsburgh Machine Politics* (Pittsburgh : University of Pittsburgh Press, 1970) ; Raymond E. Wolfinger, "Why Political Machines Have Not Withered Away," in *The Politics of Progress* (Englewood Cliffs, N. J. : Prentice-Hall, 1974), 106-118.
61) Stave, *The New Deal and the Last Hurrah.*
62) Terrence J. McDonald and Sally K. Ward, "Introduction," in *The Politics of Urban Fiscal Policy*, ed. McDonald and Ward (Beverly Hills, Cal. : Sage, 1984), 14.

第2章　マシーン政治と移民

はじめに

　周知のように、アメリカでは南北戦争前後から急速に工業化が進み、それに対応して都市化も進んだ。そして1890年に国勢調査局は、開拓地と未開拓地を分けるフロンティアラインが消滅したことを宣言したが、このことはこの時期を境に農業的アメリカの時代が終わり、その一方で都市化のテンポが一段とはやまるようになったことを意味していた。実際、人口5万人以上の都市数をみれば（表2-1）、19世紀中葉にはわずか10にすぎなかったが、1890年には58へ、さらに1930年には191へと急速に増加している。また地域をいわゆる「都市地域（urban territory）」と「農村地域（rural territory）」に分けてみれば、「都市地域」の人口比率は19世紀中葉の15％から1890年には35％へ上昇し、1920年には50％をこすことになったのである。しかし19世紀中葉以降、とりわけ19世紀末からの都市人口増加傾向は、1930年以降も同じテンポで進行したわけではない。表2-1にみられるように「都市地域」の人口比率の上昇は、1930年以降はテンポが鈍っている。また、十大都市（1960年基準）についてみると、1860年から1960年の人口増加数の実に72％が1880年から1930年の50年間に生じていることがわかる（表2-2）。
　こうして19世紀末期から1930年にいたる期間は、アメリカ史上、都市化が急速に進展した時期として特徴づけることができるのであるが、この都市への人口集中は次のような要因にもとづいていた。その第一は、農村から都市への人口流入である。フロンティアライン消滅の時期を境に、農村人口の増加が頭うちになっていることは、19世紀末期以降、農村における増加人口が都市によっ

表2-1 都市地域の人口比率と人口5万人以上の都市数、1850—1950年

(単位：1万人)

年	総人口	都市地域	農村地域	都市人口の比率	人口5万人以上の都市数
1850	2,319	354	1,965	15.3%	10
1870	3,856	990	2,866	25.7%	25
1890	6,295	2,211	4,084	35.1%	58
1910	9,197	4,200	4,997	45.7%	109
1920	10,571	5,416	5,155	51.2%	144
1930	12,278	6,896	5,382	56.2%	191
1940	13,167	7,442	5,725	56.5%	199
1950	15,070	8,893	6,177	59.0%	235

出所：U.S. Department of Commerce, *Historical Statistics of the United States : Colonial Times to 1970*, 11-12, Series A 57-72 ; Series A 43-56 から作成。

表2-2 十大都市の人口とその期間別増加、1860—1960年

(単位：千人)

A) 十大都市人口数

都市 \ 年	1860	1880	1900	1920	1930	1960
ニューヨーク	1,175	1,912	3,437	5,620	6,930	7,782
シカゴ	110	503	1,699	2,702	3,376	3,550
ロサンゼルス	4	11	102	577	1,238	2,479
フィラデルフィア	566	847	1,294	1,824	1,951	2,003
デトロイト	45	116	286	994	1,569	1,670
ボルチモア	212	332	509	734	805	939
ヒューストン	5	17	45	138	292	938
クリーブランド	43	160	382	797	900	876
ワシントンD.C.	61	178	279	438	487	764
セントルイス	161	351	575	773	822	750
総計	2,382	4,427	8,608	14,597	18,370	21,751

B) 期間別都市人口増加数とその構成比

期間	1860-1880	1880-1900	1900-1920	1920-1930	1930-1960	1860-1960
人口増加数	2,045	4,181	5,989	3,773	3,381	19,369
構成比(%)	10.6	21.6	30.9	19.5	17.5	100.0

注：十大都市は1960年を基準としている。
資料：U.S. Department of Commerce, *Statistical Abstract of the United States 1911*, 55-56, No. 30 ; *1936*, 20-21, No. 20 ; *1964*, 18-19, No. 13 から作成。

て吸収されたことを物語っている。いうまでもなく工業化の進展による労働力需要の増加、農業部門の生産性上昇がこのような現象の背景をなしていた。第二は、多数の外国人移民の都市への流入である。すなわち19世紀末期以降、東欧・南欧を中心とする諸国出身の移民、いわゆる「新移民」が激増し、その傾向は1920年代の一連の立法によって移民が大幅に制限されるようになるまで続いた。しかし農村部におけるフロンティアが消滅してしまった時期に流入してきた移民にとって、定住すべき地域は都市地域以外になく、従って移民は都市人口増加のきわめて大きな要因になったのである。

要するに、移民は19世紀後半以降、都市に集中し、急速な都市化を支える重要な要因をなしたのである。彼ら移民の多くは、アメリカ社会全体では多数派のアングロサクソン・プロテスタントの人々に対して、文化的、宗教的背景を異にする少数民族グループであったが、彼らが集中した都市においては無視できない数に達していた。そして彼らは都市政治に少なからぬ影響を与えたのである。とりわけマシーン政治と移民労働者層との関係は都市政治研究にとって、重要な問題のひとつである。本章では、まず第1節で両者の関係を中心に19世紀末期から20世紀初期における全盛期のマシーン政治を考察する[1]。第2節では、マシーンの衰退傾向が明確になってきた1960年代初頭をとりあげ、移民（系）[2]とマシーン政治及びリフォーム政治との関係がどのように変化してきたのかを検討する。次に、その結果に関連して第3節で、西部のマシーン政治が北東部や中西部のマシーン政治とはどのように異なるかを簡単に述べておきたい。最後に第4節では、なぜ政党マシーンは衰退したのか、その原因を移民との関係を含めて多角的に検討する。

第1節 「古典的」マシーン政治と移民

(1) マシーンの隆盛と移民の都市への流入

現代アメリカの都市は、すでに述べたように、19世紀末期から20世紀初期にかけて確立したが、この時期における都市政治の支配的パターンは、いわゆるマシーン政治であった。政党マシーンとそのボスが政治勢力の中心をなして、市政を支配しているというパターンが確立期の都市ではごく一般的であった。

そして序章で述べたように、政府形態としては市長制、選挙形態としてはパルティザン選挙制及びウォード制がマシーン政治の枠組みをなしていた。
　ところでこの時期は、アメリカに大量の移民がおしよせた時期と一致していた。そして多くのマシーンは、これら移民と密接な関係を結んでいた。つまり、移民は都市労働者層の増大をもたらすとともに、政党マシーンを投票によって支える支持層または将来の支持層となったのである。この節では、マシーンと移民との関係がいかなるものであったのかを述べるが、それに先だって、まず19世紀半ばから20世紀初頭にかけての移民について、その出身国・地域と入国数を概観してみよう。
　19世紀半ばまで、アメリカへの移民は北欧・西欧諸国出身者を中心としていた。アメリカの工業化が進むにつれて入国移民総数は増加し、1850年代には約260万に達し、70年代には280万をこえるようになったが[3]、この移民数増大はイギリス、ドイツに加えてアイルランドからの移民が増加したためだった。ところがその後、さらに移民の急激な増大と出身国・地域の変化がおこる。
　1880年代には移民入国数は525万となり、20世紀に入ると、最初の10年間で880万、1910年代に573万、20年代に411万と爆発的に増加した。これら世紀転換期に流入した移民の主体は、イギリス人、アイルランド人、スカンジナビア人、ドイツ人などの西欧・北欧系ではなく、ポーランド人、イタリア人、ロシア人、ハンガリー人など南欧・東欧出身者であった。彼ら、いわゆる「新移民」の比率は1880年代には18％であったが、90年代には52％へ、さらに20世紀の最初の10年間には72％へと高まった。そして1900-1914年の期間に入国した移民のうち、イタリア人が300万人以上、オーストリア、ハンガリー、ロシアからの移民が550万人以上を占めたのである。彼ら新移民は「旧移民」と同じく、宗教的迫害から逃れ、宗教的自由を求めたり、懲役を逃れたり、貧困に疲れ経済的向上を求めたりした結果、アメリカにやってきたのであり、彼らにとってアメリカはまさに「約束の地」であった。
　しかし、かつて移民にとって希望の土地であった辺境地帯はすでにふさがり、また農業の生産性も急速に上昇しつつあったから、新移民が農地を取得することはもちろん、農村で労働機会を見いだすことも困難であった。つまり移民が住むべき場所は都市より他になかったのであり、移民の大群は都市に集中する

ことになった[4]。その結果、「都市では、アメリカ生まれのヤンキー・プロテスタントのアメリカ人と移民とが顔をつきあわせることになった[5]」ばかりか、ボストン、シカゴ、クリーブランド、ニューヨーク、フィラデルフィア、ピッツバーグ、セントルイスなど今世紀初期における北東部、中西部の典型的な都市では、生粋のアメリカ人[6]よりも移民系のほうがはるかに多いという人口構成を示したのである[7]。

　都市にあふれた移民は、当時、都市政治を支配していた政党マシーンと様々な形で接触し、両者の間には強いつながりが形成されていった。すでに政党マシーンは、普通選挙権の急速な拡大とともに、19世紀半ばまでにアメリカの都市に出現していたが、それらマシーンは当初、都市の一部や選挙区を支配する政治家グループの組織にすぎなかった。ところが19世紀末期には、都市全体を支配するマシーンも出現するようになっていった。そうした強大なマシーンの出現を投票によって支えたのが、移民労働者層であった。そこで、移民、とりわけ新移民が大量に流入した19世紀末から20世紀初期の都市におけるマシーンと移民との関係を具体的に考察しよう。

(2) 政党マシーンによる各種の「恩恵」

　マシーンと移民との間に成立していた密接なつながりのルートと実態は、次のようなものであった。まずマシーンの職業政治家は、移民に対し様々な「恩恵」を与えた。彼らが与えた最大の「恩恵」は移民に生計の糧をうる機会、つまり職業を斡旋したことであった。もともとイタリア系移民がシシリー、南イタリア地方の小作人を主体とし、また東欧系移民の95％が小作人出身であった[8]ことからも明らかなように、移民の大部分は無一文であった。そのため移民の多くはアメリカに到着したその日から、生計の資にこと欠いていた。しかし、識字率は低く、アメリカ的生活様式に関する知識も少ないばかりでなく、熟練労働者としての資格もない彼ら移民労働者に開かれている就業機会はきわめて少なく、また自らの手で仕事の口を見いだすことも、彼らには困難であった[9]。

　このような状況の下で、移民が職を斡旋してもらえる手っとり早い手段はマシーンのボスをはじめとする職業政治家に頼ることであり、一方、ボスたちも

積極的に移民に就職の世話をした。ちょっとした使い走りの仕事の紹介からはじまり、マシーン政治家は都市政治に対する支配力を利用して、屋台出店許可を与えたり、警察、消防、清掃など折から拡大しつつあった市政府関係の各種の仕事も移民に世話した。またマシーンは利権、特権を与えるなり、市当局との紛争を解決することを通じて深くかかわりあっていた私企業にも移民を世話したのである。

マシーンが与えた「恩恵」は一時的なものだけではなく、移民の貧しい経済生活全体にわたっていた。すでにふれたように移民の多くは未熟練労働者としての資格しかもたず、しかもアメリカ生まれの白人に比べ様々な面でハンディキャップを負っていた。その賃金水準は極度に低く[10]、したがって彼らの住むところは貧民街であり、不慮の出来事はただちに移民の生活を破綻させるに十分だった。このような状況の中で、ボスとマシーンは、たとえば移民が失業すれば援助の手をさしのべ、寡婦や孤児の面倒をみ、貧民街の教会には寄付をおこなった。

当時ニューヨークにおける民主党マシーン、タマニーホールの地区ボスであったジョージ・プランキットは次のようにのべている。「選挙区の人々の心をつかむコツは、貧しい家族のところにすっとんでいき、彼らの必要とする種々の援助を与えることである。……たとえば、もし第9、10、11番街に火事がおこれば、昼夜をとわずいつでも私はすぐさま飛んでいく。……そして焼け出された家族に小金をやり、衣服も焼けてしまっているならば新しい服を買ってやり、すべてがもと通りになるまで面倒をみてやる[11]。」

さらにマシーンの移民に対する「恩恵」は、生活の経済的側面だけにとどまらなかった。一般的に、アメリカ生まれのアメリカ人が移民を嫌悪の的とし、移民の生活様式に理解を示さず、また移民との同化に努力しようともしなかった当時、都市のボスとマシーンは移民の生活と生活様式のほとんど唯一の理解者であった。マシーン政治家は移民の生活様式を学び、彼らの結婚式や洗礼式、葬式に顔を出すことから始まって、移民と個人的な人間関係を結んでいった。

多くの場合、移民は近隣のパブ経営者に情報やアドバイスを求めたが、パブは移民にとって日々の社会生活の中心であり、その経営者自身がマシーン政治家であることもまれではなかった[12]。1890年にはニューヨーク市会議員24名の

うち、11名がパブ経営者であったといわれる。1902年のミルウォーキー（ウィスコンシン州）では市会議員の3分の1が同じくパブ経営者であった[13]。

ともかくボスをはじめとするマシーン政治家は、パブなどを通じて移民の日常生活に入り込んで、移民の生活様式をありのまま認めるとともに、困った時には助力をおしまなかった。それは、改革者やソーシャルワーカーが移民をアメリカ生活に同化させようと努力する過程で、押しつけがましくなりがちであったのに比べ、対照的であった[14]。前述のプランキットは、マシーン政治で成功するには「たとえよりよい生活ができるとしても、隣人と同程度の生活をせよ。地区のもっとも貧しい者に自分を同等か、ちょっぴり上だと思わせよ[15]。」といっている。

当時、移民が極度に貧困で、彼らの住む貧民街が犯罪、不潔、悪習の温床になっていたことから、アメリカ生まれのアメリカ人の中に移民を見下したり、嫌悪の目で眺める傾向があった。とくに新移民は、非アングロサクソン系であること、言語的に英語を母国語としないこと、さらに宗教的にはプロテスタントでないことのために、一層嫌悪の対象となりやすく、反移民感情を高めてもいた。そのような状況下で、マシーン政治家は法律的な助言を与え、警察ざたや裁判ざたになった者への手助けをし、さらには歌のうまい青年にはグリークラブへ、野球のうまい青年には野球クラブへ参加させる世話までした[16]。「移民のやり方を学び、その結婚式や洗礼式（適当な贈り物持参で）、葬式に出席し、移民の生活の同情的な観察者、ある程度までその参加者になることを甘んじておこなった[17]」のである。

(3) 移民の投票権とマシーン

以上のように、都市の政党マシーンのボスと配下の政治家は、貧困にあえぎ、生粋のアメリカ人から嫌悪の目でみられていた移民に「恩恵」を与え、文字通り彼らの生活全般にわたって「保護」を与えていた。その意味で、当時のマシーンは「24時間営業、年中無休[18]」でソーシャルサービスを供給する「きわめて有効な社会福祉制度[19]」であった。そして、もちろんマシーン政治家はこうした役割を果たすために、彼の選挙区に住む移民の生活がいかなるものか、また彼らの要求が何であるかをだれよりも熟知していた。たとえば、プランキッ

トは「私はこの夏生まれた赤ん坊のいく人かを除けば、第15区の男、女、子供をすべて知っている。さらに彼らは何が好きで何が嫌いか、何が得意で、何が不得意かも知っている[20]」と述べている。

　だが、多くの金[21]と時間を必要とし、しかも煩雑きわまりない「ソーシャルサービス」をマシーンが私的に担ったのにはそれなりの理由があった。それは移民のもっている選挙における投票権に他ならなかった。すなわちマシーンは、移民に対する「恩恵」と「保護」、さらに彼らの「民族的誇りへの敬意」と引き替えに、彼らの票を獲得していたのである。その意味で、ボスとその下で働くマシーン政治家にとって移民の精神的、物質的生活全般にわたって面倒をみることは、移民票を獲得する手段であった。酒場で移民はアメリカ生活に必要な様々な知識や知恵を得たのであるが、選挙区のマシーン責任者にとって、酒場は彼らの支持を得る絶好の場であった[22]。

　一方、彼らの温情を身にしみて感じていた移民たちは、マシーン政治家が政治的道義上、いかに腐敗していたとしても彼を支持し、彼の指示通りに投票することは当然であり、また唯一のお返しでもあった。そして移民にとって、選挙の際の一票は安価な代償であったとしても、マシーンにとっては価値あるものであり、その価値は都市における移民人口の比率が上昇するにしたがって高まっていった。いうまでもなく移民票を獲得することは、マシーンが都市政治の支配権を掌握し、それを不動のものとする最も有力な手段となっていったからである。

　したがって都市における移民の増加にともなって、先にみたようなマシーンの移民に対する様々な福祉活動はその範囲が拡大していったが、それとともに移民の政治的支持を獲得する別の手段も生まれた。すなわちある選挙区で新しい民族グループの人口比率が高まると、ボスはその代表者を党の委員会へ送り込み、またある場合は市政府の官職に任命して[23]、それによって政党マシーンに対するその民族の支持を拡大強化しようとした。そしてこの方法は、政党が移民票を大量に獲得する安あがりの方法であった。なお付言しておけば、当時、都市社会で最も低い階層に属していた移民グループの一員が政党委員会のメンバーに選ばれることや公職につくことは、彼自身の出世を意味するのみならず、彼の属する民族グループが社会的に認められ、ひいては社会的地位を高める数

少ないルートの一つであった[24]。たとえば、「あるイタリア移民が公職に任命されると他のイタリア系も、彼の成功を喜んだ。……同一民族の連帯意識は、政治家が与えるべき施しを節約させることになった。つまり票を獲得するには、一人一人に恩恵を与える必要がなくなったのである[25]。」

このようにして未だアメリカ化されていない、都市の貧しい大衆であった移民たちは、マシーン政治家が与えてくれる「24時間営業、年中無休」の「ソーシャルサービス」を受け、それとひきかえに票を売り渡し、ボスの政治的支持者となっていた。その意味で、移民たちはマシーンの政治的道具と化していた面をもっていたが、移民もマシーンから生活全面にわたって「恩恵」と「保護」という利益を受けていた。そして当時、移民がマシーン政治を支持する傾向を強くもち、マシーンの強力な政治的基盤になっていたのは、これまで述べたように何よりも大多数の移民がおかれていた諸条件が劣悪であったこと、つまり教育水準が低く、未熟練労働者であるために雇用機会に恵まれず、所得水準も低かったことによっていた。さらに加えて、多くの移民が概して封建制のなごりの強い母国での生活で、権威に服従することに慣れており、民主主義国アメリカにやってきても、自己の要求を自立的な政治活動を通じて主張していくことが困難であったことも関係していただろう。彼らは、マシーンを批判する改革者が市民的モラルを説いても、動じることなくマシーンを支持した背景には、こうした彼らの性向があったものと考えられる[26]。

第2節　第二次大戦後のリフォーム政治拡大と移民

(1)　リフォーム政治と移民との関係──1960年代初頭における両者の関連性

19世紀末期から今世紀初期にかけて都市政治の支配的パターンであったマシーン政治は、第1節でみたように移民をはじめとする労働者層からの支持を基盤にしていた。そこで次に問題になることは、その後の時代において、都市政治と移民の関係はどのように変化してきたかである。すなわち、第二次大戦後、1950年代にはマシーン政治衰退傾向が明確になる一方で、リフォーム政治が拡大していったのであるが、こうした都市政治の変化と移民との関係はどのようなものであったのかが問題となる。そこで、この問題にアプローチするひとつ

の方法として、1960年代初頭における移民（系）と都市政治制度との関係を考察することにしよう。

一般的にいえば移民（系）人口比が高い都市では、少なくとも1960年代まではリフォーム政治は進みにくかったとみられている。たとえば、60年代初頭のケセル（John H. Kessel）の研究によれば、人口2万5千人から25万人の都市（1950年基準）のうち、移民人口比率が最も高い都市グループ（移民比率23.3%以上）では、その65.1%が政府形態として市長制（mayor-council system）をとっている。一方、移民人口比率が低い都市グループ（移民比率0.0-3.3%）では、市長制をとっている比率は28.3%にすぎない。これとは逆に、リフォーム政治を特徴づけるマネージャー制（council-manager system）が採用される比率は、移民系人口比が低いほど高まる傾向にある。すなわち、移民人口比0.0-3.3%の都市では48.8%がマネージャー制の下にあるのに対して、移民系人口比率23.3%以上の都市ではわずか14.0%しかこの制度を採用していない[27]。

また政府形態別及び、選挙タイプ別に都市の移民系人口比率をみれば、リフォーム政治制度下の都市では平均移民系比率が低いという結果も報告されている。すなわち1960年代初期における人口5万人以上の都市についてみると、市長制をとっている都市の平均移民系比率が29%であるのに対して、マネージャー制の下にある都市の平均移民系人口比率は18%であった。またノンパルティザン選挙制を採用している都市の平均移民系人口比率21%に比べ、パルティザン選挙制を採用している都市におけるこの比率は、25%とより高いのである[28]。しかし、ここからただちに60年代においても移民は依然としてリフォーム政治よりマシーン政治とより強く結びついていたという結論は引き出せない。というのは、仮に移民とマシーン政治との結びつきがリフォーム政治と比べて強いとみるとしても[29]、次にみるように、全国的にみた場合のような移民と都市政治制度との関係が、必ずしもすべての地域にみられるわけではないからである。

(2) 移民と都市政治との関係における地域差

まず表2-3によって、1960年代初頭における各地域の都市の移民系人口比率と政府形態（市長制・マネージャー制・委員会制）と選挙タイプ（パルティザン選挙制・ノンパルティザン選挙制）との関係をみると、第一に移民系人口の高

表2-3　都市の移民系人口と政治制度（地域別）

A　移民系人口比率別都市分布

移民系人口比率	北東部	中西部	西部	南部
0～19.9%	7%	47%	33%	91%
20～29.9%	17	24	53	4
30～39.9%	24	24	12	3
40%～	53	6	3	3
20%～	94	54	68	10
30%～	77	30	15	6

B　政治制度別都市分布

政治制度	北東部	中西部	西部	南部
市長制	65%	55%	15%	22%
マネージャー制	18	37	81	59
委員会制	17	8	3	19
パルティザン	61	33	5	19
ノンパルティザン	39	67	95	81

出所：R. Wolfinger and J. O. Field, "Political Ethos and the Structure of City Government," *American Political Science Review*, 60 (June 1966), 316-317 から作成。

い都市の多い地域ほど市長制、パルティザン選挙をとる傾向が強く、リフォーム政治的制度導入は低い傾向にある。すなわち各地域の都市のうち、移民系人口比率30%以上の都市の割合は、北東部、中西部、西部[30]の順で高いが、市長制あるいはパルティザン選挙制をとっている都市の割合もまた上の順序で高くなっており、逆にマネージャー制または委員会制あるいはノンパルティザン選挙制をとっている都市の割合は移民系人口比率が低いほど高くなっている。つまり、移民系人口比率30%以上の都市が全都市の77%をしめ、他の地域に比べ最も移民系人口比率が高い北東部では、政治制度からみてリフォーム政治は他の地域に比べて最も進んでおらず、それに対して北東部、中西部に比べ、移民系人口比率が高い都市の割合が少ない西部では、マネージャー制または委員会制採用都市比率は合わせて84%であり、ノンパルティザン選挙制は95%とほとんどの都市で導入されている。

　しかし、第二に、北東部と中西部の都市の傾向と西部の都市のそれとの間には、かなりの性格的差異があるといえる。つまり西部では、移民系人口比率が20%をこえる都市の割合は中西部よりも高い（中西部54%、西部68%）にもか

かわらず、西部で市長制あるいはパルティザン選挙制をとる比率は、それぞれ15％、5％ときわめて低いのである。このことはさしあたり次のこと、つまり(1)北東部と中西部では1960年代初頭において依然として移民系人口と従来の制度との間にかなり密接な関係が維持されていること、さらにおそらくはマシーン政治と移民との関係も維持されていること[31]、(2)それに対して西部では、両者の関係はほとんどないということを示唆しているといえよう。

　しかしよりたちいってみれば、上に示唆したことは、北東部についてはかなりの限定が必要である。この点について表2-4を中心に考察してみよう。まず北東部では市長制の下にある都市の移民系人口比率（平均、以下同様）は39％であり、これはマネージャー制の下にある都市の移民系人口比率40％とほとんど格差がない。またウォード制の下にある都市と全市単一選挙区制の下にある都市の移民系人口比率は全く同一（38％）である。つまり政府形態の差異および選挙タイプの差異は、移民系人口比率と関係ないのであり、全国的傾向とは異なっている。選挙タイプの差異（パルティザン選挙制とノンパルティザン選挙制）と移民系人口比率の関係にいたっては、全国的傾向とは逆になっているのである。このことは北東部ではさきにみたように、他の地域に比べ、移民とマシーン政治との関係がより強いといえても、地域内では移民とマシーンとの結びつきが崩れてきていることを意味しているといえよう。実際、北東部の42都市（人口5万人以上）のうち、16の都市が市長制―パルティザン選挙制―ウォード制という組み合わせをとっているが、その一方でリフォーム政治に典型的な制度であるマネージャー制―ノンパルティザン選挙制―全市単一選挙区制という組み合わせをもつ都市も7都市をかぞえるまでになっている（表2-5）。

　これに対して、中西部では政府形態、選挙タイプ・方式いずれを基準にとっても、リフォーム政治制度をとる都市の移民系人口比率が、従来の制度をとる都市より低い。その限りで中西部では全国的傾向と同じ傾向を示し、移民とリフォーム政治制度とはマイナスの結びつきをもっているといってよい（表2-4）。しかし制度の違いによる移民系人口比率の差はごくわずかであり、ここでもかつてのような移民とマシーン政治の強い関係はうすれてきていることがうかがえる。実際、中西部の都市のうち典型的なマシーン政治に特徴的な制度（市長制―パルティザン選挙―ウォード制）をもつ都市は7都市（地域内全都市の

表2-4　政府の形態、選挙のタイプ・方式と移民系人口比率(平均)との関係 (地域別)

	北東部		中西部		西部	
政府の形態 移民系人口比	市長制 39%	マネージャー制 40%	市長制 26%	マネージャー制 20%	市長制 26%	マネージャー制 22%
選挙タイプ 移民系人口比	パルティザン 34%	ノンパルティザン 43%	パルティザン 23%	ノンパルティザン 22%	パルティザン 28%	ノンパルティザン 23%
選挙方式 移民系人口比	ウォード 38%	全市単一 38%	ウォード 25%	全市単一 21%	ウォード 21%	全市単一 23%

出所：Wolfinger and Field, "Political Ethos and the Structure of City Government," 318-320 から作成。

表2-5　政府形態、選挙タイプ・方式の組合せと都市移民系人口比率 (地域別)

	北東部		中西部		西部	
	移民系人口比	都市数	移民系人口比	都市数	移民系人口比	都市数
市長―パルティザン―ウォード	40%	16	26%	7	23%	1
市長―パルティザン―全市単一	33%	9	33%	2	―	0
市長―ノンパルティザン―ウォード	37%	2	27%	12	25%	5
マネージャー―パルティザン―ウォード	26%	1	19%	2	―	0
マネージャー―ノンパルティザン―ウォード	―	0	27%	4	19%	4
マネージャー―パルティザン―全市単一	40%	4	25%	5	22%	1
市長―ノンパルティザン―全市単一	44%	3	24%	9	37%	2
マネージャー―ノンパルティザン―全市単一	43%	7	18%	18	22%	40

注：委員会制及びウォード制と全市単一選挙区制のコンビネーションは除く。
出所：Wolfinger and Field, "Political Ethos and the Structure of City Government," 320.

12%) にすぎなくなっており、完全なリフォーム政治制度（マネージャー制―ノンパルティザン選挙―全市単一選挙区制）をもつ都市が18都市（地域内全都市の31%）となっている（表2-5）。

　北東部、中西部の都市に対し、西部の都市は表2-4による限り、中西部のそれとほぼ共通の傾向を示している。しかし西部の都市は、他の地域とは決定的に異なっていることに注意しなければならない。すでに示唆したように、西部の都市では移民人口比率にほとんど関係なくリフォーム政治制度がきわめて広範囲に発展しているからである（表2-5）。つまり西部の都市ではマネージャー制、ノンパルティザン選挙制をとっている都市が圧倒的であり（表2-3）、典型的なリフォーム政治に特徴的な制度的組合せ（マネージャー制―ノンパルティザン選挙―全市単一選挙区制）をとる都市が全都市の実に75%を占め、逆に市長制―パルティザン選挙―ウォード制を採用している都市ははわずかに

1都市にすぎないのである（表2-5）。

　以上の検討を通じて、1960年代初頭における移民と都市政治の関係は、次のように整理できるであろう。第一に、北東部、中西部の都市では移民系と従来のマシーン政治に典型的であった制度とのつながりは西部の都市に比べて強い。それに対して西部の都市では移民系と都市政治制度とはほとんど無関係である。第二に、北東部、中西部の都市においても移民系とマシーン政治との関係が希薄化すると同時に、リフォーム政治がかなり浸透していると考えられる[32]）。

　もしこのようにみることができるとすれば、次のような疑問がもちあがるであろう。(1)マシーン政治全盛期に移民（系）がマシーンの支持基盤であったことは第1節で述べた通りであるが、1950年代から60年代にかけてマシーンの衰退傾向が強まったのは、1920年代の移民制限法以来、移民（系）の人口比率自体が低下したためであるのか。または(2)移民（系）が政党マシーンとの関係を求めなくなったためなのか。(3)西部で移民系比率に関わりなくマシーン政治が他の地域より早く衰退し、リフォーム政治が発展してきているのはなぜなのか。もちろん、政党マシーンの衰退原因は、移民（系）に関する要因のみではない[33]）。本章の最後の節では上記の3つの疑問をふまえて、政党マシーンの衰退原因を多角的に検討するが、その前に、西部に関する(3)の疑問に答えるかたちで、西部の都市政治と移民についてふれておきたい。

第3節　西部の都市と政党マシーン

(1)　西部の都市発展とマシーン

　第1節では、「古典的」マシーン政治と移民と題して、19世紀末から20世紀初期におけるマシーンと移民の関係について述べた。西部においても、サンフランシスコ（カリフォルニア州）、シアトル（ワシントン州）、ポートランド（オレゴン州）等の都市には20世紀初頭に政党マシーンによる市政支配があったことが知られている。しかし、西部の都市の政党組織は北東部に比べて一般に弱体であった[34]）。今日、カリフォルニアをはじめとする太平洋岸の都市では、リフォーム政治的諸制度の採用率が他のどこの地域よりも高いのであるが[35]）、それもこのことと関連しているとみられる。そこで、簡単にではあるが、西部諸

都市における政党マシーンについて、北東部や中西部とどのように異なるかという観点から述べておきたい。

　西部の都市発展が北東部、中西部と異なる点のひとつとして、19世紀末期から20世紀初頭にかけて、西部では大都市の数そのものが少なかったこと、さらに数少ない西部の都市における移民人口比率が北東部に比べて低かったことがある。1900年に、北東部と中西部には人口10万以上の都市が20以上も出現していた。その中には、人口344万のニューヨーク、170万のシカゴ、129万のフィラデルフィアなどの巨大都市も含まれていた。一方、西部では、34万の人口を擁するサンフランシスコが、例外的な大都市としてあったが、それを除けば人口10万人程度の数都市が出現しているにすぎなかった[36]。今日では西部の代表的大都市であるサンディエゴ、アルバカーキ、フェニックスのうち、1万人をこえていたのは、サンディエゴのみであるだけでなく、後者の2都市のあるニューメキシコ州とアリゾナ州は、1912年まで合衆国に属してもいなかったのである。おおまかにいえば、工業化にともなう都市化が急速に進行していた北東部、中西部の諸都市に比べ、世紀転換期に西部では都市化は始まったばかりの状況といったほうがよかった[37]。

　くわえて、19世紀末から20世紀末の新移民の流入期に、西部に流入した移民の数は比較的少なかった。そのため、西部の都市としては例外的に規模が大きかったサンフランシスコを除いて、当時の西部諸都市における移民比率は北東部や中西部の都市に比べ低い傾向にある。1900年における外国生まれの比率をみると、北東部では、ニューヨーク37.0％、ボストン35.1％、プロビデンス31.8％、中西部ではシカゴ34.6％、デトロイト33.8％、ミルウォーキー31.2％など30％以上の都市が多数出現している一方、西部ではサンフランシスコが外国生まれの比率34.1％である以外は、比較的外国生まれが多い大都市に限定しても、ロサンゼルス19.5％、デンバー18.9％、ポートランド28.6％、シアトル27.3％となっている[38]。

　すでに第1節でみたように、北東部や中西部の都市に19世紀末期から20世紀初頭に大挙して流れ込んだ新移民は、アメリカに渡来しても、先住のアングロサクソン・プロテスタントに比べ有利な職業につける機会は少なく、所得もきわめて少なかった。先住者と新移民との間の所得水準のギャップと就業機会の

ギャップは、さらに両者の間にある言語、宗教、文化の差異とあいまって移民を見下し、嫌悪の目でみるという先住者の態度を生み出したが、それは同時に都市の中にいわば社会階層を生み出すことになった。アングロサクソン・プロテスタントは富裕な階層を、一方移民系は貧困な労働者階層を構成することになった。そしてマシーンはこのような北東部、中西部の都市における環境において、後者を支持層にとりこんでいったのである。

これに対して、西部における移民の生活環境と生活条件はかなり異なっていた。まず移民が北東部、中西部の都市におしよせた時、これらの都市には先住者であるアングロサクソン・プロテスタントがすでに生活の根を下ろしていたが、西部に移民が進出していった時には、北東部、中西部のように彼らを嫌悪の的にするような先住者の数はごく少なかった。つまり移民は「ヤンキーと同時にあるいはヤンキーのすぐ後を追って西部にやってきた[39]」のであり、両グループはほぼ等しく西部開拓または西部の都市形成を担ったのである。そして移民とアングロサクソン・プロテスタントはともに開拓期につきものの大きな経済的変動と社会的不安定を経験したのである。したがって西部では、北東部、中西部の都市と異なり、「経済的優位が民族性とそれほど密接に結びついておらず、また階級区分もそれほどに厳密ではなかった[40]」のである。

(2) 西部における鉄道マシーン

西部では都市発展が北東部や中西部より遅れたことによって、移民と政党マシーンとの密接な関係が構築されることが少なかったと考えられるが、さらにいえば、西部では19世紀の末までに北東部や中西部のように、強力な政党組織それ自体が発達しなかったのである。その理由として、シェフター（Martin Shefter）は、政治家も地域のエリートも強力な政党組織を作る必要を感じていなかったし、そうすることが自らの利益につながると考えなかったと述べている[41]。というのは、19世紀の末、西部の州や準州において、政治家は地域の経済に重要な役割をはたしていた鉄道業と鉱山業、とくに鉄道業と結びついており、また鉄道以外のビジネスも鉄道の利益と自らの利益とを結びつけて考えていたからである。また、19世紀後半に全国的政党政治の争点となっていたのは保護関税問題であったが、西部ではこの問題より鉄道運賃規制問題が有権者

を分ける争点であった。そのため、全国政党である共和党と民主党の地元組織を強力なものとしていくメリットに乏しかったのである[42]。

　北東部で政党マシーンが政治を握っていたのに対して、西部の政治を握っていたのは鉄道であった。世紀転換期のカリフォルニア州の政治において、最も影響力をもっていたのは、政党のボスではなく、むしろ南パシフィック鉄道の政治局長であったといわれる[43]。鉄道の利益を守るために、彼は政治家に賄賂を渡し、選挙資金を提供した。共和党と民主党の双方に反鉄道派が存在したものの、地域によって鉄道問題をめぐっては利害が異なったために、反鉄道の多数派形成をすることはむずかしかった。南パシフィック鉄道はこうした状況を利用して、「南パシフィックマシーン」を作りあげた。

　しかし、このマシーンは、有権者動員力において強い組織ではなかった。たとえば、1906年のカリフォルニア州知事選挙において、有権者の半分は投票していない[44]。北東部や中西部のマシーンが選挙民と日常的に接触して、選挙において動員力の強さを誇っていたのとは対照的に、西部の鉄道マシーンは、コミュニティに根ざしていたとはいえなかったのである[45]。

　それ故、西部において鉄道マシーンに対抗する革新主義改革運動がおこった時、改革者は動員されていない有権者を集める努力をすれば、それをリフォーム政治の勝利へと結びつけることができたし、またマシーンの復活を防ぐこともできた[46]。つまり、すでにみたように西部でリフォーム政治が他のどの地域よりも成功した大きな原因のひとつは、西部の政党が北東部のような大衆政党となってはいなかったことがあったといえるだろう。

第4節　政党マシーン衰退の原因

　すでに革新主義時代に、西部ではマシーンの衰退傾向が顕著にみられた。人口10万以上（1930年）の全米33都市についてマシーンが衰退した時期をみた場合、西部ではロサンゼルス（1909年）、サンフランシスコ（1911年）、ポートランド（1912年）、シアトル（1918年）などの主要都市で1910年代にはマシーンが衰退している[47]。つまり、革新主義改革の時代が終わった時、西部の主要なマシーンは崩壊状態にあったのである。同じく他の地域においても1910年代までに

71

衰退したマシーンがあるものの[48]、多くのマシーンは、第二次大戦後にいたっても存続した。

また北東部や中西部では、1920年代から30年代にかけて強力なマシーンが新たに出現することも少なからずあった。とはいえ、第二次大戦後1950年代になると、どの地域においても政党マシーンは衰退傾向をたどった。そして、21世紀を迎えた今日、マシーンは消滅状態にあるといわれている。政治スタイルという点からいえば、いまだにマシーン政治家的スタイルをとる政治家は各地でみかけることができるものの、ボスを中心とした強力な組織という観点からいうと、北東部や中西部の都市においても、かつてみられたようなマシーンを見つけることはほとんど不可能である。

それでは、なぜマシーンは衰退したのだろうか。その原因については、様々な要因が研究者によって検討されてきたが、結論がでているわけではない。マシーンがいつ、どこで衰退したのかによって、衰退の原因が異なるし、また複数の要因がからみあっている場合が多い。あるマシーンにとって衰退原因となった要因が、他のマシーンにとっては障害とならないばかりか、マシーンを躍進させる場合もある。以下では、マシーンの衰退要因を大きく3つの観点から探ってみよう。

(1) リフォーム政治的制度改革

まず、革新主義時代以来おこなわれてきた都市政治における改革運動の成果として、様々な制度改革が導入されたこととマシーン衰退を結びつけて考えることができるであろう。すでにふれた西部の都市も含めて、実際、1909年から18年までの間に崩壊したマシーンの数は少なくない。デイトン、デトロイト、ロサンゼルス、ポートランド、サンフランシスコ、シアトルなどの中西部、西部の諸都市では、リフォーム政治的制度改革導入とマシーン崩壊が時期的に符合しているため、両者は密接に関係しているようにみえる。これらの都市の多くでは、マシーン崩壊に先だって、メリットシステムの下での新たな公務員制度が導入され、またマネージャー制やノンパルティザン選挙制、全市単一選挙区制などの制度改革もとりいれられていた[49]。

また、たとえ革新主義時代をこえて維持されたマシーンも、1950年代半ばま

でにその多くは衰退していったが、その場合もリフォーム政治改革との関連があるようにもみえる。というのは、序章で述べたように、第二次大戦までに中都市を中心に委員会制やマネージャー制の導入が進んだばかりでなく、一般に中小都市に比べ、革新主義市政改革は成功しなかったといわれる大都市でも[50]、選挙タイプ・方式の改革はかなり進んでいたからである。1950年に人口50万以上の大都市についてみると、すでにその46％がノンパルティザン制を採用している。またその23％が全市単一選挙区制を、さらに加えて23％がウォード制と全市単一制のコンビネーションを採用しているのである。人口25万以上50万未満の都市の場合は、採用率がさらに高くなっていた[51]。そして実際に、第二次大戦から1950年代にマシーンが崩壊したニューオーリンズ、ボストン、メンフィスでは、崩壊以前にノンパルティザン選挙制と全市単一選挙区制が導入されていたのである[52]。

とはいえ、リフォーム的制度改革導入が原因で、マシーンが崩壊したと簡単に結論づけることはできない。その理由は、次の2つに要約できる。第一に、革新主義時代において、リフォーム政治的制度改革導入とほぼ時を同じくして政党マシーンが崩壊したデイトン、デトロイトのような都市もある一方で、ニューオーリンズ、ボストン、メンフィスでは制度改革導入とマシーン崩壊は直結してはいない。これら3都市では、20世紀初頭から1930年代までに制度改革を導入しているが、マシーンが崩壊したのは数十年後であった。それ故、制度改革導入のみをもって、マシーン崩壊の第一の原因とするのは妥当とはいえないだろう。

第二に、リフォーム政治的制度導入に際して、マシーンは新たな制度に適応して、むしろその組織を拡大・強化する場合が少なからずあったことが指摘されている[53]。たとえば、カンザスシティで1926年にマネージャー制が導入された後に、民主党マシーンのボス、ペンダガスト（Thomas J. Pendergast）は圧倒的な市政支配力をその手に握った[54]。ジャージーシティのヘイグ（Frank Hague）やメンフィスのクランプ（Edward Crump）のマシーンにみるように、いくつもの委員会制採用都市で強力なマシーンが確立されてもいる[55]。マシーンは、リフォーム制度改革に伴う新たなルールや制度に順応するのである。特に強い市長制やマネージャー制によって、行政権の集中・強化がはかられるこ

とはマシーン強化におおいに利するケースが多くみられる。1950年代から70年代まで強大なボス、デイリー（Richard J. Daley）によって掌握されていたシカゴも、すでに1930年代からノンパルティザン選挙制度を導入していたし、またメリットシステムにもとづく公務員制も採用していたのである。要するに、ごく単純化していえば、制度改革の実現は、必ずしもマシーン政治を崩壊させる要因とはならないのである[56]。

(2) ニューディール以降の連邦政府の新たな政策展開

マシーンが衰退した原因として、ニューディールの影響がしばしば指摘されてきている。ニューディール期に導入された失業救済政策に加えて、失業保険制度、老齢年金制度などの一連の社会保障政策の展開が移民とマシーンとの関係を崩す作用を果たしたという見方である。この見解は、「最後の歓呼説 (Last Hurrah thesis)」または「ニューディール説」とよばれているが、その概要は次の通りである。

1930年代の大不況の過程で生み出された膨大な失業者と貧困の救済はとうていマシーンの手に負えるものではなかった。失業者にとって、もはやボスとマシーンは頼るべき存在ではなくなったのであり、移民もふくめ失業者は連邦政府の展開する失業救済政策に頼るようになった。たとえばボストンのイタリア系スラム街を調査したホワイトによれば、あるボスは、「ニューディールが政治を全く変えてしまった。……何年か前であれば、職にあぶれた人間は何とか世話をしてもらえないだろうかと思ってわれわれのところにやってきた。だが今では彼は救済施設の救済に頼り、それからWPAの仕事につく。これで彼は満足している。」だから「もはや政治家は必要なくなっている[57]。」と述べている。

「最後の歓呼説」の語源である小説『最後の歓呼』の登場人物も次のようにいっている。「彼（F. D. ロウズヴェルト）は、昔からのボスを壊滅した。ボスの権力の源泉をとりあげたのだ。……国中で、ボスたちはロウズヴェルトのために、もう20年も瀕死の状態にある……。昔のボスは、すべての切り札を握っているというだけで強かった。もし誰かが仕事、恩義、現金にしろ何かを欲しいと思ったら、地元のリーダーであるボスのところに行くしかなかった。ロウ

ズヴェルトのしたことは、地元の手から施し物を奪うことだった。社会保障、失業保険などが、状況を変えてしまった。今では、ボスに頼る必要は何もない。というのは、連邦政府が行動を開始しているからだ[58]。」

つまり「最後の歓呼説」によれば、ニューディール以来、従来マシーンとそのボスが提供していた様々な私的サービスに代わって、連邦政府によって失業救済のための諸政策が実施され、また失業保険制度、老齢年金制度などの社会保障制度が発足したために、移民をはじめとするマシーン支持の労働者層は、マシーンを離れていったとみるのである。

本書第5章で改めて論じるが、この仮説はマシーン衰退の原因を説明する説として多くの研究者に支持されてきたし、また確かにかなりの真実を物語っているともいえる。移民たちは、マシーンがかつて提供したバスケット一杯の石炭やサンクスギビングの七面鳥より、連邦政府の政策が提供する仕事や住宅を喜んだであろう。また、ニューディール期に連邦政府によって奨励された労働組合、とくに産業別労働組合会議（CIO）が組織された時、マシーンのボスたちは労働者層がマシーンの外で組織化されることに反対の態度を示している[59]。メンフィスのエドワード・クランプもジャージーティのフランク・ヘイグも、またシカゴのケリー（Ed Kelly）とナッシュ（Patrick Nash）もこの新しい組合に反対の意を表した。

しかし、「最後の歓呼説」にも、大きな疑問が残されている。実証研究が進むにつれて、むしろニューディールの諸政策はマシーンの組織を拡大強化したケースが多くみられるのである[60]。というのは、ニューディールの連邦救済事業計画の管理・運営には、その事業が実施される都市の政治家や政党組織も関わる面があり、そのなかには、救済機関の職員を任命したり、事業資金と仕事を配分する権限も含まれていたからである。そして、これらの権限を利用して、自らの組織を拡大強化したマシーンのボスもいたのである。もちろんそうした機会に恵まれることなく衰退していったマシーンはあるとしても、ほとんどの都市政党マシーンにとって、ニューディールが脅威となったとはいえない。

なお、連邦政府との関係をマシーンのために有利に利用することは、第二次大戦後の連邦都市政策展開に関連してもおこなわれた。公共住宅建設やスラム除去と再開発のために多額の連邦資金が供給された時、都市には不動産、商業、

建設等のビジネスとマシーン政治家との連携が形成され、それを通して多くのマシーンが自らのサバイバルをはたしたのである[61]。

ただ、長期的にみた場合、ニューディール以降、「完全雇用」が連邦政府の一大目標となり、また労働組合を通じて賃金が上昇したこともあって、従来のマシーン支持層である移民系労働者層の中産階級化が促進され、それがマシーンにとって不利に作用したことは確かであろう。

(3) 都市住民の社会経済的な変化及びその他の要因

以上のように、革新主義改革以来の制度改革とニューディールは、それぞれマシーンを崩壊に導く要因のひとつになり得ることはあっても、それのみでマシーンを衰退せしめたとはいえないようである。そこで次にマシーン衰退の原因として考えられるのは、都市住民の社会経済的な変化、とりわけエスニックパターンの変化と移民系をはじめとする労働者層の生活水準の向上である。

エスニック構成の変化といっても、おおまかに2つの観点からみることができる。ひとつは、移民系人口自体の低下であり、もうひとつは都市人口におけるエスニックグループの構成変化である。第一の観点からいって、1920年代の移民制限法以来、移民系人口が減少し、都市人口に占める割合も低下していったことが、徐々にではあるが決定的な影響を与えたという見方がある[62]。確かに移民流入の減少は、マシーン支持層となる可能性の高い有権者の数と割合を減らしたという意味で、マシーンにとってマイナス要因となりえたといえよう。しかし、問題はそれほど単純ではなく、エスニックグループの構成変化と考え合わせる必要があるといえそうである。

北東部や中西部の大都市では、19世紀末期から20世紀初期に新移民が流入し、移民系人口比は多くの都市で上昇したが、移民系人口自体が拡大したことがどのマシーンにとっても有利であったとはいえなかった。新移民はマシーンの支持層へと組み入れられていったものの、場合によっては、マシーンの不満分子となっていき、結局はマシーンの衰退を促進することもあったのである。

新移民流入がピークに達した世紀転換期当時、ほとんどの大都市マシーンの中心は、旧移民であるアイルランド系、次にドイツ系であった。ところが、1930年までに南欧・東欧系新移民の増大の一方で、彼らの数は減少し、都市の

第2章　マシーン政治と移民

人口に占める比率も低下していった。たとえば、ボストンのアイルランド系の人口比率は、1890年には31.9％あったが、1930年までに20.4％へと低下していたのである。同様に、ニューヨーク市でも、彼らの比率は低下した[63]。旧移民系の比率低下と新移民系の比率上昇という変化が進行している過程で、マシーンは新移民にどう応えたのであろうか。

　相対的に、旧移民の票が減少する一方、新移民の票の重要性は拡大していったのにもかかわらず、マシーンは必ずしも新移民の支持を確保できたとは限らなかった。第1節でもふれたように、マシーンは新移民を支持層に引き入れるために様々なサービスを提供したばかりでなく、党や市の役職につけることもした。しかし、それは新移民が都市に占める数と割合からみて、不十分なことが多かった。たとえば、ニューヨーク市では、19世紀末期から市政を支配してきたアイリッシュ主導のタマニーホールが、次第にユダヤ系やイタリア系新移民の不満をかうことになった。そうしたエスニック間の緊張関係を共和党のラガーディア（Fiorello H. LaGuardia）は、うまく利用して1933年市長選に勝利した。彼はイタリア系とユダヤ系の支持を獲得し、反タマニー多数派連合形成に成功したのである[64]。一方、ニューヨークとは対照的に、都市のエスニック構成変化に対応して、組織を拡大強化することに成功したマシーンもあった。シカゴの民主党マシーンはそうした例であり、1920年代から30年代にかけて、新移民を含めた労働者層を結集して多民族連合を形成した。それによって、その後数十年にもわたって維持された強い組織の基礎がつくられたのであった[65]。

　このように、マシーンにとって新移民の大量流入が有利に働くか、むしろそれを契機に組織が弱体化するかは個々のマシーンによって異なっていた。移民系人口の割合が低下することは、支持層として取り込み得る層が減少することを意味することからいってマイナス要因であると類推されるが、必ずしも移民流入の減少のみがマシーン衰退の決定的な要因であると結論することはできないであろう。この問題に関連して、第二次大戦後に北東部や中西部に流入した黒人の影響はどうであったのかにもふれておこう。というのは、第二次大戦後の黒人の都市への流入は、世紀転換期の新移民の流入同様に、マシーンにとって支持基盤となり得る層を迎えたことになるからである。たとえ移民系の流入が減少しても、黒人を支持層にとりこむことでマシーンはサバイバルをはかる

ことができたのではないかと考えられる。

　実際に第二次大戦後、マシーンは黒人有権者を重要な支持層としてきた。しかし、黒人の場合も、新移民同様にマシーン支配のもとで不利な扱いを受けることが多かったことが指摘されている。既存のマシーンは黒人を受けいれたものの、その数と割合に比例した処遇をしていたとはいえない。たとえば、シカゴでは1940年代はじめに、黒人下院議員ドウソン（William Dawson）がサウスサイド・ゲットーの黒人サブ・マシーンのボスとなり、1955年から70年代まで続いた民主党市長デイリーの市政を大いに支えた。デイリー勝利に対する黒人票の貢献は圧倒的であったにもかかわらず、デイリーから与えられた恩賞は比較的わずかなものであった[66]。不満を抱く黒人をなだめるために、デイリー・マシーンをはじめとする当時の都市政党マシーンが用いる常套手段は、ニューディール及び「偉大な社会」の諸政策であった。そのうち、公共住宅や扶養すべき子供のある世帯への補助がこうした目的に最も多く用いられた[67]。しかし、結局はタマニーが1933年に新移民の支持をうけたラガーディア連合に敗れたように、シカゴのマシーンもデイリーの死後、不満をもつ黒人や白人リベラルを率いた黒人政治家ワシントン（Harold Washington）によって打倒されたのである[68]。

　ニューヨークのタマニーと新移民との関係、シカゴの民主党マシーンと黒人の関係を考察する時、都市の黒人も含めたエスニック人口の減少というよりも、エスニックの構成変化に柔軟に対応して、マシーンのもつパトロネージをはじめとする資源を的確に配分できるか否かがマシーンの盛衰により重要な意味をもっていたと考えられる。

　エスニックパターンの変化と並んで、マシーンの支持基盤であった移民系をはじめとする労働者層の経済的地位向上も、マシーンに対してマイナスの影響を与えたといわれている。本章第2節の最後に提起した(2)の疑問に関係するが、たとえ移民系比率が維持されていたとしても、彼らがマシーンとの関係に魅力を感じなくなれば、マシーンは衰退していかざるをえないのである。

　その点で、1920年代の好況、さらに第二次大戦後の好況が国民の中産階級化をもたらしたことは、マシーンに不利に働いたであろう。北東部、中西部でも労働者の所得は上昇し、同時に教育水準も上昇していった。そのため多様な就

業機会が移民系住民にも開かれるようになったし、彼らと先住者との間の所得・就業機会のギャップも縮小した。もちろん、好況の恩恵に浴すことができなかった移民系住民がいるとしても、ニューディール以来の社会福祉政策は、一般労働者の生活水準を向上させる方向に作用した。つまり、一般的には「移民とその子孫は中産階級化してきた[69]」のであり、かつてのように職を求めてマシーン政治家に頼る必要は減少していった。また労働組合の発展によって、最低賃金の保証と失業のリスクが緩和されたこと、さらにマスメディアが、かつてマシーンがはたしていた政治的教育の役割を担うようになったこともマシーンに対する移民の依存度を低くしてきたといえるだろう。

とはいえ、今日の都市においても、かつての政党マシーンが提供した種々のサービスを求める移民、黒人、貧困層が存在しないわけではない。彼らは、マシーンの支持基盤となりうる人々であろう。しかしながら、今日の都市は、かつてマシーン政治家と移民をはじめとする労働者層を結びつけていた各種の条件を欠いている。まず、マシーンは単に移民をはじめとする労働者層を支持基盤とするだけでなりたっていたわけではない。都市の発展段階でビジネスとの関係を通じて、活動資金を得ていたわけであるが、郊外化の進行に伴い、ビジネスも中心都市に対する関心を失う傾向にある。中産階級の郊外への脱出が加速化し、郊外住民が過半数をしめるようになった今日では、ビジネスにとっても都心は以前のように魅力ある場所ではなくなっている。

実際、様々なビジネスが中産階級向け市場を求めて郊外に移動している。したがって、マシーンが組織を維持するために調達可能な資源も極端に減少せざるを得ない。さらに、マシーンにとって打撃となったのは1970年代末期以降、連邦政府が都市に対する補助金を大幅に削減したことである。かつてのように連邦資金に支えられた公共事業を通じて、政党が支持者に役職、仕事、契約などの物質的報酬を分配するチャンスは少なくなっていった。加えて、たとえこうした資源があったとしても、都市の公共サービスの事業運営は官僚化され、メリットシステムが採用されている状況では、マシーン政治家が政治的配慮にしたがって自由裁量できる範囲は限られるのである。

むすび

　マシーン政治全盛期における政党マシーンと移民との関係の考察からはじめて、その後両者の関係が希薄化したことを1960年代のリフォーム政治の浸透との関連で分析し、最後にマシーン衰退の原因について改めて検討してきた。政党マシーンは、アメリカの工業化と都市化の時期が白人男子普通選挙権実現の時期とほぼ一致したことを背景に出現した。急速な工業化を支える労働力となった大量の移民も、投票権を得ることによってこのアメリカ特有の状況にまきこまれていったのである。

　マシーンは移民をはじめとする労働者層を支持基盤に市政を支配し、市政府の官職を握り、急速に発展する都市が必要とする公共サービス供給に関する決定権を確保しようと試みた。その際、都市経済発展に最も密接な関係をもつビジネスとマシーンは結びついたのである。一般に19世紀末期から20世紀はじめがマシーンの全盛期といわれるのは、この時期に多くのアメリカの都市で公共サービス需要が高まり、建設・不動産関係を中心とするビジネスとマシーンが結びつき、増大する労働者層の投票を基盤に市政府を支配したからであった。

　しかし、この時期にはマシーン支配の市政に反対する改革者の運動が全国的に展開された。その結果、すでに19世紀後半から徐々に実現されてきていた市政府の行政権集中・強化と官僚制の整備に代表される行政の専門化が大幅に推進されることとなった。このプロセスとマシーン及びビジネスとの関係について詳しくは他の章で論じているが、革新主義市政改革がもたらした変化は必ずしもマシーンに不利に働いたわけではなかった。ただ急速な都市化とそれに対応する都市政府の「行政国家化」のプロセスに乗り遅れるマシーンがあったことも確かである。

　本章の最後に検討したように、マシーンの衰退または崩壊については、様々な要因が指摘されてきたが、ひとつの要因に限定することはできず、複雑である。市政の制度改革が実行されるのと前後して、力を失ったマシーンが西部を中心にかなりの数にのぼるとはいえ、制度改革のみが衰退の原因ということもできない。北東部や中西部では、この時代を生き抜いたばかりでなく、革新主

第2章　マシーン政治と移民

義制度改革を利用して強力なマシーンを形成したボスも少なくなかった。さらにニューディール期以降、連邦政府が都市政策に積極的に乗り出したことが影響して、市政支配力を失ったマシーンもあると同時に、連邦政府との密接な政府間関係を利用して組織を拡大・強化したマシーンもあったのである。とはいえ、支持基盤であった労働者層が中産階級化し、次第に郊外へと移住していったこと、官僚制の発達、連邦補助金の削減、個々の都市における中核ビジネスの変化などにマシーンが適応できなくなった時、マシーンは衰退せざるを得なかった。

注
1) 念のためにことわっておくが、マシーン政治を論ずる際、選挙における支持基盤としての移民を主体とする労働者層との関係とともに、当時の都市で興隆してきた様々なビジネスとの関係も重要な問題であろう。しかし、ここでの焦点は前者にある。
2) 移民系（foreign stock）とは、外国生まれ及び両親の少なくとも一方が外国生まれを意味する。
3) この段落と次の段落の数値は、U. S. Department of Commerce, Bureau of the Census, *Historical Statistics, Colonial Times to 1970*, Bicentennial Edition, Part 1 (Washington, D.C.：Government Printing Office, 1975), 105-109, Series C 89-119 から算出。
4) T. J. Woofter, Jr., "The Status of Racial and Ethnic Groups," in *Recent Social Trends of the United States*, Volume 1 (New York and London：McGraw-Hill, 1933), 564-565.
5) Richard Hofstadter, *The Age of Reform* (New York：Vintage Books, Alfred A. Knopf, 1955), 176.
6) 本人及び両親がアメリカ生まれのアメリカ人を指す。
7) *Ibid.*, 177. たとえば、最大都市ニューヨークでは1900年には全人口の約77％が外国生まれか、あるいは両親の少なくとも一方が、外国生まれの白人によってしめられており、この比率は1920年（76％）にいたってもほとんど変わらなかった。U. S. Department of Commerce, Bureau of the Census, *Statistical Abstract of the United States：1913* (Washington, D.C., Government Printing Office, 1913), 55；*Statistical Abstract of the United States：1932*, 36-37 の数値から算出。
8) Arthur S. Link, *American Epoch*, Volume 1 (New York：Alfred A. Knopf, 1968), 26.

9) 新移民の4分の1ないし半数は、読み書きができず、イタリア系移民の6分の1，東欧系移民3 -10%が熟練労働者にすぎなかった (*Ibid.*, 26, 28)。
10) 20世紀初頭における労働者の平均年収400-500ドルに対して、未熟練労働者のそれは、賃金水準の高い北部に限っても、460ドル以下であったが、移民労働者の賃金水準はこれよりさらに低かった。連邦労働局の調査によれば、シカゴ市のイタリア人労働者には週平均わずか4.37ドルしか得ていない階層があった。Frederick Lewis Allen, *The Big Change* (New York : Harper and Brothers Publishers, 1952), 55.
11) William L. Riordon, *Plunkitt of Tammany Hall* (1905 ; New York : E. P. Dutton, 1963), 27-28.
12) Madelon Powers, "The 'Poor Man's Friend' : Saloonkeepers, Workers, and the Code of Reciprocity in U.S. Barroom, 1870-1920," in *The Making of Urban America*, 2nd ed., ed. Raymond A. Mohl (Wilmington, Del. : Scholarly Resources, 1997), 158-159.

たとえば、19世紀末期にカンザスシティ（ミズーリ州）で民主党マシーンを創始したジェームズ・ペンダガストにとっても、酒場経営者になって選挙区の人々と接触する機会を利用できるようになったことがマシーン政治家としての成功の一要因であった。Lyle W. Dorsett, *The Pendergast Machine* (New York : Oxford University Press, 1968), 4 及び Lawrence H. Larsen and Nancy J. Hulston, *Pendergast* (Columbia : University of Missouri Press, 1997), 17-18.
13) Jon M. Kingsdale, "The 'Poor Man's Club' : Social Functions of the Urban Working-Class Saloon," in *The Making of Urban America*, ed. Raymond A. Mohl (Wilmington, Del. : Scholarly Resources, 1988), 130.
14) Hofstadter, *The Age of Reform*, 181-183.
15) Riordon, *Plunkitt of Tammany Hall*, 50.
16) *Ibid.*, 25 ; Charles R. Adrian, *Governing Urban America*, 2nd ed. (New York : McGraw-Hill, 1961), 147 ; Elmer E. Cornwell, Jr., "Bosses, Machines, and Ethnic Groups," *Annals*, 353 (May 1964), 27-39 ; Hofstadter, *The Age of Reform*, 183-184.
17) *Ibid.*, 184..
18) Fred I. Greenstein, *The American Party System and the American People*, 2nd. ed. (Englewood Cliffs, N. J. : Prentice-Hall, 1970), 48.
19) Adrian, *Governing Urban America*, 148.
20) Riordon, *Plunkitt of Tammany Hall*, 25.
21) なお、ボスをはじめとする政党マシーンの政治家によって担われた様々な福祉活動のための資金は、次のような方法で調達されたものであった。まず、マシーンによって公職に就いた者から、給与の一部が納入されていることが

多かった。しかし、資金源として大きかったのは、なんといってもビジネスからの金であった。

　20世紀初期にかけて一挙に都市化したアメリカの諸都市は、輸送、電灯、ガス、上下水道その他の公共事業建設を大規模におこなったが、この建設事業は都市の政党マシーンとボスに私企業から資金を獲得する機会を与えた。すなわち市政を握ったマシーンは、特定の私企業に建設許可、各種ライセンス、フランチャイズを与える代償として贈賄やリベートを受けていた。

　また、マシーンは都市の警察権力を握り、ギャンブル、売春、酒場や酒屋の営業規制や地区の治安維持の見返りに金を得てもいた。マシーンのボス自身が企業の役員として経営にかかわっている場合も多く、市の営業許可権や工事請負契約を有利に用いて莫大な利益を得ていた。

　一方私企業にとってボスは巨額の利潤を獲得しうる利権、特権を与えてくれ、また企業に有利なように営業活動をおこなわせてくれる存在であり、贈賄を含む資金はいわば利潤を保証してもらうためのささやかな費用にすぎなかったのである。

22) Kingsdale, "The 'Poor Man's Club'," 130.
23) 19世紀末までに、北東部と中西部を中心とする多くの大都市ではアイルランド系がアングロサクソン・プロテスタントに代わってマシーンを掌握するようになっていたが、あとからやってきた新移民も徐々にマシーンの組織内部に登用されるようになった。ただ新移民とマシーンとの関係は時期と状況によって大いに異なっている。この点については、本書第4章を参照されたい。
24) Joseph Bensman and Arthur J. Vidich, *The New American Society* (Chicago: Quadrangle Books, 1971), 166; Greenstein, *The American Party System and the American People*, 50-51.
25) Raymond E. Wolfinger, "The Development and Persistence of Ethnic Voting," *American Political Science Review*, 59 (December 1965), 898.
26) Edward C. Banfield and James Q. Wilson, *City Politics* (New York: Vintage Books, 1963), chapter 3, chapter 9; James Q. Wilson and Edward C. Banfield, "Political Ethos Revisited," *American Political Science Review*, 65 (December 1971), 1048-1062.
27) John H. Kessel, "Governmental Structure and Political Environment: A Statistical Note about American Cities," *American Political Science Review*, 56 (September 1962), 617-618.
28) Raymond Wolfinger and John Osgood Field, "Political Ethos and the Structure of City Government," *American Political Science Review*, 60 (June 1966), 317-319.
29) 序章でも述べたように、市長制―パルティザン選挙―ウォード制という制

度パターンを直接マシーン政治と結びつけて考えることはできないのであるが、リフォーム政治の浸透の程度と移民（系）人口比の関係を分析することは、都市全体のリフォーム政治発展と移民との関連を考察する上でそれなりの意味があると考えられる。なお、この章の第4節で述べるように、リフォーム政治制度を逆に利用して強力なマシーンが形成されたケースもある。しかし、それらはかなりの大都市においてであり、またそれらのマシーンも1950年代までにはほぼ崩壊している。

30) ここで北東部に属する州は、ニューイングランドの6州とニューヨーク、ニュージャージー、ペンシルベニアの3州であり、中西部に属する州は、オハイオ、インディアナ、イリノイ、アイオワ、ミシガン、ミネソタ、ウィスコンシン、ノースダコタ、サウスダコタ、ネブラスカ、カンザスの諸州である。西部の都市には、伝統的に定義されている11の西部の州における都市にホノルルが含まれる（*Ibid.*, 317）。なお、南部については考察の対象外とする。南部には移民が進出することが少なく、移民系人口比率20％未満の都市が91％を占めているからである（表2-3）。

31) たとえば、シカゴについてのウィルソンやバンフィールドの研究、ニューヘブンについてのウルフィンガーやダールの研究によれば、これらの都市では60年代に依然マシーンの勢力は強い。そしてたとえばシカゴにみられるように、スラム地区あるいは半スラム地区に住むイタリア系、ポーランド系、リトアニア系、アイルランド系移民は、選挙においてマシーンの強い支持層である。この移民に加え、スラムに住む黒人もまたマシーンの支持者となっており、これが戦後のマシーン政治における一つの特徴となっている。これらの点については、Edward C. Banfield, *Political Influence* (New York : The Free Press, 1965) 235-262 ; James Q. Wilson, *The Amateur Democrat* (Chicago and London : The University of Chicago Press, 1966) chapter 3, 314-315 ; R. E. Wolfinger, "The Development and Persistence of Ethnic Voting," 896-908 ; Robert A. Dahl, *Who Governs ?* (New Haven : Yale University Press, 1961), 32-62.

また、シカゴやニューヘブンとならんで1980年代までマシーンが維持されていたオールバニーに関しては、小川晃一の「アメリカにおける都市政治の一例序論」『北大法学論集』第27巻3・4号（1977年）をはじめとする一連の研究がある。

32) D. ゴードンは全国の268都市（1930年に人口3万人以上の都市）について「外国生まれ」の人口比率を基準にした政府形態の分布を長期的にフォローしている。それによると、1933年から1960年にかけて移民人口比率が「高い」(15-37％)都市が125都市から29都市へと激減する過程で、この種の都市のうち市長制（ウォード制併用）をとる都市のしめる比率は58％から41％へと低下し、一方この種の都市のうちマネージャー制（全市単一選挙区制併用）をと

る都市の比率は、10%から14%へと高まっている。Daniel N. Gordon, "Immigrants and Urban Governmental Forms in American Cities, 1933-60," *American Journal of Sociology*, 74 (September 1968), 166, Table 3.
33) 移民系比率が低い都市においても強力なマシーンは出現している。たとえば、カンザスシティでは、他の大都市で移民系が過半数をこえることが多かった1920年においても、移民系比率26%であったが、ペンダガスト (Thomas J. Pendergast) の強力なマシーンが出現していた。
34) Martin Shefter, "Regional Receptivity to Reform in the United States,", in *Political Parties and the State : The American Historical Experience* (Princeton, N. J. : Princeton University Press, 1994), 169.
35) 太平洋岸地域では、1996年における報告都市に関するマネージャー制採用率は78.5%、ノンパルティザン選挙制採用率は98.1%、全市単一選挙区制採用率85.5%となっており、他地域と比べて驚異的に高い数値を示している。*The Municipal Year Book 1998*, 31, 40.
36) *Statistical Abstract of the United States : 1936*, 20-24.
37) Amy Bridges, "Winning the West to Municipal Reform," in *The Politics of Urban America*, 2nd ed., ed. Dennis R. Judd, and Paul P. Kantor (Boston : Allyn and Bacon, 1998), 150 ; Amy Bridges, *Morning Glories : Municipal Reform in the Southwest* (Princeton, N. J. : Princeton University Press, 1997), 35.
38) *Statistical Abstract of the United States : 1910*, 61-62.
39) Wolfinger, "The Development and Persistence of Ethnic Voting," 898.
40) *Ibid*.
41) Shefter, "Regional Receptivity to Reform," 177.
42) *Ibid*., 177-178. なお、南パシフィック鉄道の出現と鉄道マシーン及びカリフォルニアの革新主義運動については、中邨章『アメリカの地方自治』学陽書房、1991年、第1章参照。
43) Shefter, "Regional Receptivity to Reform," 179.
44) *Ibid*., 179-180.
45) Bridges, *Morning Glories*, 55 ; Philip J. Ethington, *The Public City* (New York : Cambridge University Press, 1995), 336-344.
46) Shefter, "Regional Receptivity to Reform," 179.
47) Alan DiGaetano, "Urban Political Reform: Did It Kill the Machine?" *Journal of Urban History*, 18.1 (November 1991), 42-45.
48) デイトン(オハイオ州)、デトロイト(ミシガン州)、ミルウォーキー(ウィスコンシン州)、ミネアポリス(ミネソタ州)、グランドラピッズ(ミシガン州)などのマシーンはこの時期に崩壊した。
49) *Ibid*., 41-44.

50) 北東部を中心に大都市では政府形態の改革である委員会制やマネージャー制導入運動は1950年代までは進んでいない。*The Municipal Year Book 1960*, 82, Table 1 によれば、1960年に、人口50万以上の17都市中、委員会制採用都市は0、マネージャー制採用都市がただ1つである。人口25万以上50万未満の都市でようやく委員会制22％、マネージャー制39％の採用率となっている。
51) ノンパルティザン選挙制採用率82％、全市単一選挙区制採用率65％、コンビネーション採用率17％。*The Municipal Year Book 1950*, 43.
52) DiGaetano, "Urban Political Reform: Did It Kill the Machine?" 45.
53) 本書第1章を参照されたい。*Ibid*., 37-67 ; Alan DiGaetano, "The Rise and Development of Urban Political Machines: An Alternative to Merton's Functional Analysis," *Urban Affairs Quarterly*, 24.2 (December 1988), 242-267 ; Charles R. Adrian, "Forms of City Government in American History," in *The Municipal Year Book 1988*, 3.
54) 第1章の注58) 参照。
55) 第1章の注57) 参照。
56) なお、制度改革とマシーン衰退の関係を歴史的に検討したディガターノは、「制度改革がおこなわれても、それはマシーン政治の復活を不可能にするには不十分であった」ことを明らかにしている。DiGaetano, "Urban Political Reform: Did It Kill the Machine?" 64.
57) William Foote Whyte, *Street Corner Society*, 2nd ed. (Chicago:The University of Chicago Press, 1969), 196.
58) Edwin O'Connor, *The Last Hurrah* (Boston: Little, Brown, 1956), 374.
59) Roger W. Lotchin, "Power and Policy: American City Politics Between the Two World Wars," in *Ethnics, Machines and the American Urban Future*, ed. Scott Greer (Rochester, Vermont: Schenkman Books, 1981) 15-16.
60) 本書第1章及び第5章を参照されたい。
61) たとえば、ピッツバーグでは1943年に、同市の経済界第一実力者のリチャード・メロンが民主党市長ロウレンス（David Lawrence）と組んで、ビジネス地区の再開発に乗り出した。またシカゴでは、1955年に市長になったデイリー（Richard Daley）が連邦資金を利用して、商業区とレイクフロントの再開発事業に着手した。Roy Lubove, *Twentieth Century Pittsburgh: Government, Business and Environmental Change* (New York: John Wiley & Sons, 1969), 106-112 ; Joel Rast, *Remaking Chicago: The Political Origin of Urban Industrial Change* (Dekalb, Ill.: Northern Illinois University Press, 1999), chapter 2.
　なお、ピッツバーグ・ルネッサンスを含むピッツバーグ市政については、

邦語文献として以下があり、その第3章にピッツバーグ・ルネッサンスをめぐる政界と財界の協力関係が論じられている。寄本勝美『自治の形成と市民:ピッツバーグ市政研究』東京大学出版会、1993年。

62) Cornwell, "Bosses, Machines, and Ethnic Groups," 27-39.
63) DiGaetano "Urban Political Reform: Did It Kill the Machine?" 47.
64) Charles Garrett, *The La Guardia Years: Machine and Reform Politics in New York City* (New Brunswick: Rutgers University Press, 1961) ; Arthur Mann, *La Guardia Comes to Power, 1933* (Philadelphia: Lippincott, 1965).
65) ニューヨークのタマニーホールとシカゴ民主党マシーンの新移民に対する対応の違いについては、本書第4章を参照されたい。
66) 1955年市長選でデイリーは127,000票の差で共和党候補に勝利したが、そのうち125,000票の差は黒人サブ・マシーンが支配する地域の票であったにもかかわらず、デイリーはドウソンにそれに見合った権力や役職任命権を与えなかった。Steven P. Erie, *Rainbow's End: Irish-Americans and the Dilemmas of Urban Machine Politics, 1840-1985* (Berkeley and Los Angeles: University of California Press, 1988), 165.
67) *Ibid.*, 166.
68) 1983年市長選で、黒人、ヒスパニック、貧困者、改革派の白人リベラルの多数派連合が、黒人リーダー、ワシントンの下で形成され、民主党マシーンの候補者は敗北した。Gregory D. Squires et al., *Chicago: Race, Class, and the Response to Urban Decline* (Philadelphia: Temple University Press, 1987) ; Hanes Walton, Jr., *Black Politics: A Theoretical and Structure Analysis* (Philadelphia: J. P. Lippincott, 1972), chapter 4.
69) Wolfinger, "The Development and Persistence of Ethnic Voting," 897.

第3章　都市政党マシーンの形成と展開
　　——タマニーホールを中心に——

　　はじめに

　政党マシーンは、アメリカ政党史ばかりでなく、アメリカ政治史全体にとって、無視することのできない存在であり、とりわけ都市政治史では、マシーン論が大きな主題のひとつとなっている。そしてマシーンをめぐる様々な論点が、19世紀末期から今日にいたるまで提起されてきており、マシーンに対するアプローチと評価も、時代とともに変化してきている[1]。

　まず、マシーン研究がはじまった19世紀末期から20世紀前半にかけては、いわば改革者的アプローチともいうべきアプローチが主流であった。革新主義時代の改革者の多くが共有していた、このモラルを重視するアプローチによれば、マシーンとそのボスは、良識ある市民にとって、都市政治から追放すべき「悪者」であった。マシーン政治家は、特定のビジネスと結びつき、賄賂を受け取る代わりに利権・特権を与えるばかりでなく、マシーンに忠実な人々に公職を配分し、非能率で、不経済な市政運営をおこなう一方、アメリカの都市生活に慣れていない移民層を惑わし、彼らの票を意のままにする。このようなマシーンに対する評価は、1880年代にアメリカを訪れて、都市政治のあり方を「顕著な失敗（conspicuous failure）」であると批判したジェームズ・ブライス（James Bryce）[2]以来、繰り返し述べられてきた。しかし、こうした改革者的アプローチの中にも、次の時代を予感させる考察がみられた。

　それは有名なマックレイカーズの一人であるリンカーン・ステフェンズ（Lincoln Steffens）[3]やセツルメント運動に熱心に取り組んだジェイン・アダム

ズ（Jane Addams）[4]によって提示された見方であった。彼らは同時代の改革者に多く見られるような、単なるモラリストではなかった。というのは、たとえ不正と腐敗に満ちていても、マシーンが移民をはじめとする労働者層に支持される一方で、改革者が敬遠されるのはなぜなのかという問題に関心をもち、また、たとえマシーンが批判されるべき側面をもっているにしても、ビジネスが市政に求める役割をまがりなりにもはたしているのではないかという認識に達していたからである。

　彼らがすでに気づいていたマシーンの「役割」に学問的な評価を与えたのが、マートン（Robert K. Merton）[5]であった。第二次大戦後に彼が提示した新たなアプローチは、学界に受け容れられて1960年代には通説となっていた。それに従えば、政党マシーンは急速な工業化と都市化の下で混乱していた都市における政治統合に積極的な役割を果たしたと評価された。マシーン政治家は都市大衆の選挙における票を獲得することを目的としていたが、その目的のために様々な物質的、精神的「恩恵」または「ソーシャルサービス」を与えた。そしてそのことは、移民労働者層が政治的・経済的・社会的にアメリカ社会に適応していく上で大いに役立った。また、労働者層ばかりでなく、ビジネスをはじめとする都市に住む上層の人々のニーズにも、マシーンはそれなりに応えていたとみた。アメリカ政治制度特有の分権化のために、都市政府が対立する諸利益間の調整役を必ずしも有効にはたしえない状況下で、マシーンは「隠れた機能」を発揮して、仲介役をになっていたとマシーンを肯定的にとらえたのである。そして、こうしたアメリカ社会に潜在する社会的要求に応えたことによって、マシーンは興隆したとされた。

　マートン・モデルは、マシーンに対するモラル重視のアプローチをくつがえし、都市政治においてマシーンが一定の積極的機能をはたしていたことを明らかにした点で大きな影響力をもっていた。ただ、マートン・モデルを応用することによって、マシーン研究の問題がすべて解決されるわけではなかった。むしろ、マートン・モデルを応用することによる問題点も指摘されるようになった。そのひとつが、マシーンは中央集権的で強力な組織であったという前提である。

　マートン・モデルにしたがえば、マシーンはそのリーダーであるボスを頂点

とする権力集中型の組織であって、都市全体に支配力をもっていたが故に、権力分散的な都市政府が、公の機構として果たし得ない機能を果たしていたとされた。しかし、実際にマシーンは、アメリカ政治制度に内在する「権力の断片化」を補うほどの組織をもっていたといえるのであろうか。さらにこれに関連して従来の研究では、移民を中心とする都市大衆のマシーン支持は、ほとんど当然のこととみなされていたが、はたして移民は画一的にマシーンを支持するといってよいのか。

　これらの問題を検討するにあたって一つの手がかりとなるのは、マシーンとビジネスの関係である。周知のように、革新主義時代の改革者は、マシーンがビジネスと腐敗に満ちた関係を結んでいると非難した。ステフェンズは、次のように慨嘆している。「現在、典型的なアメリカ市民といえば、ビジネスマンであるが、典型的なビジネスマンは不良市民である。……私は、彼がセントルイスで腐敗政治家を買収し、ミネアポリスで汚職者を弁護し、またピッツバーグでは汚職そのものの根源となり、フィラデルフィアではボスと利害を共有し、シカゴで改革を嘆き、ニューヨークで汚職資金をもってよき統治を打破しているのを、この目でみたのである。……ビジネスマンは、腐敗の主たる源泉である[6]。」

　確かにビジネスとマシーンの関係は、ステフェンズをはじめとする改革者が批判したような側面をもっていた。しかし、反面で、両者は改革運動をめぐって互いに対立する場合もあったのである。つまり、ビジネスマンはマシーンと結びつくことによって利益を得る階層とみられる一方で、マシーン政治を批判し、その壊滅を目ざした市政改革運動の支援者または改革者そのものととらえることもできるのである。しかし、この双方のとらえ方の一方のみが正しいとするわけにはいかない[7]。というのは、革新主義時代の市政改革運動は、時期によってその性格が変化し、それにともなってビジネスマンのマシーンへの関わり方も変わっていったからである。その変化は、もともとマシーンに対抗する市政改革運動に内在していた二つの流れと関連していた。

　市政改革運動における二つの流れは、互いに密接に関連しあっているのであるが[8]、そのひとつは、マシーン政治の諸悪の根源を市政が善良な市民の手を離れたことにあると考え、参加型「民主政治」の理想を実現することを求める

流れであり、もうひとつの流れはマシーンの行政部門への影響力を弱め、同時に市政の「能率と節約」を高めるために、行政権の集中・強化を求める流れであった。これら二つの流れは、双方とも市政改革運動開始当初から改革者にはぐくまれていたが、どちらかといえば、今世紀のごく初期までの革新主義時代前期には、第一の「民主政治」の理念が強調され、運動の性格は道徳主義的色彩が濃厚であったといえる。そしてこの時期に、ビジネスマンの一部はすでにこうした運動に参加していたとはいうものの、大多数のビジネスマンにとって、この時期の市政改革の理念は魅力あるものとはいえなかった。つまり、この時期のビジネスマンの多くは、マシーンを支持するか、少なくとも積極的反対の姿勢は示さない状態にあったといえる。

　ところが、20世紀の初頭以降、ビジネスの利益と市政の「能率と節約」との関連が、ビジネスにたずさわる人々の関心をひくことになった。当時の市政府は、工業化と都市化が生みだした都市の諸問題に効率的に対処する能力に欠けていた。そして、市政府の「非能率」と「不経済」は、ビジネス活動にとって障害になっているとの意見が広まっていったのである。彼らは、市政の「能率と節約」を目ざし、行政権の集中強化と行政の専門化を求める諸改革を支持するにいたり、その結果、マシーンと対立する改革派に属すビジネスマンの数が増大するようになった。もちろんこの時期においても、マシーンとの相互依存関係を維持するビジネスもあったが、少なくともビジネス界は、市政改革派とマシーン支持派が共存する状態であったといえよう。

　このように、工業化・都市化が進展する過程で、ビジネスとマシーンとの関係が多様化、複雑化していったとすれば、マシーンとその支持基盤と目される移民を中心とする労働者層との関係も、またこうした視点から、再検討すべきではないかと考えられる。すなわち、移民をはじめとする都市大衆もマシーンに対し、常に同一の反応をするとは限らないのではないか。時期やその他の条件によって、マシーンに対する彼らの反応も異なっていたのではないか。マシーンとビジネスとの関係が流動的であったように、マシーンと移民系をはじめとする支持者との関係も従来考えられていたように画一的ではなく、多様性をもっていたととらえられるのではなかろうか。

　つまり、移民をはじめとする労働者層がマシーンの支持基盤になる可能性の

高いことは認めるにしても、彼らが実際にマシーンの支持者となっていくプロセスを歴史的にみていく必要がある。このことはまた、マシーンの実態が変化していったととらえることにもつながるのである。それ故、問題は、マシーンの形成、展開と移民系労働者層との関係がどのようであったかである。そこで、具体的なケースとして、19世紀後半から20世紀初期の時期におけるニューヨーク市の民主党マシーン、タマニーホール（Tammany Hall）を対象とし、その発展との関連で、この問題を考察していこう。

第1節　強力なマシーンとしてのタマニーホールの形成

(1) ニューヨーク市政党史

　タマニーホールは、1788年に創立された古い民主党のクラブである。通常、南北戦争以降、20世紀初期にいたる期間に、タマニーは強力なマシーンとして機能したといわれている。この時期のタマニーを中心とするニューヨーク市の政党史は、さしあたり三つの時期にわけることができる[9]。

　第一期は、「どん欲な個人主義（rapacious individualism）」の時代とよぶにふさわしい時期で、1871年にタマニーの時の大ボス、トゥイード（William Tweed）のグループであるトゥイード・リング（Tweed Ring）が崩壊するまで続いた。この時期には、政党も党派も多分に流動的な性格をもっていた。個々の主要な政治家は、それぞれ自らの個人的なとりまき集団をもち、その範囲内で影響力をもっていたが、本質的には独立した政治活動家といえた。また、政治家の他に、名望家、企業家、新聞業者など政治に重要な影響力をもちうる人々が多く、政治上の競争は熾烈をきわめた。しかしそうした中で、1860年代には、トゥイード・リングがタマニーを支配するとともに、市政を支配していた。しかし、その組織はいまだ安定的で強力なマシーンとよばれるほどの基盤を形成していなかった。

　1870年代、80年代は第二期であり、民主党内に既存のタマニーホールに加えて、アービングホール（Irving Hall）、ニューヨーク・カウンティ民主党（New York County Democracy）などのいくつかの党派が組織され、それらの間で抗争が生じたり、同盟が結ばれたりした。第一期と異なり、それぞれの党派は、

規模が大きく、主要な政治家はいずれかの党派に属するようになっていた。またそれらの組織は、政府および選挙レベルでの政治家の活動を調整し、下部組織をもっていた。

次に、1890年代初期に転換期がおとずれ、第三期が始まった。タマニーが他の対立党派をうちやぶるとともに、独立した活動をおこなっていた政治家の力をも弱めるのに成功したのである。その結果、ニューヨーク民主党の党派間抗争はひとまずおさまった。しかしその一方で、タマニーは反タマニーを唱え、市政改革運動を推進する改革派の挑戦を受けるようになった。

ニューヨーク民主党は、こうした三つの時期を経る過程で、「権力の統合[10]」を達成していった。すなわち、タマニーホールの組織が時期を追うにつれて強化され、組織内の権力が集中すると同時に、他の組織を弱体化させ、最終的には民主党の支配権を握り、したがってニューヨーク市政府への支配をも、より強固なものにしていったのである。では、具体的にはどのような過程を通して、タマニーはマシーンとして、中央集権的で強力な組織を築きあげ、ニューヨークの市政を握ることができるようになっていったのであろうか。以下では、この過程を上でみた三つの時期にそくしてみていこう。

(2) 第一期：「どん欲な個人主義」の時代

周知のように、第一期はいまだ南欧・東欧系を主体とする新移民の流入以前であったが、イギリス系、フランス系、スコットランド系移民および黒人に加えて、多数のアイルランド系とドイツ系の移民がニューヨーク市に居住するようになっていた。たとえば、1855年に、アイルランド生まれは人口の27.9％、ドイツ、プロシア生まれは15.2％をしめており[11]、子どもを含めれば、移民がかなり高い人口構成比を示していた。トゥイードの最盛期であった70年にも、この状態はほとんど変わらなかった[12]。したがって、政治家にとって移民系の支持を獲得することが、成功の不可欠の条件となっていた。そして彼らの支持を確保するため、タマニーは様々な活動をおこなった[13]。たとえば、タマニー政治家は自らが手にした官職任命権（パトロネージ）を利用して、貧しい移民に幾千もの職を世話したり、公共施設建設を促進して、新たな仕事を創り出したりした。それに加え、日々の生活に必要な金品を支持者に配布し、貧困な移

民家族を助けたばかりでなく、様々のトラブルの処理や帰化手続きを手伝うこともした。また、市政府や州政府への影響力を利用して、カトリック教会をはじめとして、プロテスタントおよびユダヤ教教会や教区学校、病院、児童福祉施設への補助金予算を獲得することにも熱心であった。

このようなタマニーの働きかけは、移民票を確保する上で、かなりの効果があったと考えられる。トゥイードの全盛期であった1868年から71年にかけての選挙における投票データによれば、移民とトゥイード・リングへの投票の間に、かなり高い相関関係がみられる[14]。とりわけ、トゥイード・リングに対するアイルランド系移民の支持は高かった[15]。たとえば、1870年の知事選挙において、トゥイード派の候補ジョン・ホフマン（John T. Hoffman）は、ニューヨーク市の票の71%を獲得したのであるが、アイルランド系の多い地区では約90%の得票を示していたのである。また、ドイツ系もアイルランド系ほどではないにせよ、低所得層を中心にタマニーにかなりの支持を送っていた。同じく、1870年の知事選挙の得票をみると、ドイツ系低所得層の多い地区で、ホフマンはほぼ75%の票を得ていた。つまりタマニーは、選挙の際、移民、それも特に貧困な移民層から強い支持を得ていたのである。

タマニーにとって、移民を中心とする労働者層に対する様々な「サービス」や「恩恵」は、票を獲得する手段であったが、この移民に対する活動資金の主たる源泉は、いうまでもなくビジネス、わけても当時隆盛をきわめていた鉄道業などに対して投機的活動をおこなっていたビジネスであった[16]。これら投機家たちは、自らが直接政治に参加することには関心がなかったが、投機の活動によって富を得る手段として、タマニーから様々な便宜や利権の付与を期待していた。たとえば、エリイ鉄道建設をめぐって、ヴァンダービルト（Cornelius Vanderbilt）に対抗して取締役会の人事を有利にすすめるために、グールド（Jay Gould）とフィスク（Jim Fiske）はタマニーを通して州議会を「買収」した。そしてタマニーのボスは、便宜や利権を与える見返りとして金銭や報酬を手にしたのである。その意味で、政治ボスと投機家ビジネスマンは「同盟」関係にあったのであり、それはタマニーが移民票を確保するためにも不可欠の資金源であった。

第一期に、タマニーのボスとビジネス間、ボスと移民を中心とする支持層と

の間には上のような関係がみられたとはいえ、タマニーのボスによる党の組織力は、必ずしも強力なものであったとはいえなかった。確かに、トゥイードは地区のリーダーたちをまとめ、タマニーおよび民主党における最も強力なグループを作り上げた。しかし、トゥイードの統率力も決して絶対的なものとはいえず、そのため選挙においても、第一期には、タマニーがその過程を完全に支配することはできなかった[17]。

つまり、当時、選挙の際に政治家は、個々に支援者を集められれば、特別に党活動への貢献がなくとも、地区の委員会を通じて指名を獲得することもできたのであり、タマニー中央が候補者選定に強い支配力をもっているとはいえなかった。その結果、選挙で選出された官職者についても、タマニーが党組織として彼らを意のままにすることはできなかったのである。たとえば、市会議員は警察官の任命権や酒場の営業許可授与権などの権限を有していたが、これらの権限をタマニーがすべて握るというわけにはいかなかった。そして、こうした中央集権的組織力の脆弱さは、民主党内部での権力をめぐる争いの激しさを招いていた。ボスは自らの勢力を拡大し、党内での支持を確保するため、金の力を用いることがしばしばであった[18]。これらの行為は、金や地位とひきかえに、特定のボスを支持する風潮を生み、ボスはその要求に応じない場合、支持を失うことにもなった。実際、市の会計検査官コノリー（Comptroller Connolly）は、トゥイードへの協力の代償としてより多くの分け前を要求し、またカウンティの前法執行官オブライエン（ex-sheriff J. O'Brien）は、25万ドルの要求を拒否されると、新たな党派に参加するという有様であった[19],[20]。

このように、トゥイード時代までのタマニーは、規律正しい組織とはいえない状態にあり、組織内でも「どん欲な個人主義」が横行していた。そしてこのことは、タマニーのボスと移民の結びつき、またボスとビジネスとの結びつきにも次のような性格を与えることになった。まず、ボスとビジネスとの関係についてみると、すでにふれたように、ボスと「同盟」関係にあったビジネスマンには、一攫千金をめざす投機家的ビジネスマンが多かったが、この時期のタマニーのボスが彼らと結びついたのには、それなりの根拠があった。政治権力の統合化がおこなわれていない、流動的な状況の中で、ボスにとって、利権や便宜を手段に一時的利益を求める投機家的ビジネスマンと結びつくことが、自

らの勢力を拡大するための資金を得ることにつながったのである。そうした意味で、このようなボスとビジネスの「同盟」は、確固とした永続的な性格をもっていたとはいいがたかった。

一方、この時期のタマニーと移民系を中心とする有権者との関係に関していえば、タマニーの政治家は支持を得るために移民系に対して様々なサービス活動をおこなっていたとはいえ、移民系がタマニーの支持基盤として十分に組織化されているとはいえなかった。つまり、タマニー自体の組織化が不十分なため、移民系の投票獲得を目的とする活動も、タマニー中央が全活動を統括するというものではなく、個々の政治家のレベルでおこなわれている性格が強かったのである[21]。したがって、ある地区の移民が特定の政治家と強く結びついていた場合も、その政治家がタマニー派から反タマニー派に転じたとすれば、それは同時にその地区の移民もまた反タマニー派に移る可能性を意味した。タマニーによる組織力、統合力の弱さは、タマニーと移民との結びつきを不安定、あるいは流動的な性格のものにしていたのである。

このようにみてくれば、トゥイード時代までの第一期のタマニーによる市政支配が、不安定な基盤の上にたっていたことは明らかであろう。そして1871年にトゥイード体制が崩壊せざるをえなかったのも、当然であったともいえる。トゥイード・リングの崩壊は、直接的には選挙で民主党内の改革派に敗れたためであるが、その背後には「どん欲な個人主義」が生み出した政治腐敗と市政運営の様々な欠陥、とりわけ財政の赤字があった[22]。そして、すでにみてきたように、この両者はいずれもトゥイード・リングがタマニーとそれによる政治権力の維持を図ることと裏腹の関係にあった。その意味で、トゥイードがその権力維持のためにとった「政策」は、結果として反トゥイード勢力を拡大させることとなった。特にビジネスマンを中心とする社会の上層は、民主党の組織が強力でなく、統制もとれていないため汚職が横行していること、財政の赤字が増大していること、トゥイードが一部のビジネスマンと不正な関係にあることなどを非難していた。そして、それはトゥイード追放運動を推進する役割を果たし、タマニー派への支持の強い移民層の一部でさえも反トゥイード派へと導かれていったのである[23]。

要するに、トゥイードはタマニーの大ボスとして、一応タマニーによる市政

支配の中心にあったとはいうものの、政党内部では統制のとれた強力な組織を築き上げることはできず、また「同盟」関係を結んでいたビジネスとの関係も、不安定な要素を抱える一方、支持基盤である移民との関係でも、その結びつきは流動的な側面を免れがたかった。換言すれば、トゥイード・リングを中心としたタマニーホールは、その基盤が脆弱かつ不安定であったのであり、いまだ「マシーン」とよばれるにふさわしい強固な組織力と支持基盤をもっていなかったとみてよい。

(3) 第二期：タマニー組織強化の時代

　トゥイードに代わって新たにタマニーで主導権を握ったのは、ケリー (John Kelly) であり、彼がタマニー初のアイリッシュ・リーダーであった。彼の登場とともに、タマニーの歴史は新たな段階に入った。トゥイード時代に対して、この新たな段階を特徴づけたのは、タマニーの組織強化である。すなわち、従来ルーズであった党組織の改革が徐々におこなわれ[24]、(1)ケリー以下の中央組織が、支部である地区組織におけるメンバーの出入りと、官職の任命などの決定事項を監督する権限をもつこと、(2)権力は個人に対してではなく、党の役職に伴うと同時に、党が握っている官職任命権は、選挙の得票に応じて地区組織を通じて配分されること、(3)政党政治家と同様に、州議会議員をはじめとする官職者もタマニー組織の統制、規律に従うことなどの原則が、1880年代末までに確立された。

　こうした党組織の改革を積極的に支持したのは、トゥイードに反対したビジネスマンをはじめとする上層に属するいわゆる紳士たち (swallowtails) であった。トゥイード時代のタマニーを支持したビジネスマンが、わいろや不正によって一時的利得を求めたり、競争者をけ落とそうとする投機家などからなっていたのに対して、ケリーを支えたビジネスマンは、どちらかというと堅実な事業に従事する企業経営者や会社顧問弁護士などからなっていたのである[25]。そして彼らは、トゥイード時代の「どん欲な個人主義」のもたらす政治腐敗や財政赤字が、自らのビジネス活動をも阻害することになるとみていた。したがって、ケリー時代のタマニーがおこなった組織の強化は、市政の「健全化」に通ずるという理由で、彼らの強い支持を得たのである[26]。

一方、移民系とタマニーとの関係をみると、第二期においても、移民系はアイルランド系政治家を先頭に、タマニーの強力な支持層をなしていたといわれている。しかし、移民層がこの時期にもタマニーにとって最も重要な票田であったことは確かであったとしても、なお、移民系はタマニーの確固とした安定的支持基盤となったわけではなかった[27]。実際、ジョーン・モリッセー（John Morrissey）をリーダーとするアイルランド系政治家のグループは、1875年にタマニーの中央集権化を進める組織改革に反対して、タマニーから離脱し、新たな党派を結成した。また、中産階級化しつつあった移民層の一部もあいついでタマニーを離れていった。

　こうして1875年以降、民主党内部に様々な党派が誕生したが、このうちアービング・ホール（1879年結成）とニューヨーク・カウンティ民主党（1881年結成）は、各々1887年および92年まで存続し、タマニーと並んで移民系をはじめとする都市大衆をその支持層として争った。そして、タマニーを最大勢力とする民主党の各党派のいずれも、ニューヨーク全体の移民系住民を支持者として統合するという状況にはいたっていなかった。タマニーに即していえば、移民とタマニーの関係は、必ずしも強固なものでなかった。タマニーは他党派に対して絶対的な勝利をおさめるにたるだけの支持基盤として、移民を定着させるにいたっていなかったのである。1880年代後半までの市長選挙におけるタマニー候補の得票をみても、各移民グループからの支持が安定していたとはいえなかった。タマニーの最も忠実な支持者と目されるアイルランド系でさえも、かなり不確実な支持しか送っていない[28]。

　ところで、タマニーを含めた民主党の党派それぞれに対する移民の支持が流動的であったばかりではなかった。実は、移民系の民主党支持そのものさえも、流動的要素を抱えていたのである。それは1880年代半ばまでは、具体的に選挙結果にあらわれなかったのであるが、1886年の市長選挙で示されることになった。この選挙では、連合労働党（United Labor Party）のヘンリー・ジョージ（Henry George）が、タマニーとカウンティ民主党の推したアブラム・ヒュイット（Abram Hewitt）に対抗して立候補した。彼はわずかの差でヒュイットについで次点に甘んじたとはいうものの、当時、市内に拡大していた労働組合の下部組織を通じて、移民系住民を動員することに成功した[29]。すなわち、ア

イルランド系移民の一代目はタマニーを支持したが、二代目は所得水準のいかんにかかわりなく、ジョージを支持した。しかも、彼はドイツ系、ユダヤ系などの民族グループからも支持を集めたのであり、それも階層をこえた支持といってよかった[30]。ヘンリー・ジョージは、タマニーなどの党派がそれまでつくり得なかった移民連合をニューヨークで実現した最初の市長候補であったのである[31]。

こうして第二期のタマニーホールは、移民層との関係でいえば、なお確固とした関係を築きえなかった。タマニーは民主党内部では、アービングホールなどの反対派と移民票をめぐって争わなければならなかったし、その一方、党外の勢力に選挙戦で移民票をくわれることさえあったのである。そうした意味で、移民系がタマニーにほとんど自動的に結びつき、いわば絶対的支持者となっていたという見方は、妥当であるとはいえない。

とはいっても、このことから、この時期のタマニーが「マシーン」でなかったとはもちろんいえない。確かに、この時期は移民がタマニーの支持層として完全に定着するにはいたっていなかったが、この支持基盤を確固なものにしていく重要な条件である党の組織化は、すでにみたように、「どん欲な個人主義」の時代に比べ、この時期に一段と進んだからである。そして、その中央集権的な方向での党の組織化によって、次にみるように、移民が統合され、タマニーにとってより安定した支持基盤となるのである。それ故、この第二期は、強力なマシーンとしてのタマニーのいわば形成期にあたっていたということができよう。

第2節　全盛期のタマニーホールと革新主義市政改革運動

(1) 第三期：強力なマシーンの確立期

タマニーが他の党派を圧倒する勢力となり、ニューヨークの市政を確実に握るには、何よりも移民系という大票田を確固とした支持基盤とする必要があった。1886年にヘンリー・ジョージがなしとげたように、階層をこえて移民系を結集し、タマニーの支持層として定着させることができるか否かは、タマニーの命運にかかわる課題であったとさえいえた。この課題に対し、1880年代末か

ら90年代にかけてタマニーは、画期的な組織の拡大と強化を図る方法をうちだした。すなわち、あたかもヘンリー・ジョージが労働組合の支部組織を利用したのに呼応するがごとく、タマニーは政治クラブを全市のすみずみにまではりめぐらしていった。しかもそれは、従来の地区組織を単に広げていくというものではなかった[32]。

　第一に、従来、タマニーの地区組織は選挙のための組織という性格が強かったが、新たにはりめぐらされた政治クラブは、ピクニックやハイキングを催すなど、日常生活に密着した組織であった。第二に、これまでの地区組織は政治家個々人の組織という面も有していたのに対し、新たに発展した組織はタマニーの組織の一環であった。各クラブは独立的であるというより、党中央を頂点とする組織の中に組み込まれ、横の関係では他のクラブと結びつくことになった。そしてこの組織化の手段として、たとえば、各地区グループの連携をはかる組織が結成され（1888年）、また、クラブ情報を伝える党本部の新聞『タマニータイムズ（The Tammany Times）』が発行（1893年創刊）された。

　要するに、新たなクラブ組織を通じて、移民の支持を得る努力が組織的かつ日常的におこなわれるようになったのである。そして、こうした組織の強化・拡大策はそれなりに成功をおさめた。移民とタマニーとの結びつきは、より確かなものとなり、移民系の票は次第にタマニーへ統合されていったのである[33]。こうした動きを促進した要因として、熟練工の組合であるアメリカ労働総同盟（AFL）会長のゴンパーズ（Samuel Gompers）が、労働組合が政治運動にエネルギーをつぎ込むことは得策でないという結論をだしたこともあった。彼は1886年市長選挙ではヘンリー・ジョージを支持したのであるが、ジョージの敗北をうけて、政治は既成政党にまかせる一方、労働争議に政治が介入しないことを要求したのである[34]。

　タマニーが他党派をおさえて、強力なマシーンとして発展しえた背景には、クラブ組織の拡大・強化による支持基盤の確立に加えて、党組織の中央集権化の進行があった[35]。第一に、クラブ組織の充実にともない、地区のリーダーが党中央のリーダーシップに以前にまして依存するようになった。というのは、拡充した地区組織を維持し、自らの支配下におくために、地区のリーダーたちは党中央から与えられる官職任命権を以前にまして必要としていたからである。

第3章　都市政党マシーンの形成と展開

官職任命権を媒介に、党組織全体にわたり、中央集権化が強まったのである。第二に、ケリー時代には、いまだおこなわれていた、党による官職の売買や官職就任賦課金の徴収が廃止され、党への貢献に従って官職が与えられるというルールが確立した。官職の売買等による党の財源確保に代わって、党が議員などの官職者を通さず、企業をはじめとする利益団体から、直接献金を集める方式がとり入れられ、これもまた党組織の中央集権化を促進した。1890年代初めになると、タマニーの命令に対する官職者の服従も徹底化した。そして、タマニーはニューヨーク市の官職者ばかりでなく、州議会議員もその支配下におくにいたり、州議会での議案成立には、タマニーのリーダーの承認が事実上必要にさえなった[36]。

　組織の末端で、移民大衆の支持を確保する体制が整備されるとともに、タマニー組織の中央集権化が進むなかで、ビジネスとタマニーとの関係も変化していった。すでにみたように、ケリーを支えたのは、いわゆる上流紳士タイプのビジネスマンであったが、彼らは1880年代にタマニーの組織化がおこなわれる過程で、次第に政治への発言権を喪失していった。これに代わって、この第三期にタマニーとの関係を深めたのは、当時ニューヨークで急速に発展し、独占企業的性格の強かった公益事業を運営するビジネスマンであった。彼らは直接政治に関わることに関心がなかったものの、ビジネス活動に対する市政府の優遇措置を要求しており、そのためタマニーとの関係を強めていったのである。しかし、トゥイードの時代に比べ、企業集中が進んでいたこともあって、この時期には、かつてのようにビジネスマンが利権の獲得を争って、わいろを乱発するようなことは少なく、ビジネスとタマニーの間には一応安定的な相互依存関係が保たれていた[37]。

　こうしてタマニーは、1890年代に党組織を強化するとともに、移民大衆をタマニーへの支持層として定着させることに成功した。そしてそれを基礎に、タマニーは市政における支配を確保することができるようになる一方、その政治権力の下で、ビジネスを中心とする社会の上層の利益を擁護していった。いわゆるマシーンとしての組織を十分備えるにいたったタマニーは、その後数十年にわたって、基本的には上にみたような政治構造を保ち続けたのである。

(2) 市政改革運動への対応

　こうしてタマニーは、最終的にニューヨーク市政全体を支配する強力なマシーンとなったといえるものの、1890年代以降もそのマシーンとしての発展過程は、必ずしも平坦であったわけではなかった。90年代から、マシーンに反対する無党派の市政改革運動が活発化するとともに、タマニーもその挑戦を受けざるをえなかったからである。ニューヨークにおける市政改革運動は1880年代にタマニーを離脱した富裕層出身の比較的若い人々を中心に始まり、一部のビジネスマンや専門家集団の支持を集めていた[38]。そしてタマニーは、1901年に改革派のセス・ロウ（Seth Low）に市長の座を奪われたのをはじめとして、選挙で改革派に敗れることもあった。

　その背景には1890年代末に、大ニューヨーク市（"Greater" New York）の形成がおこなわれ、これがタマニーと市政改革運動との抗争に複雑にからみあっていたことがあった。元来、タマニーの支配地域であった旧ニューヨーク市に属するマンハッタンとブロンクスに加え、タマニーと敵対関係にある民主党組織をもつブルックリン、クィーンズ、スターテン島を含めた地域全体が大ニューヨーク市として統合されたため、市長は全域を選挙区として選ばれることになった。その結果、タマニーはブルックリンなどの併合地域の民主党組織と市長候補の選定に関して調整をはかる必要が生じたのである。そして、こうした状況は、改革派が市長選で勝利をおさめるのに有利に作用したのである[39]。

　しかしタマニーは、たとえ改革派に敗れても、次回の選挙で市政を奪い返すのが常であり、タマニーの力が弱まっていく傾向は必ずしもみられなかった。ロウに続いて市長となったマックレラン（George B. McClellan, 1904-1909年在任）も、後にタマニーに離反したものの、本来タマニーの候補者であった。マックレランの後、1910年から13年まで市長をつとめたのは、ブルックリン民主党出身のゲイナー（William J. Gaynor）であったが、タマニーが彼を選んだのは、彼が高潔な人物で、改革派に対抗して選挙で勝利をおさめうるとみたからであった[40]。1902年以来、タマニーの指導者となったマーフィー（Charles Francis Murphy）は、マックレランやゲイナーの選定にみられるように、非常に現実的であり、タマニーがより多くの選挙に勝つとともに組織を維持できるような戦略をとったのである。その意味で、純粋「タマニー型」の政治家が市

第3章　都市政党マシーンの形成と展開

長になることが多くなかったとしても、それが直接、タマニーの勢力低下を物語るとはいえない。

こうして改革派が選挙でタマニーに決定的勝利をあげられずにいる過程で、改革者側の戦略は変化していった。市長の座を求めてタマニーに挑戦し、それを通じてタマニーの組織打破をねらうより、むしろ市政の「能率と節約」を実現する行政上の制度改革に力をいれる方向へと関心を移していったのである。これもタマニーが容易に弱体化しないことと無関係ではなかった。

改革派による挑戦にもかかわらず、タマニーがその力を維持できたのは、すでに述べたように、党組織の改革を通じて、移民大衆をタマニーへの強力な支持者として確保し続ける体制を整えることができたことにあった。しかしそればかりでなく、タマニーが市政改革運動の高まりに、それなりの対応をしていったことも大きな要因であった。具体的には、もともと改革派の政策路線であった官僚制の充実、専門家の育成と登用、会計基準の導入などの行政改革を通じてのビジネスライクな行政を、タマニーは頑固に拒否することなく、一部であれ受け容れていった[41]。こうした改革は、ニューヨーク市で20世紀はじめの15年余りの期間におこなわれたのであるが、この時期の多くはタマニーまたはタマニー系の市長による市政の時期であった。

またタマニーの改革運動への対応として、伝統的なタマニー型の政治家よりも、むしろ改革派の主張を共有する政治家を市長候補に選ぶようになったことも注目に値する。すでにふれたマックレランとゲイナーのケースにみられるように、たとえタマニーの忠実なメンバーでなくとも、党利党略にとらわれず、有能であり、また「相当な地位にある」人物であれば、改革派の一部からも支持されると判断して、タマニーの候補者とする決定がおこなわれた[42]。また、アル・スミス（Alfred E. Smith）やロバート・ワグナー（Robert F. Wagner）といったタマニー育ちの若手政治家を州議会に送り出したのも、彼らが単に党に忠実であるばかりでなく、革新主義時代の改革思想を共有する人物であるという判断からであった。実際、彼らは労働者のために労働時間、労働条件などを定めた一連の法案を州議会に提出し、通過させる上でリーダーとなったのである[43]。そしてそのことが、労働者層の支持確保につながっていったことは、いうまでもない[44]。

ともあれタマニーは、市政改革運動の挑戦に、いわば現実的に対応し、それによって自らの勢力を維持していった。その限りで、20世紀に入ってからのタマニーは、それまでのタマニーとは必ずしも同質であったとはいえないであろう。とはいえ、移民大衆を支持基盤として確保しつつ、その一方で社会の上層と密接に関係しつつその利益を擁護していく政治構造を維持しながら、マシーンの力を保っていくという点では、変化はなかったのである。

　　むすび

　ニューヨーク市のタマニーホールをとりあげて、マシーンの形成と展開を考察したが、それを「はじめに」で提起した問題とかかわらせてみれば、およそ次のようなことがいえるであろう。第一に、従来の研究で強調されてきたマシーンと移民層との関係が、確かにマシーンの形成と展開にとって重要であることは再確認されたが、両者の結びつきは、必ずしも自然のなりゆき、あるいは生来的なものというわけではなかった。トゥイード以来のタマニーの歴史を振り返ってみる限り、ニューヨークでは、1870年代、80年代に移民系住民のかなりの部分がタマニーから離反し、別の党派に加わったり、一時的にせよ不支持の態度をとっていた。特に1886年の市長選挙でみられた労働党候補ヘンリー・ジョージの得票は、選択肢を与えられれば、移民層も従来支持してきたマシーンに拘束されることなく、政治上、別の方向に動員されうることを示していたのである。つまり、移民層の生活環境、生活条件や政治傾向がマシーン支持と結びつきやすいとしても、それのみで移民層が安定的にマシーンを支持するとはいえないのである。換言すれば、マシーンの繁栄が移民の支持を重要な要因としていたとしても、それだからといって、移民は自動的にマシーンに結びついていたわけではない。

　第二に、移民系とマシーンの関連を必ずしも生来的なもの、あるいは固定的なものととらえられないとすれば、マシーンが移民層を確実な支持基盤とし、それを通じてマシーンの市政支配力を強めた背後には、それなりの要因があったということになる。そしてニューヨーク市の場合についてみれば、そのひとつはすでにみたように、タマニーの党内組織の改革とそれによる党組織力の強

化であった。タマニーにおける党組織の中央集権化の推進は、党内の規律・統制を確立し、党の団結を強めたが、それは同時に移民系をタマニーの下に組織化し、彼らの広汎な支持を確保することにもつながっていたのである。くわえて、革新主義時代には主として州レベルにおいてではあるが、移民系労働者層にアピールする各種の労働立法がタマニー出身のスミスやワグナーの手で実現されたが、これらももちろん移民系をタマニー支持へと結びつけた要因のひとつといえよう。

　第三に、タマニーは、単に移民層を安定した支持基盤とすることによって、強力な市政支配力をもつ政治組織として確立したのではなかった。タマニーは移民系を最大の選挙基盤とする一方で、ビジネスマンをはじめとする社会の上層と密接な関連をもっていたのである。時期によって結びついたビジネスの種類や性格は異なるが、どの時期においてもタマニーはビジネスマンと多かれ少なかれ利害をともにしていたのであり、一定の上層部の支持なくして、タマニーが強力なマシーンとなることはなかったといえよう。そしてタマニーが徐々にではあるが、本来、市政改革派の求めていた行政の能率化と専門化を「受け容れ」ていったのも、実はこの時期における社会の上層との結びつき、すなわち、かつての投機家に比べて、より安定的で組織を重んじるビジネスマンと結びつくようになっていったことと関係していたであろう。その意味では、20世紀に入ってからのタマニーが改革派に「妥協」し、「弱体化」していったとは必ずしもいえないであろう。

　以上のように、ニューヨークでは、マシーンの党組織自身はもちろんのこと、マシーンが移民層を支持基盤として統合していく方式や両者の関連の仕方、さらにビジネスマンとマシーンの結びつき方も、時期によって異なっていた。マシーンの代名詞のようにいわれるタマニーホールであるが、トゥイード時代から中央集権的な組織をもち、安定して市政を支配することのできるマシーンであったわけではなく、強力な「マシーン」となったのは、19世紀末期であった。つまり、タマニーは19世紀後半から1920年代にいたる期間に大いに変貌したのである。そうした変貌をとげることができたことが、タマニーの強さであった。換言すれば、都市の政治経済的変化とそれにともなう住民各層の要求の変化に呼応して変貌できないマシーンは衰退していったのであり、実のところタマニ

一も1930年代にはそうした運命をたどることになったのである。

注

1) マシーンに関する研究については、本書第1章も参照されたい。
2) James Bryce, *The American Commonwealth*, Volume 2 (London and New York : Macmillan, 1888), 281.
3) Lincoln Steffens, *The Shame of the Cities* (1904 ; New York : Hill and Wang, 1992) ; Lincoln Steffens, *The Autobiography of Lincoln Steffens* (New York : Harcourt, Brace, 1931).
4) Jane Addams, "Why the Ward Boss Rules," *The Outlook*, 58 (April 2, 1898).
5) Robert K. Merton, *Social Theory and Social Structure*, Rev. and enlarged ed. (Glencoe, Ill. : Free Press, 1968).
6) Steffens, *The Shame of the Cities*, 3.
7) ビジネスと市政改革の関係については、本書第6章を参照されたい。
8) たとえば、当時の代表的市政改革者の一人であり、またシティ・マネージャー制の考案者であるリチャード・チャイルズ (Richard Childs) の思想体系を考察すれば、二つの流れがどのように結びついていたかがはっきりする。この点については、本書第6章、第7章を参照されたい。
9) 三つの時期区分はシェフターに従った。Martin Shefter, "The Emergence of the Political Machine : An Alternative View," in *Theoretical Perspectives on Urban Politics*, ed. Willis D. Hawley and Michael Lipsky (Englewood Cliffs, N. J. : Prentice-Hall, 1976), 15-21.
10) *Ibid.*, 17.
11) New York State, Secretary of State, *Census of the State of New York, for 1855* (Albany : Van Benthuysen, 1857) 117-118, cited in Amy Bridges, *A City in the Republic : Antebellum New York and the Origins of Machine Politics* (Cambridge : Cambridge University Press, 1984), 41.
12) John M. Allswang, *Bosses, Machines, and Urban Voters* (Port Washington, N. Y.: Kennikat Press, 1977), 38.
13) 様々な活動の例は、トゥイード時代のタマニーの活動を中心としている。*Ibid.*, 52-53 ; Alexander B. Callow, Jr., *The Tweed Ring* (London, Oxford, New York, : Oxford University Press, 1966), chapter 5, chapter 10 ; Seymour Mandelbaum, *Boss Tweed's New York* (Westport, Conn.: Greenwood Press, 1965), 66-75.
14) Allswang, *Bosses, Machines, and Urban Voters*, 46-47.
15) *Ibid.*, 53-54.

第3章　都市政党マシーンの形成と展開

16) Shefter, "The Emergence of the Political Machine," 29 ; Callow, *The Tweed Ring*, 6 ; Mandelbaum, *Boss Tweed's New York*, 73.
17) Shefter, "The Emergence of the Political Machine," 22-23.
18) 　たとえば、トゥイードは1870年から71年にかけての冬、彼の個人的資金の中から自らの選挙区のために5万ドルを使ったばかりでなく、低所得層に供与する石炭購入費として、各市会議員に千ドルずつ与え、彼への支持を求めた。*Ibid*., 22.
19) 　*Ibid*., 24.
20) 　トゥイード時代、タマニーは市内に選挙の際の投票獲得を目的とする地区および地区集合組織をもっていたが、トゥイードをはじめとするタマニーのボスたちは、それらの組織のリーダーを統率する際にも、官職者の支持、協力を得る時と同様の困難を味わわなければならなかった。Callow, *The Tweed Ring*, 107 ; Allswang, *Bosses, Machines, and Urban Voters*, 49.
21) 　たとえば、Callow, *The Tweed Ring*, 104-106 参照。
22) 　トゥイード・リングによる市政体制の下で、財政の赤字が増大し、それとともに市債の発行や借り入れが増加していった。そして、その規模は銀行も市に対する信用供与を拒否するほどになっていた。Allswang, *Bosses, Machines, and Urban Voters*, 57.
23) 　1871年の選挙の際、元来タマニーの地盤であったアイルランド系、ドイツ系移民の多い選挙区では、他選挙区に比べ反タマニー票の割合は少なかったとはいえ（*Ibid*.)、タマニーの候補者をおさえて改革派が勝利した裏には、移民層の一部が改革派へ投票したことがあった。Callow, *The Tweed Ring*, 278.
24) 　Shefter, "The Emergence of the Political Machine," 25-26.
25) 　彼ら上層のビジネスマンの多くは、同時に全国民主党のリーダーでもあった。たとえば、タマニー実行委員会のメンバーにもなっていたサミュエル・ティルデン（Samuel Tilden）は会社顧問弁護士であり、1876年の民主党大統領候補になった人物であった。また、製鉄業者のアブラム・ヒュイット（Abram Hewitt）は、後に民主党全国委員会長となった。*Ibid*., 27-29 ; Martin Shefter, "Trade Unions and Political Machines : The Organization and Disorganization of the American Working Class," in *Political Parties and the State : The American Historical Experience* (Princeton, N. J. : Princeton University Press, 1994), 161-162.
26) 　"The Emergence of the Political Machine," 29-32.
27) 　*Ibid*., 26-27.
28) 　最もタマニーの安定した支持者と予想されるアイルランド系移民一代目が、実際にはかなり不確実な支持しか送っていない。Martin Shefter, "The Electoral Foundations of the Political Machine : New York City, 1884-1897,"

in *The History of American Electoral Behavior*, ed. Joel H. Silbey, Allan G. Bogue and William H. Flanigan (Princeton, N. J.: Princeton University Press, 1978), 282, 285-286.
29) *Ibid.*, 286-290.
30) ヘンリー・ジョージは、従来、タマニーを支持してきたグループの票のうち、かなりの部分を獲得したばかりでなく、中産階級化しつつある比較的富裕な移民層から、タマニーが過去に獲得したより多くの支持を確保した。*Ibid.*; Shefter, "The Emergence of the Political Machine," 35.
31) Shefter, "The Electoral Foundations of the Political Machine," 289.
32) *Ibid.*, 291-296.
33) *Ibid.*, 265-266, 292.
34) Shefter, "Trade Unions and Political Machines," 164. なお、アンセルらは、第三党としての労働党の挑戦とAFLによる労働組合の統合とが、全市的支配力をもつマシーンの出現にどのように関係しているかについて、いくつかのシナリオを提示している。Christopher K. Ansell and Arthur L. Burris, "Bosses of the City Unite! Labor Politics and Political Machine Consolidation, 1870-1910," *Studies in American Political Development*, 11 (Spring 1997), 1-43.
35) Shefter, "The Emergence of the Political Machine," 35-36.
36) Shefter, "The Electoral Foundations of the Political Machine," 266.
37) Shefter, "The Emergence of the Political Machine," 37-38.
38) Wallace S. Sayre and Herbert Kaufman, *Governing New York City* (New York: Russell Sage, 1960), 497-498. なお、市政改革とビジネスとの関係については、本書第6章を参照されたい。
39) *Ibid.*, 11-17.
40) Allswang, *Bosses, Machines, and Urban Voters*, 78-85.
41) Augustus Cerillo, Jr., "The Reform of Municipal Government in New York City: From Seth Low to John Purroy Mitchel," *New York Historical Society Quarterly*, 57.1 (January 1973), 51-71; Augustus Cerillo, Jr., "The Impact of Reform Ideology: Early Twentieth-Century Municipal Government in New York City," in *The Age of Urban Reform : New Perspectives on the Progressive Era*, ed. Michael H. Ebner and Eugene M. Tobin (Port Washington, N. Y.: Kennikat Press, 1977), 69; Augustus. Cerillo, Jr., *Reform in New York City : A Study of Urban Progressivism* (New York: Garland Publishing, 1991), xxix; Martin J. Schiesl, *The Politics of Efficiency : Municipal Administration and Reform in America, 1800-1920* (Berkeley and Los Angeles: University of California Press, 1977), 119-120, 161-162.

42) Allswang, *Bosses, Machines, and Urban Voters*, 77-79.
43) John D. Buenker, *Urban Liberalism and Progressive Reform* (New York: W. W. Norton, 1973), 47-52; David R. Colburn, "Al Smith and the New York State Factory Investigating Commission, 1911-1915," in *Reform and Reformers in the Progressive Era*, ed. David R. Colburn and George E. Pozetta (Westport, Connecticut: Greenwood Press, 1983), 25-45; J. Joseph Huthmacher, *Senator Robert F. Wagner and the Rise of Urban Liberalism* (New York: Atheneum, 1968), chapter 3.
44) 革新主義時代におけるタマニーと移民の関係についての邦語文献としては、松本悠子「革新主義時代におけるタマニーホールと移民」『西洋史学』134号 (1984年), 1-17がある。

第4章　政党マシーンと新移民
――ニューヨークとシカゴのケース――

　　はじめに

　19世紀初頭から20世紀初頭までの100年間に世界各地からアメリカへ多くの移民がやってきたが、この移民の流れには二つの大きな波があった。第一の波は、1840年代に始まった。1820年代には14万人にすぎなかった入国移民は、その後急激に増加しはじめ、1840年代の入国移民総数は171万人と20年代の10倍以上にも達した。この増加傾向はその後も続き、1870年代の入国移民総数は281万人となったのである。この間の移民の出身国・地域をみると、北欧・西欧系が圧倒的な割合を占めていた。たちいっていえば、この時期の北欧・西欧からの移民にはイギリス出身と並んでアイルランド及びドイツ出身が多かった。特にアイルランド人のしめる割合は大きく、1820年代から50年代にかけて入国移民全体の40％弱を占めていた[1]。

　1880年代に入ると、新たなより大きな移民流入の波が起こった。この波は移民制限法の成立した1920年代まで続いたのであるが、1880年代には70年代の２倍近い525万人の移民がおしよせ、さらに20世紀最初の10年間には歴史上最多の880万人がアメリカの土を踏んだ。この第二の波の特徴は、南欧・東欧出身者が多いことである。北欧・西欧出身者に代わって、今日のイタリア、ギリシャ、オーストリア、ハンガリー、ロシアなどから多数の移民がやってくるようになったのである。これら南欧・東欧からの移民の数は1880年代に入ると急速に増加するようになり、この傾向は20世紀に入っても続いた。北欧・西欧系のいわゆる「旧移民」に対して「新移民」と呼ばれる彼らは、急増する移民の流

れの主流となった。たとえば、入国移民数が最も多かった1907年についてみると、「新移民」の割合はほぼ80％に達していた[2]。

ところで、こうして新移民が次々にアメリカの地を踏むようになった19世紀末、すでに多くの大都市でマシーン政治が全盛期を迎えようとしていた。ニューヨークでは、悪名高い民主党マシーン、タマニーホールがマンハッタンを掌握していたし、ブルックリンも別の民主党マシーンに握られていた。フィラデルフィア、ピッツバーグ、シンシナティは共和党マシーンが支配する一方で、民主党マシーンはニューヨークに加え、サンフランシスコ、ジャージーシティ、オールバニーをもその手に握っていた。

当時、これら大都市におけるマシーンのほとんどを握っていたのは、アイルランド系であった。新移民に先だって19世紀半ばに大量に流入したアイルランド出身者は、その代表を都市政治の中核に送るようになっていたのである。19世紀末、ボブコック（John Paul Bobcock）は、この状況を「アイルランド系によるアメリカ諸都市の征服」と呼んで慨嘆しつつ、アイリッシュ・ボスの名を挙げている[3]。ニューヨークのケリー（John Kelly）、ブルックリンのマクローリン（Hugh McLaughlin）、シカゴのマクドナルド（Mike McDonald）、ボストンのマグワイア（Pat Maguire）、サンフランシスコのバックリー（Christopher Buckley）、ジャージーシティのデイヴィス（"Little Bob" Davis）などが19世紀後半の代表的アイルランド系ボスであるが、20世紀に入っても都市政治のアイリッシュ・ボス支配は続いた。ニューヨークのマーフィー（Charles Francis Murphy）、シカゴのケリー（Ed Kelly）、ナッシュ（Patrick Nash）、ボストンのカーリー（James Michael Curley）、ピッツバーグのロウレンス（David Lawrence）、ジャージーシティのヘイグ（Frank Hague）、オールバニーのオコンネル（Dan O'Connell）、カンザスシティのペンダガスト（Tom and Jim Pendergast）は、いずれもアイリッシュの民主党ボスであった。

こうして、19世紀末から20世紀初頭にかけて北東部を中心とする大都市でアイリッシュ・ボスの躍進が顕著になっていったのであるが、この時代は、同時に、民主党が農村政党から都市政党へと変身しつつあった時期と重なっていた。そしてこのことは、大都市に基盤をおく民主党マシーンが、1920年代からニューディール期にかけて起こった民主党の再編と、それに伴う多数党化に少なか

らぬ関係をもっていたことを示唆している。本書の第5章で論じるが[4]、1920年代に民主党は移民をはじめとする都市大衆に支持基盤をおく都市政党へと変身し、さらに大恐慌とそれに続くニューディールの時代に都市の支持基盤を拡大・強化していった。その過程で、移民層、特に世紀転換期に大量に渡来した新移民は、都市の政党マシーンを通じて民主党を支える重要な勢力となっていったのである。では、旧移民に属するアイルランド系を中心とする民主党マシーンは、新移民といかなる関係を形成しながら、民主党優位を支えたのであろうか。

一般にマシーンと移民との関係がどのようであったかについては、19世紀以来、様々な議論がされてきた。まず、19世紀後半にアメリカを訪れたイギリス人ジェームズ・ブライス（James Bryce）は、当時のアメリカの民主主義に対して全体的に好意的な見方を示していたが、アイリッシュ・マシーンのボスに対しては、大いに批判を加えている。その理由は、彼によれば、アイルランド系ボスが無知な外国生まれの有権者を操り、世論の均衡をそこなわせていることにあった[5]。

こうしたボスへの批判的な見方は、革新主義時代の改革者へと引き継がれ、リンカーン・ステフェンズ（Lincoln Steffens）は、大都市のマシーンとビジネスが、腐敗に満ちた同盟を結び、移民をはじめとする都市大衆をその犠牲としていると断じた[6]。実際、ビジネスマンは輸送、電灯、ガス、上下水道などの公益事業の建設工事や営業許可をはじめとする各種のライセンスやフランチャイズ、企業の利益を擁護する市条例を求めて、賄賂や手数料の形でマシーンに報酬を与えたため、マシーンとビジネスの間に一種の相互依存関係が形成されていたことは確かであった。とはいえ、マシーンとビジネスとの関係を厳しく批判したステフェンズら革新主義者の運動は、ボスたちに大した脅威を与えなかったともいわれている。たとえば、再度の引用になるが、タマニーホールの地区ボスの一人、プランキットは市政改革運動など「朝方は美しいが、すぐしおれてしまう朝顔のようなものだ[7]」と問題にしていない[8]。この背景には、移民労働者層がマシーンとの関係を通じて一定の利益を得ていたことがある。この点に注目したのが、社会学者マートン（Robert K. Merton）らで、彼らによって第二次大戦後、1960年代までに新たな見解が提示された。

第4章 政党マシーンと新移民

　この新しい見方は、都市の政党マシーンを積極的に評価する。マートンは、マシーンが20世紀半ばになってもまだ維持されている理由として、その「隠れた機能（latent functions）」を指摘した[9]。マシーンはアメリカ政治システムに欠けている部分を補う形で、一種のソーシャル・サービスを提供する一方で、ビジネスの要求にも応え、さらに移民の社会的上昇の可能性も与えていると述べた。こうしたマシーンに対する評価は、ダール（Robert A. Dahl）、グリーンスタイン（Fred I. Greenstein）、コーンウェル（Elmer E. Cornwell, Jr.）らの政治学者によっても支持され、1960年代までに定着した[10]。

　彼らによれば、マシーンのボスたちは政党マシーンを通じて多民族の連合（multi-ethnic coalition）を作りだし、アイリッシュばかりでなく、イタリア系、ユダヤ系をはじめとする新移民のアメリカ社会への適応を助けたのである。各民族グループは、マシーンを通じて仕事や様々なサービスの提供を受けるばかりでなく、帰化や投票登録手続きへの助力を受けながら、政治的にもアメリカ社会に統合されていった。こうした見解は、いわば多民族による「虹の連合（rainbow coalition）」形成論であり、アイリッシュボスはその先頭にたち、自らのグループの中産階級化を促進したばかりでなく、新移民の社会・経済的上昇に貢献したとみなされた[11]。

　このように政党マシーンとその支持層であった移民、特にアイリッシュ・マシーンと新移民との関係については、1960年代以降、積極的な評価がなされ、ほとんど伝説化されている面もある[12]。その結果、1980年代には大都市の政党指導者の間で、アイリッシュ・マシーンをモデルとして、黒人、ヒスパニック、一部のアジア系労働者の連合を志向しようとする動きが生まれた程である[13]。しかし、はたしてアイリッシュ・マシーンとボスは新移民と「虹の連合」を形成していったといえるのか否かについては、いまだ検討すべき問題が残っていると思われる。

　そこで本章では、19世紀後半からニューディール期にかけてのニューヨークの民主党マシーン、タマニーホールとシカゴの民主党マシーンをとりあげて、両者を比較しながら、アイリッシュを中心とする民主党マシーンと新移民との関連を考察することとしよう。この二つのマシーンをとりあげるのは、まず、双方とも新移民を含む多民族を擁する大都市であるという共通点をもつからで

ある。第二に、タマニーホールが19世紀末から20世紀初頭に頂点をきわめた後、多数の新移民が投票に参加し、ニューディール連合の一翼を担うことになった1930年代に衰退していった一方で、シカゴの民主党は1930年代に、第二次大戦後も長く続いた強いマシーンを作り上げたからである。つまり、両市のアイリッシュ・マシーンはその成熟期を異にするのだが、そのことが何らかの違いを生み出しているのかが、一つの大きな論点をなすのである。この点に注目しながら論を進めよう。

第1節　世紀転換期から1920年代へ

(1) ニューヨークのケース：タマニーホールの隆盛期

　ニューヨーク市のタマニーホールは、その起源を18世紀末までさかのぼることができるが、政党マシーンとして名を馳せるようになったのは、19世紀半ばをすぎてからのことである。当時は南欧、東欧系を主体とする新移民が流入する以前の時代であったが、ニューヨーク市の住民はエスニシティの点で、すでに多彩であった。イングランド系、スコットランド系、フランス系に加えて、多数のアイルランド系とドイツ系住民が居住していた。たとえば1860年には、ニューヨーク市住民のうち、アイルランド生まれが25％、ドイツ生まれが15％を占めており、彼らのアメリカ生まれの子どもも含めれば、アイルランド系とドイツ系の人口比率はかなりの高さに上っていたということができる[14]。1870年になっても、この状態はほとんど変わらず、アイルランド系をはじめとする移民層の支持を得ることが、政治家として成功するための不可欠の条件となっていた。

　政治家たちは移民層の支持を得るために様々なサービス活動をおこなった。たとえば、自らが手にする官職任命権を利用して、警察、消防、清掃など多数の市政府関係の職を世話したり、公共事業を促進して、新たな職をつくりだしていた。また、日々の生活に必要な金品を配布する一方で、市政府や州政府への影響力を行使して、カトリックをはじめとしてプロテスタントやユダヤ教教会、教区学校、病院、児童福祉施設への補助金予算の確保に力を注いだ。また、移民の投票権取得のために帰化手続きや投票登録手続きを手伝うことも、マシ

ーンにとって重要なサービスの一つであった[15]。1886年の時点でニューヨーク市のアイルランド系やドイツ系とその他の旧移民のほぼ8割が帰化しているが、これにはタマニーの活動が大きく影響していたと思われる[16]。

1870年代半ばになると、ジョン・ケリーがアイルランド系初のボスとなり、彼の下で官職の任命などに関する決定事項を党中央組織が統轄するなど、タマニーの党組織強化がはかられた。とはいえ、タマニーはいまだアイルランド系をはじめとする移民層を確実な支持層としていたとはいえなかった。というのは、当時のニューヨーク民主党にはタマニー以外にいくつかの党派があり、互いに支持者を奪いあっていたからである[17]。しかし1890年代に入るとタマニーは他党派をおさえてアイルランド系をはじめとする移民の支持を確実なものとしていった。それを可能にした重要な要因は、党組織の拡大・強化及び中央集権化であった。タマニーは、従来おこなっていた種々のサービス活動を組織的におこなうために、党中央を頂点に選挙区組織が日常生活に密着する政治クラブとして機能するように改革する一方で、党中央から付与される官職任命権を党への貢献度に従って与えるというルールを確立した。こうした改革に従って、新たに市民となったアイルランド系、ドイツ系やその他の旧移民は、タマニーの支持者として統合されていったのである[18]。

タマニーが中央集権的で強力な組織を形成していった背景として、他党派との競争に加えて注目すべきことは、1886年市長選挙における連合労働党（United Labor Party）の挑戦である。ヘンリー・ジョージ（Henry George）を候補に推したてた連合労働党は、次点に甘んじたとはいうものの善戦し、労働組合の下部組織による移民系労働者の組織化が成功していることを示した[19]。アイリッシュをはじめとする移民系有権者を労働党に奪われずに、支持基盤として確実に確保するために、タマニーは全市の選挙区にクラブをはりめぐらしたのである。一方、1886年選挙でジョージを支持したアメリカ労働総同盟（AFL）のゴンパーズ（Samuel Gompers）が彼の敗北後に、労働者が選挙運動にエネルギーをそそぐのは意味がないと結論し、二大政党に政治をまかせる代わりに、政党が労働争議に介入しない約束を求めたことも政党マシーンの市政支配にとって有利であった[20]。

1880年代に始まった南欧・東欧系移民の大量流入は20世紀初期まで続いたが、

ニューヨークではユダヤ人とイタリア人の数が目立った。同市では1890年に、5万5千人のロシア・ポーランド系ユダヤ人と4万人のイタリア移民が居住し、人口の5％を占めたにすぎなかったが、1930年には双方あわせて250万人以上となり、人口の36％を占めるにいたった[21]。そこで問題は、彼ら新移民に対するタマニーの対応はどのようなものであったのかである。すでにみたように、タマニーは旧移民に対しては彼らの帰化に積極的であった。しかし、新移民に対しては必ずしもそうではなかった。このことは、旧移民の場合、すでに1886年にその8割が帰化していたにもかかわらず、1930年における白人移民の帰化率が約5割（54.4％）にすぎず[22]、従って新移民の帰化率がかなり低かったといえることにも反映されている[23]。

それに加えて、党の役職、市の官職についても新移民が冷遇されていたことはいうまでもない。1902年から20年代半ばまでのマーフィーがボスであった時代をみると、タマニーのリーダーはほとんどアイリッシュか他の旧移民で占められている。特にアイルランド系はニューヨーク市の人口の15％以下でしかなかったが、1920年代を通じて市長、会計検査官、市会議長のうち、少なくとも一つ、多くの場合は二つの座を確保し、さらに市会議員の35～50％を占めていた。一方、1920年代におけるニューヨーク市の人口のうち、新移民の占める比率をみると、イタリア系が14％、ユダヤ系が29％を占めていたが、ニューヨーク市会議員と州議会議員のうち、それぞれ3％と15％を構成していたにすぎない。また、主要官職及び党役職についてもそれぞれ3％以下、10％以下にすぎなかった。1929年の時点にいたっても、タマニーの選挙区リーダー34人中、ユダヤ系は4人、イタリア系はたった1人であった[24]。

このように新移民が旧移民に比べて不遇な立場に置かれていたことについて、エリー（Steven P. Erie）は、ニューヨークのアイリッシュ・ボスたちは、自らの市政支配をすでに確立していたため新移民を選挙に動員することに積極的でなかったと指摘している[25]。つまり、他の党組織と競合関係にあれば、新たな支持層を掘り起こす必要から新移民を動員する努力を積極的におこなったであろうが、すでに20世紀初頭のタマニーはアイルランド系をはじめとする旧移民層の支持によって確固とした基盤を築いていたため、その必要もなかったといえるのである。

第4章　政党マシーンと新移民

　それにだけではなく、次のような事情も新移民が積極的に動員されなかった理由をなしていた。タマニーが新移民を次々と支持層にとりこんでいけば、やがて党の役職や市政府の官職につける等の方法で、権力を分配していかなければならないが、これはアイリッシュの地位をあやうくすることにつながる危険があったといえる[26]。党のリーダーシップを確保するためには、新移民を登用することはさけるのが得策であると考えられた。その代わりに、新移民には比較的コストがかからない「恩恵」が与えられた。タマニーは、婦人や児童の労働時間制限や土曜半日休日制などの労働・社会福祉関係州法の実現に尽力した他、食料・燃料の給付、商店の開店許可、ホームレスへの一時的避難所の提供をおこなったり、新移民の文化や習慣への理解と共感を示したのである[27]。

　新移民の要求に積極的に対処したとはいえなかったが、マーフィー時代（1902-1924）のタマニーは成熟期にあったといえよう。19世紀末に大ニューヨーク市（Greater New York）が形成されて以来[28]、タマニーは従来、敵対関係にあったブルックリンなどの併合地域の民主党組織と市長候補選定に関して調整をはかる必要があったものの、マーフィーはこうした問題にきわめて現実的に対処し、タマニーにとって実質的により多くの勝利をもたらす戦略をとった。また、彼がタマニーのトップにあった時期は市政改革運動が活発化した時代と重なっていたが、彼は巧みに対応した。たとえば、市長候補者にタマニーの忠実なメンバーとはいえないが、有能で党利党略にとらわれない人物を選んだり、改革派が主張した市政の「能率と節約」をはかる改革を採用していったのである。

　ところで、当時のニューヨークではモリス・ヒルキット（Morris Hillquit）を中心とするユダヤ系社会主義者が、新移民を含めた労働者層の間に隠然たる影響力をもっていたが、そのことはタマニーにとって脅威だった。1910年頃までに社会主義者は労働条件向上、賃金引上げ、児童労働制限、公益事業の市営化などをスローガンに選挙にうってでて、その結果、州議会と市会に議員をおくるようになったが、その時、かなりの数のユダヤ系が民主党マシーンを離れて、社会党に走った[29]。それを契機に、ロバート・ワグナーやアル・スミスら若手指導者は、ボス・マーフィーに労働者救済のための立法措置が必要であることを納得させた。こうしてタマニーはニューヨーク州における労働者災害保

117

障法などの労働立法の実現に貢献することになり、タマニーの影響力はニューヨーク市ばかりでなく、ニューヨーク州にも拡大していった[30]。しかし、一方で反タマニー派は常に存在しており、マーフィーの死後、その力は次第に増していった。その背後には、新たに有権者の仲間に入った新移民の姿があった。

(2) シカゴのケース:民主党マシーンの形成期

シカゴはニューヨークに比べて若い都市であり、19世紀半ばに飛躍的に発展した。1870年に人口は約30万に達したが、その半数(48.4%)は移民系であった[31]。移民系の構成をみると、ニューヨーク市と同様にアイルランド系とドイツ系が多かったものの、スカンジナビア系がかなり含まれていたことが、シカゴの特徴である。世紀転換期にはこの都市にも新移民がおしよせたのであるが、そのほとんどはユダヤ系、チェコ系、ポーランド系、イタリア系であった[32]。

政治状況についていえば、シカゴには二党対立の伝統があった。19世紀半ば以降、民主党と共和党間の争いは、各政党内の派閥抗争をともないつつ続いていた。そのため世紀転換期にいたっても、市政レベルの選挙で民主党が、連邦と州レベル選挙では共和党が成功をおさめることが多いという複雑な対立の構図がみられた[33]。党組織は中央集権化しておらず、それぞれの選挙区リーダーが独立した行動をとる状況にあり、彼らの間で離合集散がくりかえされていた。リンカーン・ステフェンズにいわせれば、政党組織は「徒党(rings)に支配されていたのであって、……それらは主要な企業に支持され、また利用されていたのであった……[34]。」19世紀末まで、市会議員の多くは、企業に有利な条例や許認可を金で売り渡すほど腐敗していた。

民主党内では、ワスプとはいえ移民系にも個人的人気が高かったハリソン父子派(Carter Harrison I & II)とアイルランド系のホプキンズ(John P. Hopkins)・サリバン(Roger Sullivan)派が対立を続けていた。アイルランド系は他の都市同様、おおむね民主党下部組織を握っており、またアイルランド系有権者の民主党支持傾向は強かった。一方、非カトリックばかりでなく、イタリア系のようなカトリック新移民の間にも共和党支持傾向がみられた。つまり、20世紀初頭のシカゴで、民主党は移民系の支持を確実なものとすることができないでいた[35]。

第4章　政党マシーンと新移民

　シカゴの政治といえば、第二次大戦後、1970年代まで強大な影響力を行使したリチャード・デイリー（Richard J. Daley）をボスとする民主党マシーンのイメージが強いが、デイリー・マシーンにつながる党組織の基盤が形成されたのは、第一次大戦以降であった。19世紀末から第一次大戦までのいわゆる革新主義時代、シカゴ民主党は共和党との競合関係に加え、市政改革運動によって大きな影響を受けた。そしてそのことは、次に述べるように、民主党マシーンの組織基盤形成と関連があった[36]。

　19世紀末にシカゴの改革者は選挙区レベルで活発に活動し、多くの市会議員が収賄をおこなっていると糾弾し、その結果、批判の対象となった議員のほとんどは、姿を消していった。しかし全市レベルでおこなわれる市長選挙では、改革者同士の足並みをそろえることがむずかしく、1897年、1899年、1901年、1903年と連続して民主党の選挙区リーダーの支持を得たカーター・ハリソンIIの当選をゆるした。しかし、1905年市長選挙ではハリソンが出馬しないことになり、改革派のダン（Edward Dunne）[37]が民主党候補として出馬し、当選するにいたった。彼は改革派といっても市政の「能率と節約」をまず重視するエリート層よりも、既存の政党に不満をもつアイリッシュをはじめとする移民系労働者層の支持うけて公益事業の市営化を主張する人物であった[38]。彼は1907年に再選をめざして失敗したが、これを契機に彼を支持する移民系労働者票は民主党に飲み込まれていった。そのため、民主党はマシーンの支持基盤を強化することができたのである。

　こうしてシカゴの民主党は改革者の挑戦と共和党との競合関係に直面する過程で、徐々に支持基盤を広げていった。新移民の帰化、投票登録に関しても、シカゴ民主党はニューヨークのタマニーに比べて、より熱心であったといわれる。その結果、1920年には、チェコ生まれの57％、ポーランド生まれの35％、ロシア生まれ（4分の3がユダヤ系）の45％、イタリア生まれの35％が帰化していた[39]。アイルランド生まれ、スウェーデン生まれ、ドイツ生まれ、ノルウェイ生まれの70％以上が帰化していたのに比べると新移民の帰化率は低かったものの、その後、共和党との新移民獲得争いが激化したため、格差はかなり縮まっていった。1928年におこなわれた調査では、投票区の民主党責任者のうち70％以上が帰化手続きの手伝いをしていると報告されている[40]。その結果、

1930年には外国生まれの居住者の3分の2が市民権を取得していた[41]。また、共和党に対抗して党の支持基盤を固めるために、民主党は新移民を党組織のリーダーや市政府の官職にも積極的に登用した。たとえば、1922年から30年までに、選挙区リーダーの非アイリッシュ率は、39％から50％へと高まった[42]。こうした新移民の政治的動員過程で最も活躍したのが、ボス・サーマック (Anton Cermak) であった。

　サーマックはシカゴ民主党現代史上、初の非アイルランド系大ボスであった。ボヘミア生まれのチェコ系であり、前任のアイリッシュ・ボスと比べて、民主党支持基盤としての新移民の重要性に、より敏感であった[43]。彼がシカゴ民主党でトップの座についた理由として、民主党内で最も影響力のあったアイルランド系に対抗して、南欧・東欧系の新移民を支持層にとりこむことに熱心であった点がある。彼自身はプロテスタントであったが、政治的計算もあって、カトリックの女性と結婚し、子供をカトリックとして育てたといわれるほどである。またユダヤ系とも連携をはかることを忘れなかった。とはいえ、アイルランド系とたもとをわかっていたのかといえば、決してそうとはいえない。彼はあくまでも多民族の連合に基礎をおく政党組織作りをめざしたのである。

　サーマックはアイリッシュ系の中でも、新しいタイプの有望な政治家であるパット・ナッシュやジョウ・マクドナウ (Joe McDonough) と友好関係を結んでいた。1920年代のシカゴには、従来からの古いタイプのアイルランド系政治家に対して、新時代のリーダーが生まれていたのである[44]。前者が酒場やギャンブル場を根城として、政治家個人のとりまきを中心として活動するタイプの政治家であったのに対して、後者は学歴が高く、建設・不動産・法律・銀行・保険関係の専門職についており、統制のとれた民主党組織を望んでいた。サーマックはナッシュたち新時代のアイリッシュ・リーダーと結んで、シカゴ民主党マシーンをまとまりのある強力な組織としていった。その過程で、サーマックはハリソンなどの古いタイプの政治家との関係を決裂させることなく、むしろ新旧のアイルランド系政治家グループの間にたち、橋渡しの役割をはたしたといえるのである[45]。

　彼が1920年代にシカゴを含むクック・カウンティ行政委員長をつとめていた時には、その大きな官職任命権をもってシカゴの主たるエスニック・グループ

第4章　政党マシーンと新移民

すべてに役職を配分した。またカトリックのアイルランド系や新移民の支持を確保するため、禁酒法や移民制限法に反対する姿勢を明確に打ち出したが、この戦略は功を奏して、イタリア系やドイツ系の一部もサーマックを支持するようになった。さらに1920年代まで確実な共和党支持者であった黒人の間にも民主党支持者が生まれると、サーマックは様々な市の役職に黒人を任命した。これは、かつての民主党リーダーにはみられないことであった。

　最終的に1930年にシカゴ民主党トップとなったサーマックは、翌31年市長選挙で、イタリア系と黒人を除くすべての民族グループから過半数の票を獲得して当選した。ドイツ系やスカンジナビア系のように、共和党支持傾向の強い旧移民グループからも過半数の票が投ぜられたのであるが、新移民グループからは、過去に例を見ないほどの圧倒的支持が寄せられた。たとえば、チェコ系の84％、ポーランド系の70％、ユダヤ系の61％がサーマックに投票したのである[46]。サーマックは市長就任後も、市長選挙で彼に対する支持率が低かったイタリア系と黒人を民主党陣営に取り込む努力を惜しまなかった。その成果として、シカゴ民主党にもイタリア系リーダーが出現し、また民主党黒人組織が黒人自身のリーダーシップの下で創設された。サーマックはニューヨークのボスと異なり、都市政治の状況が変化していることに敏感で、その変化に巧みに対応していったのである。

　マス・レベルで新移民を積極的に動員して支持基盤を拡大する一方で、サーマックは中央集権的で統制のとれた党組織を作り上げた。1928年のブレナンの死後、シカゴを含むクック・カウンティ党中央委員長となった彼は、31年にシカゴ市長に当選したのを機に、委員長の座をナッシュにゆずったものの、ナッシュを通じて、党組織を支配し続けたのである[47]。つまり、ボスとしてサーマックは、市長になるとともに、クック・カウンティ民主党マシーン組織を実質的に直接統括した。シカゴ市政府とクック・カウンティ民主党組織が能率的に機能するようにと配慮し、時には結果的に忠実な党員にうとんじられることになったとしても、市政府の予算カットや雇用削減をおこなうことをいとわなかった。また彼は、シカゴにおけるすべての選挙区の有権者投票率に関する統計を分析して、民主党の得票にどのくらい貢献したかを基準に、党の選挙区責任者やその下で働く人々の賞罰を評価したといわれている[48]。こうしてサーマッ

クは党組織を充実させる一方で、多民族グループ連合を形成していく方針をつらぬき、その後40年以上にもわたって維持されることになった強力な民主党マシーンの基礎を築いたのであった。

　以上に考察してきた19世紀末から1920年代末期、または30年代初頭のニューヨークとシカゴにおける政党マシーンについてまとめると、さしあたり次のことがいえるであろう。まず、第一に、民主党マシーンが形成、確立、発展する時期は、それぞれの都市によって異なっていた。新移民が大量に流入した世紀転換期に、ニューヨークではすでにアイルランド系を中心とする民主党マシーンが確立していたのに対して、シカゴでは、いまだ民主党マシーンは形成されつつある段階にあったにすぎない。

　このことと関連して、第二に、ニューヨークのタマニーは、すでにアイルランド系をはじめとする旧移民層の支持を固めており、この支持基盤をゆるがす要因ともなりかねない新移民の政治過程への参加に積極的ではなかった。それに対して、シカゴでは共和党との対立を背景に、民主党は新移民を支持層に組み入れる努力を積極的におこなっていた。

　第三に、両市の民主党組織が強化された背景に、共和党に加え、第三の政治勢力の挑戦があった。それはニューヨークの場合には、特にヘンリー・ジョージをおしたてて連合労働党が1886年市長選で善戦したことにみられるのであり、シカゴの場合は、革新主義時代に展開された改革者の挑戦である。これらはその当時、民主党が未だ移民系労働者層を支持基盤として確保していなかったことを示唆しているが、その後、民主党は労働党や改革者の挑戦をうけることによって、かえって自らの組織を固めていく必要に迫られた。そして、移民系労働者層を確実に民主党支持層とすることに成功し、強いマシーンへと発展していったのである。

　第四に、タマニーが党組織の改革をおこなって、中央集権的で統制のとれたマシーンを確立したのが、19世紀末であったのに対して、シカゴで、同様の組織改革がおこなわれたのは、1920年代に入ってからであった。いずれの都市でも、党組織の末端で移民系大衆の支持を確保する体制が整備されると同時に、党組織の中央集権化が進行したのであるが、その時期にずれがあったのであり、そのことが、マシーンの新移民への対応に違いをもたらすことになったと考え

られる。すなわち、シカゴの場合には、民主党マシーンの形成・確立期と新移民の流入と有権者化とが結びついたのである。ニューディール直前のシカゴでは、新移民出身のボス・サーマックの下で、新移民の動員を通じて多民族連合が形成されつつあったといってよいであろう。その一方で、タマニーは新移民を政治的に動員して、彼らを含む多民族の連合を形成するのに、それほど積極的ではなかった。

このようにニューヨークとシカゴの民主党マシーンはそれぞれ異なる発展をとげたのであるが、双方とも1930年代に、未曾有の恐慌とそれに続くニューディールを経験することになった。この新たな状況に両市の民主党マシーンはどのように対応し、またその過程でマシーンと新移民との関係はいかに変化していったのであろうか。次に、この問題を考察することにしよう。

第2節　ニューディール期

大恐慌はニューヨークやシカゴをはじめとする都市を直撃した。1929年に、わずか3.2％であった全国の失業率は、その後8.7％（30年）、15.9％（31年）、23.6％（32年）、24.6％（33年）と年を追って急激に上昇し、失業者の絶対数は32年には1,200万人、33年には1,280万人に達した[49]。失業問題は、大都市で特に深刻であり、シカゴでは31年10月に失業者が62万4千人に達し、失業率は40％となった。一日につき200万ドル相当の賃金が失われたことになるが、市の財政も悪化していたため、失業に対する救済費としてシカゴ市が支出したのは、一日につきわずか10万ドルにすぎなかった。しかも、市の財政状況は一層悪化していった。一方、ニューヨークでも31年末までに25万人が生活に困窮し、10万人が扶助を受けていた。32年の夏に、ニューヨークの失業に関する緊急会議議長は、両親に扶養能力がないために、2万人以上の子どもが施設に送られていること、失業者は住む部屋と食事さえあれば喜んで働く覚悟であること、専門職に従事している者も失業の危機にひんしていることを報告している。

このような状況下で、ニューヨークをはじめとする都市自治体は失業者や飢えている人々に救済の手をさしのべようとしたが、本来地方自治体がおこなっていた救済事業はきわめて不十分なものにすぎなかった上、すでに1920年代か

ら財政危機状態にあった都市財政が、大恐慌でさらに悪化したため、都市自治体の責任で問題を解決することは不可能であった[50]。都市政府はまず州に援助を求めたのであるが、州もまた財政危機におちいっており、都市自治体の期待に添うことはできなかった[51]。都市政府の失業救済事業が破綻する一方で、政党マシーンの小規模な「私的救済活動」も、同様に資金面から限界に達していた。そのため市政を握るマシーンのボスたちは、直接、連邦政府に援助をせまる行動にでた。

1932年5月、デトロイト市長で、民主党ボスのフランク・マーフィーは大都市市長を招いて、共通の問題について協議した。その後、代表としてマーフィーをはじめボストン市長カーリー、ニューヨーク市長ウォーカー（James M. Walker）、ミルウォーキー市長ホーンがワシントンにむかい、フーヴァー大統領に都市の状況を説明し、公共事業、救済、融資の面で連邦政府の介入を求めた[52]。その成果として、復興金融公庫（Reconstruction Finance Corporation、RFC）による州及び地方政府への融資が可能になったものの、その規模は都市自治体の救済事業を拡大するにはほとんど効果がなかった。

結局、失業者を中心に都市大衆はフーヴァー政権への批判を強めて、1932年大統領選挙でロウズヴェルト（F. D. Roosevelt）を当選させる原動力になった。大統領選挙におけるシカゴの民主党得票率をみると、1928年には46.5％であったが、1932年には55.2％へと大幅に増加した。ニューヨークにおける民主党得票率は、1928年大統領選挙ですでに59.0％に達していたが、32年選挙ではシカゴを大きく上まわる65.4％を記録した[53]。さらに、続く1936年選挙においても民主党はニューヨークでシカゴの62.4％をしのぐ64.5％の得票率をあげている。また連邦議会（下院）選挙をみると、シカゴでは47.5％（1928年）、54.7％（1930年）、54.9％（1932年）、61.9％（1934年）、59.7％（1936年）と民主党支持率が高まる傾向にあった。一方、ニューヨークでは各カウンティで57〜67％（1928年）、60〜68％（1930年）、63〜71％（1932年）、56〜69％（1934年）、61〜75％（1936年）と安定して高い得票率をあげている[54]。

これら連邦レベルの選挙結果をみる限り、シカゴ民主党マシーンが確実に支持基盤を拡げつつあったのに対し、ニューヨークにおける民主党マシーンも安定多数を確保して、支持基盤は盤石であったように思われる。しかし、実際に

はニューヨークの民主党マシーン、タマニーホールは危機の状況にあったのであり、1933年市長選挙での敗北を契機に、急速に市政への影響力を失っていった。一方シカゴでは、その後40年以上にもわたって強力なマシーンが存在し続けたのである。こうした両マシーンの相反する運命はどこからきたものなのであろうか。19世紀以来、都市の移民系有権者に支持基盤を求め、大恐慌期には彼らを民主党とロウズヴェルト支持へと動員したのが、民主党ボスとそのマシーンであったとするならば、なぜタマニーは力を失っていかなくてはならなかったのか。まず、この点を検討しよう。

(1) ニューヨークのケース：タマニーホールの衰退

マーフィーがタマニーのボスであった時代にも、民主党内に反タマニー派は存在していたが、マーフィーの現実的な対応に支えられて、タマニーの勢力は維持された。ところが、マーフィーの後をついだウォーカーは、すでに述べたようにフーヴァー大統領に連邦援助を求めに行った大都市市長代表の一人であったが、行政官としては能力不足であった。そればかりでなく派手好きで、スキャンダルを引き起こして辞任を余儀なくされたのである[55]。新市長を選ぶ1932年特別選挙では、タマニー派のオブライエン（John O'Brien）が当選したものの、候補者ではなかった反タマニー派のマッキー（John V. McKee）が25万票をこえる書き込み票（write-in vote）[56]を得て、有権者のタマニー離れを明確にした。そして翌年の通常市長選挙では、ついにタマニーは敗北を喫したばかりでなく、その後急速に弱体化していったのである[57]。

タマニー凋落の原因は、単にボス・マーフィーに代わる強力な指導者を欠いていたことにとどまらなかった。第1節で指摘したように、まずタマニーの新移民への対応不足が大きく影響していたといえよう。1920年代末から30年代にかけては、いうまでもなく大恐慌とそれに続くロウズヴェルトによるニューディールの時期であるが、一般にこの時期に新移民の政治参加は増大し、帰化と投票登録手続きのテンポは上がっていった。ところが、シカゴのように二大政党の競争が激しい都市に比べ、すでに述べたようにニューヨークではアイルランド系マシーン政治家は新移民の政治動員に熱心ではなかった。それでも、1930年のニューヨークでは、ユダヤ系とイタリア系が有権者の3分の1近くを

占めるようになった。一方、1900年に有権者の3分の1を占めていたアイルランド系の割合は、1930年には10％以下にまで落ちこんだ。このことは、タマニーにとって危機が押し寄せてきていることを意味していた[58]。

実際、1933年市長選挙結果には、新移民の不満が強く反映され、タマニーは敗北を喫するのである。すでに指摘したように、大恐慌に先立つ時代に、ニューヨーク市では、新移民であるイタリア系とユダヤ系は、人口比に比べてかなり不利な扱いを受けていた。とはいえ、共和党もタマニーに反対する勢力をとりまとめる努力を積極的におこなっていたわけではなかった。共和党が1929年にイタリア系のラガーディア（Fiorello H. LaGuardia）を市長候補にして敗れた後、1932年特別選挙では、定石通り、アングロサクソンの候補を指名したことにもこの点はあらわれていた。ところが続く33年選挙では、新しい動きがみられた。それは、共和党、改革者、その他のタマニー反対派の連合結成であって、ラガーディアは自らその市長候補として出馬を表明した。選挙の結果、ラガーディアはタマニー派で現職市長のオブライエンと新たに結成された復興党（Recovery Party）から出馬した民主党反タマニー派のマッキーに勝利した。ラガーディアの勝因の一つは、イタリア系、ユダヤ系の支持を受けることに成功したことである。イタリア系が多い地域におけるこの選挙での共和党支持率を、アングロサクソンのビジネスマンが共和党市長候補であった1925年のそれと比べると、24.6％から69.4％へと飛躍的に増大している。ユダヤ系に関しては、ラガーディア効果はイタリア系ほどではないものの、得票率は36.6％から41.6％へとのびていた[59]。

1933年市長選挙でラガーディアに敗北して以来、タマニーホールは没落の一途をたどったが、これは民主党とロウズヴェルトへの支持が増大したことと裏腹の現象であった。新移民を中心とする移民系の政治参加拡大に伴い、1930年代に民主党はニューディール連合とよばれる全国的多数派連合を形成していったにもかかわらず、なぜタマニーホールは凋落したのか。この背景には、タマニーがアイルランド系をはじめとする旧移民層を優遇して、新移民に十分な配慮をしてこなかったことがあるが、それに加えてタマニーがロウズヴェルトと対立していたことがあった。この対立は、すでにロウズヴェルトがニューヨーク州議会議員であった時代に始まっていたが、彼の大統領就任後も基本的には

変わらず、ロウズヴェルトがタマニーを信頼することはなかった。そのため、ニューヨーク市以外の地域で民主党が担った役割をラガーディアが肩代わりすることになったのである。

1933年に市長となったラガーディアは、まずユダヤ系、イタリア系コミュニティにおける支持基盤を固めることに着手した。彼は労働組合を奨励し、社会政策を推進し、市政府の主要なポストに任命するユダヤ系、イタリア系の数を倍増した[60]。彼は共和党員であったが、思想的にリベラルで、ニューディールとロウズヴェルトを強く支持していたのであるが、このことがタマニーに代わって彼がニューヨーク市の政治を握り得た大きな要因となった。ロウズヴェルトは、タマニーがリベラルな方向へ改革されると同時に、勢力をとりもどしてラガーディアをうち負かす可能性はほとんどないとみた。そこで、ニューディールを支持するラガーディアを優遇したのである[61]。その結果、ニューディール救済事業に関して、他の都市で民主党市長に与えられたと同等の権限が、ニューヨーク市ではラガーディアに与えられた[62]。

当時の連邦救済事業は実際の運営に関してかなり大幅に州・地方政府が責任を担う体制であったため、連邦の規制や介入があっても、それぞれの政権政党に有利に実施されていた[63]。政権政党は救済事業機関における役職、直接救済 (direct relief)、事業救済 (work relief) を与えることによって、有権者に自党への支持をうながすこともあった。この点で、ラガーディアは恵まれていた。特例として、ニューヨーク市独自の救済事業長官職が創設され、長官職任命権はラガーディアに与えられると同時に、ニューヨーク市は連邦救済事業に関して破格の取り扱いを受けたのである。まず、事業促進局 (Works Progress Administration、WPA) の総支出のうち7分の1もがニューヨーク市に割り当てられ、36年春までに24万人がWPAの事業に雇用されたばかりでなく、公共事業局 (Public Works Administration、PWA) の補助金及び貸付もニューヨーク市に大量に注ぎ込まれ、その総額は2億5千万ドルを上まわった。こうした豊富な連邦資金に支えられて、ニューヨーク市は6つの病院、多くの保健センター、ハンター大学、家庭裁判所、下水施設等の公共施設を建設することが可能となった[64]。

こうしてニューヨーク市の連邦事業救済計画を掌握することによって、ラガ

ーディアは有権者の支持を拡大強化したことはいうまでもない。加えて、元来ラガーディアは、リーダーとしてのカリスマを備えてもいた。彼はイタリア系であると同時にユダヤ系であり、様々な言語でニューヨークの各民族集団に話しかけることができ、都市大衆に強い一体感をもたせる政治家であった。さらに、ドイツ系プロテスタントの妻をもち、彼自身は米国監督教会派の中産階級出身であったから、少数民族集団に加えてリベラル派共和党支持者を含む多元的な政治連合を形成することができた[65]。彼は単なる理想主義型の改革者とは異なり、現実政治を熟知していたので、選挙を勝ち抜き、安定的に市政を握るには彼を支えるマシーンの存在が必須であると考え、自らの支持組織を形成していった。換言すれば、自らニューヨーク市のボスとなることを目指し、成功したのであった。ロウズヴェルトは一方で、ニューヨーク州知事時代からの盟友で、反タマニー派である民主党ボスのフリン（Ed Flynn）やファーリー（James A. Farley）と密接なつながりをもち、連邦の官職任命権をわけ与えていたものの、ニューヨーク市に関してはラガーディアに委ねたのである[66]。つまり、ロウズヴェルトはタマニーに代わって、いわばラガーディア・マシーンの育成・強化を助けることになった。

(2) シカゴのケース：安定的な民主党マシーンの確立

1930年代初頭のシカゴ民主党は、単一のリーダーの下にまとまっている組織であったというより、むしろシカゴという都市の多民族的性格とボス・サーマックのリーダーシップスタイルを反映して、政治家たちのコンセンサスの上になりたつ組織であった[67]。アイルランド系ではないサーマックは、スラブ系とユダヤ系の民族グループを支持層に引き込む努力を惜しまなかった。その一方で、彼はシカゴの民主党政治を牛耳ってきたアイルランド系の党支持者とも友好的な関係を保ち続けた。そのため、1932年にシカゴで開催された民主党全国大会では、アイルランド系のアル・スミス（Alfred E. Smith）を大統領候補として支持した。しかし、党大会でロウズヴェルトが大統領候補に指名されてからは、彼を支持するようになり、南北戦争以来、わずか2回しか大統領選挙で民主党が勝利したことのなかったイリノイ州で民主党を勝利へと導いた。ところが、ロウズヴェルトの当選直後、恩賞としての連邦官職を確保するためにロ

ウズヴェルトに会いに行った際、ロウズヴェルト暗殺をねらった人物に撃たれ、それがもとで死亡した[68]。

　サーマックの死後、シカゴ民主党はアイリッシュのパット・ナッシュと彼が市長に推したエド・ケリーとによる体制に再編成された。彼らのうち、特にケリーのリーダーシップの下、サーマックによって基礎が築かれた移民系労働者連合が強化されたばかりでなく、元来共和党びいきであったビジネス・コミュニティをも含む広い支持層が形成された[69]。シカゴの民主党マシーンが1930年代に入って、その基礎を盤石なものとすることができた理由としては、まず、すでにサーマック時代にアイルランド系以外の民族グループを含む多元的支持基盤が作り上げられつつあったことが挙げられよう。そしてサーマック、ケリーに代表される多民族集団にとって魅力あるリーダーに恵まれたことも多元的連合形成に有利であったことはいうまでもない。さらにシカゴの共和党が、民主党に対抗する力をそなえていなかったことも、民主党にとって幸運であった。当時のシカゴ共和党は「死んだも同然の状態[70]」であった。共和党組織は、財政的にも、モラル的にも破綻状態にあったのである[71]。それ故、シカゴ民主党はサーマックが始めた「すべての民族グループにとってのひとつの家[72]」を提供する政治を継続し、さらにそれをこえて強力なマシーンへと発展していったのである。その実現に貢献したのが、ロウズヴェルト政権の成立とニューディール政策の実施であった。

　大恐慌下のシカゴで、サーマックは市長として市職員数の10％削減と5分の1のサラリーカットを実施しなければならなかった。大恐慌に起因するこうした削減案は、民主党内部及び民族グループ間の対立、特にアイルランド系とスラブ系との対立を強め、民主党マシーンの完成を遅らせる要因となった[73]。しかし、ナッシュとケリーの時代になって、ニューディール政策のもたらす様々な資金と仕事が民主党内の対立を緩和し、さらには民主党組織の統合をうながしたのである。連邦救済政策の展開は、ニューヨークではラガーディア政権の育成を助けたが、シカゴでは民主党マシーンの安定化をもたらす大きな要因となった。

　ボス・ケリーは、早くからシカゴの財政と民主党マシーンの政治的成功が、連邦資金に支えられていると認識していた。そのため、積極的にロウズヴェル

トや側近のファーリー、連邦緊急救済局（Federal Emergency Relief Administration、FERA）長官ホプキンズ（Harry Hopkins）に接近していった[74]。1933年秋にポプキンズがFERA資金を得るにはイリノイ州議会も十分なマッチング・ファンドを用意する必要があると主張した時、ケリーは気が進まない州議会をその方向で説得し、資金を引き出した。その結果、シカゴは直接救済資金として連邦政府から数百万ドルを受け取ることになった[75]。

その後1935年に、82％以上もの得票率でケリーが再び市長の座についた時には、連邦政府からさらなる官職任命権と裁量権が与えられた。イリノイ州の初代連邦救済事業長官にケリーの忠実な部下が任命されたばかりでなく、WPA行政官人事への強い影響力も確保された。また、WPAの事業に多くの人々が雇用されるようになったことはいうまでもない。その数は、1936年にはほぼ20万人に達した[76]。もしシカゴやクック・カウンティの住民がWPAの仕事に就きたいと望むなら、まず民主党の選挙区委員会委員から書状をもらって、議員に頼みに行くのが普通のことになっていたといわれる[77]。

一方、ビジネスマンを含むシカゴの上層の人々とマシーンの関係も良好であった。ニューディール期のシカゴ民主党は連邦政府とのきずなを通して、地方税である固定資産税の増税をすることなく、連邦政府からの資金を利用して雇用を創出し、インフラストラクチャーを改善することが可能であると主張したからである。実際、連邦救済資金の流入に支えられて、シカゴは財政破綻をまぬがれたばかりでなく、警察や消防を充実させるとともに、道路、地下鉄、学校、住宅などを新たに建設することができたのである。このことは、伝統的に共和党びいきだったビジネス界を民主党支持へと向かわせる大きな要因となった[78]。

こうしてニューディール政策の下で、連邦と都市との新たな関係が形成されるに伴って、ケリーと民主党マシーンは連邦政府の資金撒布を媒介に、連邦政府と相互依存の関係を強めていった。シカゴ・マシーンにとって、連邦政府は自らの組織を財政的にまた政治的に支える重要なパートナーとなる一方で、ロウズヴェルトをはじめとする民主党政権にとって、シカゴ・マシーンは選挙において、最も確実にイリノイ州を民主党支持へと動かす信頼できる機関となったのである[79]。

第4章　政党マシーンと新移民

むすび

　以上、ニューヨークとシカゴをとりあげ、19世紀末から1930年代にいたる期間における両市の政党マシーンの盛衰を、マシーンと移民系有権者との関係を中心に考察してきた。それをごく単純ではあるが、整理してみると、およそ次のようにいえるであろう。
　第一に、新移民が流入しつつあった世紀転換期に、タマニーはアイルランド系をはじめとする旧移民の中にすでに確固とした支持基盤を確立しつつあり、そのため新移民のマシーンへの受けいれに積極的ではなかった。その後、新移民は徐々に有権者となっていったものの、すでに成熟期に達していたタマニーの中心的支持層にはなりえなかった。新移民層は伝統的日常サービスの提供や労働・社会福祉立法の実現などの恩恵は受けたものの、市政府の官職や党の役職に登用されることは、彼らの有権者に占める割合に比して、極端に少なかった。そのため、ユダヤ系やイタリア系の中には、共和党や第三政党を支持するものが少なくなかった。
　第二に、ニューヨークでは、ラガーディアが1930年代にタマニーに不満をもつ新移民を積極的に支持層に引き入れ、自らのマシーンを形成するのに成功したのであるが、その成功の背後には、ニューディール政策の展開があった。ラガーディアは、特に救済政策の実施過程で救済機関の人事・救済資金と仕事の配分などを通して、新移民をはじめとする支持層を拡大することができた。ニューヨーク市での民主党支持傾向は、決して衰えてはいなかったのであるが、タマニーは、ロウズヴェルトと対立したため、連邦救済行政にかかわることができず、没落への道をたどらざるを得なかった。
　第三に、ラガーディア・マシーン同様、シカゴ民主党マシーンも、ニューディール政策展開過程での連邦との協調関係の下で、その組織を確立、発展させたのであるが、その過程で、シカゴにおいては移民系労働者連合がかなりの程度実現されていった。その背後には、シカゴ民主党マシーンがすでに1920年代に、共和党との激しい競合関係もあって、新移民を精力的に支持層に組み入れることに努めていたことがあった。

ただ民主党マシーンは、移民系労働者のみのための組織であったというわけではなかったことを付言する必要がある。詳しくは述べなかったが、シカゴ民主党マシーンは、1935年市長選挙でケリーが80％以上の票を獲得したことにも反映されているように、ビジネスサークルをはじめとする上層の人々とも密接な関係をもっていたのである。つまり、シカゴ・マシーンはマス・レベルで移民系労働者階層を最大の支持基盤とする一方で、社会の上層を占める階層の利益を考慮することを通じて彼らの支持をも得ていたのである。こうしたマシーンと社会の上層との関係は、ニューヨーク市のタマニーホールについてもみられたものであった[80]。

　以上にみたように、アイルランド系ボスを中心とする民主党マシーンと新移民との関係は、その時期と状況によって大いに相違があったといえよう。ニューヨークのタマニーにみられたように、19世紀末期に旧移民を支持基盤として完成したアイリッシュ・マシーンは、新移民との「虹の連合」を作る必要にせまられなかったし、また自らの市政支配を守るためにかえって新移民を冷遇する傾向があった。それに対して、シカゴの民主党のように、19世紀末期には未だ形成期にあったマシーンは、同様にアイルランド系リーダーの下にあっても、新移民との連合によって対立政党より優位に立とうと努めた。そして、たまたまそれに引き続いて、ロウズヴェルト政権の成立とニューディール政策実施の時期が到来したのであり、このことがシカゴ民主党マシーンにとっては「幸運」であったといえよう。タマニーが都市政治における新しい時代に対応しきれなかった一方で、シカゴ民主党マシーンもラガーディアも、連邦財政と行政の新たな展開過程で、連邦政府との関連を通じて支持者を統合する方法をとりいれていったのである[81]。

注
1) この段落及び次の段落の数値は、U. S. Department of Commerce, Bureau of the Census, *Historical Statistics of the United States : Colonial Times to 1970*, Bicentennial Edition, Part 1 (Washington, D.C. : Government Printing Office, 1975), 105-106 より算出。
2) 1907年の年間移民総数は128.5万人であり、「新移民」として南欧・東欧に加えてドイツを除く中欧とアジア、アメリカからの移民も含めて構成比を算

出した。*Ibid*., 105, 107.
3) John Paul Bobcock, "The Irish Conquest of Our Cities," *Forum* 17 (April 1894), 186-195; Steven P. Erie, *Rainbow's End* (Berkeley and Los Angeles: University of California Press, 1988), 2-3.
4) 本書第5章の他に、平田美和子「ニューディール連合の形成」津田塾大学『国際関係学研究』No. 13（1986年）、69-87を参照されたい。
5) James Bryce, *The American Commonwealth*, Volume 1 (1888; New York: G. P. Putnam's Sons, 1959), 151-229.
6) Lincoln Steffens, *The Shame of the Cities* (1904; New York: Hill and Wang, 1992).
7) William L. Riordon, *Plunkitt of Tammany Hall* (1905; New York: E. P. Dutton, 1963), 17.
8) 実際に市政改革運動がはかない「朝顔」であったのかについては、北東部や中西部ではほとんどその通りであったといってもよいが、南西部では事情が異なった。20世紀に入ってからであるが、南西部では市政改革運動は圧倒的な勝利を得たのであって、決してはかない「朝顔」ではなかったのである。Amy Bridges, *Morning Glories: Municipal Reform in the Southwest* (Princeton, New Jersey: Princeton University Press, 1997).
9) Robert K. Merton, *Social Theory and Social Structure*, rev. ed. (New York: The Free Press, 1957), 71-81. なお、マートンによるマシーンの評価とマートンの見解に対する批判については、本書第1章を参照されたい。
10) Elmer E. Cornwell, Jr., "Party Absorption of Ethnic Groups: The Case of Providence, Rhode Island," *Social Forces*, 38 (March 1960), 205-210; Elmer E. Cornwell, Jr., "Bosses, Machines, and Ethnic Groups," *Annals*, 353 (May 1964), 27-39; Robert A. Dahl, *Who Governs?* (New Haven: Yale University Press, 1961), 40-42; Fred I. Greenstein, "The Changing Pattern of Urban Party Politics," *Annals*, 353 (May 1964), 1-13.
11) Erie, *Rainbow's End*, 4-8, 236-266.
12) *Ibid*., 6.
13) Ken Masugi, "Ethnicity and Politics: Citizens as 'the mutual guardians of their mutual happiness' and the Politics of Realignment," in *The 1984 Election and the Future of American Politics*, ed. Dennis J. Mahoney and Peter W. Schramm (Durham, North Carolina: Carolina Academic Press, 1987), 223-243.
14) John M. Allswang, *Bosses, Machines, and Urban Voters* (Port Washington, N.Y.: Kennikat Press, 1977), 37-38.
15) *Ibid*., 52-53; Alexander B. Callow, Jr., *The Tweed Ring* (London, Oxford, New York: Oxford University Press, 1966), 60-75, 152-160;

Ralph G. Martin, *The Bosses* (New York : G. P. Putnam's Sons, 1964), 16-23.
16) Erie, *Rainbow's End*, 53 ; Martin Shefter, "The Emergence of the Political Machine : An Alternative View," in *Theoretical Perspectives on Urban Politics*, ed. Willis D. Hawley and Michael Lipsky (Englewood Cliffs, N. J. : Prentice Hall, 1976), 25-32.
17) 平田美和子「アメリカにおける都市政党マシーンの形成と展開——タマニーホールを中心に」津田塾大学『国際関係学研究』No. 9 (1982年), 98-99；本書第3章参照。
18) Martin Shefter, "The Electoral Foundations of the Political Machine : New York City, 1884-1897," in *The History of American Electoral Behavior*, ed. Joel H. Silbey, Allan G. Bogue and William H. Flanigan (Princeton, N. J. : Princeton University Press, 1978), 265-266, 291-296 ; Shefter, "The Emergence of the Political Machine," 35-36.
19) Shefter, "The Electoral Foundations of the Political Machine," 286-289 ; Martin Shefter, "Trade Unions and Political Machines : The Organization and Disorganization of the American Working Class in the Late Nineteenth Century," in *Working-Class Formation : Nineteenth-Century Patterns in Western Europe and the United States*, ed. Ira Katznelson and Aristide Zolberg (Princeton, N. J. : Princeton University Press, 1986), 197-276.
20) *Ibid.*, 271.
21) Erie, *Rainbow's End*, 91-92.
22) *Ibid.*, 53, 94, 96.
23) たとえば、1920年までにロシア生まれ（その4分の3以上がユダヤ系）の39％は市民権を得ているが、イタリア生まれはその27％が市民権を得ているにすぎない（*Ibid.*, 95）。

ただし、移民の帰化率が20世紀に入って低くなった理由として、1906年帰化法によって、帰化資格は厳しくなったことがある。英語による識字テストが課され始め、合法的入国及び5年間連続居住という帰化申請資格も厳格に要求されるようになった。そのため、帰化申請をあきらめることもあったし、また帰化申請を拒否される比率が3％から15％に上がったと推定されている。さらに州レベルでも大都市民主党マシーンに打撃を与えるために、共和党議員が移民の投票権を制限するために様々な方法で投票権資格を厳格化した。*Ibid.*, 92-93.
24) Theodore J. Lowi, *At the Pleasure of the Mayor* (New York : Free Press of Glencoe, 1964), Figure 8.2, 198 ; Martin Shefter, "Political Incorporation and Political Extrusion : Party Politics and Social Forces in

Postwar New York," in *Political Parties and the State* (Princeton, N. J.: Princeton University Press, 1994), 200-201.

ユダヤ系、イタリア系、双方ともタマニーにおいて冷遇されていたが、特にイタリア系の進出をアイリッシュは嫌う傾向があった。Thomas M. Henderson, *Tammany Hall and the New Immigrants : The Progressive Years* (New York: Arno Press, 1976), 287.

25) Erie, *Rainbow's End*, 100-101.
26) *Ibid.*, 102; Henderson, *Tammany Hall and the New Immigrants*, 295.
27) *Ibid.*, 284; Allswang, *Bosses, Machines, and Urban Voters*, 66, 73; Erie, *Rainbow's End*, 69, 103-104; Riordon, *Plunkitt of Tammany Hall*, 25-28.
28) 1890年代末にタマニーの支配域であった旧ニューヨーク市に属するマンハッタンとブロンクスに加え、ブルックリン、クイーンズ、スターテン島を含めた地域全体が統合され大ニューヨーク市が形成され、市長は全体を選挙区として選ばれることになった。
29) Chris McNickle, *To Be Mayor of New York : Ethnic Politics in the City* (New York: Columbia University Press, 1993), 24-26. なお、ニューヨークのユダヤ系移民に関する邦語文献としては、野村達朗『ユダヤ移民のニューヨーク』山川出版社、1995年がある。

なお、ニューヨークの社会党も第一次大戦勃発を契機に迫害の対象になったことや、内部対立を起こしたことが原因となり、1920年代初頭には、弱体化してしまった。McNickle, *To Be Mayor of New York*, 27-28.
30) John D. Buenker, *Urban Liberalism and Progressive Reform* (New York: W.W. Norton 1973), 47-52; David R. Colburn, "Al Smith and the New York State Factory Investigating Commission, 1911-1915," in *Reform and Reformers in the Progressive Era*, ed. David R. Colburn and George E. Pozetta (Westport, Conn.: Greenwood Press, 1983), 25-45; J. Joseph Huthmacher, *Senator Robert F. Wagner and the Rise of Urban Liberalism* (New York: Atheneum, 1968), chapter 3.
31) *Statistical Abstract of the United States : 1910*, 61.
32) Allswang, *Bosses, Machines, and Urban Voters*, 91-92; John M. Allswang, *A House for All Peoples : Ethnic Politics in Chicago 1890-1936* (Lexington: University Press of Kentucky, 1971), 22-23.

なお、世紀転換期のシカゴ政治に関する邦語論文としては、岩野一郎「都市政治と移民」阿部斉・有賀弘・本間長世・五十嵐武士編『世紀転換期のアメリカ』東京大学出版会、1982年、91-128参照。
33) Allswang, *Bosses, Machines, and Urban Voters*, 93; Edward R. Kantowicz, *Polish-American Politics in Chicago 1888-1940* (Chicago: University of Chicago Press, 1975), 43.

34) Lincoln Steffens, *The Shame of the Cities* (1904; New York: Hill and Wang, 1992), 165
35) 民主党が他都市で民主党支持傾向の強かったイタリア系を支持層にとりこめなかった背景には、民主党がアイルランド系を優先して、新移民に対してあいまいな態度をとっていたことがあった。Allswang, *Bosses, Machines, and Urban Voters*, 95, 106.
36) Kenneth Finegold, *Experts and Politicians: Reform Challenges to Machine Politics in New York, Cleveland, and Chicago* (Princeton, N. J.: Princeton University Press, 1995), 164.
37) ダンは、もともと改革者組織の支援をうけていたが、民主党の対立する派閥からも支持され、民主党候補として立候補することになった。
38) Finegold, *Experts and Politicians*, chapter 10. なお、1905年市長選で、アイルランド系のダンはアイリッシュの過半数ばかりでなく、ドイツ系、イタリア系、ロシア系からも多くの支持をえた。
39) Allswang, *A House for All Peoples*, 22; Erie, *Rainbow's End*, 94-95.
40) Harold F. Gosnell, *Machine Politics: Chicago Model* (1937; Chicago: University of Chicago Press, 1968), 71.
41) Erie, *Rainbow's End*, 78, 94.
42) *Ibid.*, 102.
43) 以下、サーマックに関しては主として下記の文献によっている。Allswang, *Bosses, Machines, and Urban Voters*, 106-116; Alex Gottfried, *Boss Cermak of Chicago: A Study of Political Leadership* (Seattle: University of Washington Press, 1962),特に chapter 10; Paul M. Green, "Anton J. Cermak: The Man and His Machine," in *The Mayors: The Chicago Political Tradition, revised edition*, ed. P. M. Green and Melvin G. Holli (Carbondale: Southern Illinois University Press, 1995), 99-110; Kantowicz, *Polish-American Politics in Chicago*, 151-161, 208-209, 216-218.
44) ブレナン（George Brennan）がシカゴ民主党ボスに就任した1920年以降、教育が高くて思慮深く、エスニックよりも党組織を重視するタイプの政治家が出現するようになり、それがシカゴ特有の多民族政治スタイルを支えることになった。Paul Michael Green, "Irish Chicago: The Multiethnic Road to Machine Success," in *Ethnic Chicago*, revised and expanded ed., ed. Peter d'A. Jones and Melvin G. Holli (Grand Rapids, Michigan: William B. Eerdmans, 1984), 433.
45) Green, "Irish Chicago," 441. なお、加えてサーマックがシカゴ民主党マシーンのボスとなることに有利に働いた要因として、1920年代にシカゴの人口動態にも変化がおこったことがある。共和党支持傾向が高いプロテスタント系旧移民が郊外に移住し始める一方で、その後に新移民のカトリックやユダ

ヤ系が流入する現象がみられた。Green, "Anton J. Cermak," 102.
46) Allswang, *Bosses, Machines, and Urban Voters*, 112.
47) Green, "Irish Chicago," 451.
48) Green, "Anton J. Cermak," 107-109; Sean J. Savage, *Roosevelt : The Party Leader 1932-1945* (Lexington, Kentucky : University Press of Kentucky, 1991), 58.
49) Lester V. Chandler, *America's Greatest Depression, 1929-1941* (New York : Harper and Row, 1970), 34. 以下、この段落で用いた数値は、*Ibid.*, 45-46 による。
50) 都市自治体の財政にとって、固定資産税はその主たる財源をなしていたが、大恐慌の過程で、家屋所有者の所得減少などのため、税の滞納が急激に増加し、それにともなって都市自治体の税収も急減した。ちなみに、145都市のサンプル調査によると、租税滞納率は、平均して1932年に22％、33年に26％にものぼった。税収が急減する一方、救済費が増大した結果、市債について利子や元本を支払えなくなった都市自治体も増加し、それは都市自治体の起債能力低下につながった。要するに、都市財政は破綻状態におちいったのである。*Ibid.*, 47-49.
51) 平田美和子「ニュー・ディール救済政策における政府間関係」『津田塾大学紀要』No. 13（1981年）、234。
52) Blake McKelvey, *The Emergence of Metropolitan America, 1915-1966* (New Brunswick, N. J. : Rutgers University Press, 1968), 81-83.
53) Jerome M. Clubb and Howard W. Allen, "The Cities and the Election of 1928 : Partisan Realignment?" *American Historical Review* 74 (April 1969), 1211.
54) *Ibid.*, 1212. なお、各年の数値に幅があるのは、便宜上、ニューヨーク市を構成する5つのカウンティ（ブロンクス、キングス、ニューヨーク、クイーンズ、リッチモンド）の中で最大数値と最小数値をとったためである。
55) John M. Allswang, *The New Deal and American Politics* (New York : John Wiley & Sons, 1978), 80-81; Savage, *Roosevelt*, 69.
56) 投票は通常、候補者名簿にマークをする方式をとるが、名簿にない人物を選ぶ自由もあり、この場合、名前を投票用紙に書き込む。
57) この選挙におけるタマニー敗北の直接原因は、市立学校教員をはじめとする市職員の賃金カットと解雇であった。Erie, *Rainbow's End*, 114.
58) *Ibid.*, 105, 106, 244-245.
59) *Ibid.*, 248; Shefter, "Political Incorporation and Political Extrusion", 201-203.
60) *Ibid.*, 203; Charles Garrett, *The La Guardia Years : Machine and Reform Politics in New York City* (New Brunswick, N. J. : Rutgers

University Press, 1961), chapter 11 ; Lowi, *At the Pleasure of the Mayor*, 198 ; Savage, *Roosevelt*, 71-72.
61) *Ibid*., 71.
62) ラガーディアは、もはや連邦資金なくしてニューヨーク市は必要なサービスを供給できないこと、連邦政府との友好的関係を通じて、より多くの連邦資金を得られることを熟知していた。Thomas Kessner, "Fiorello H. LaGuardia," *History Teacher*, 26 (February 1993), 154 ; Richard C. Wade, "The Withering Away of the Party System," in *Urban Politics New York Style*, ed. Jewel Bellush and Dick Netzer (Armonk, N.Y. : M. E. Sharpe, 1990), 278-279.
63) 平田「ニュー・ディール救済政策における政府間関係」237-238参照。
64) Lyle W. Dorsett, *Franklin D. Roosevelt and the City Bosses* (Port Washington, N.Y. : Kennikat Press, 1977), 57-59.
65) *Ibid*., 53, 55 ; Allswang, *The New Deal and American Politics*, 81 ; Robert Caro A., *The Power Broker : Robert Moses and the Fall of New York* (New York : Alfred A. Knopf, 1974), 354.
66) Allswang, *The New Deal and American Politics*, 82 ; Savage, *Roosevelt*, 68-75.
67) Green, "Anton J. Cermack," 107-110.
68) Dorsett, *Franklin D. Roosevelt and the City Bosses*, 84, 86. Gottfried, *Boss Cermack*, 316-321.
69) Roger Biles, "Edward J. Kelly : New Deal Machine Builder," in *The Mayors : The Chicago Political Tradition*, 115-116 ; Dorsett, *Franklin D. Roosevelt and the City Bosses*, 91 ; Savage, *Roosevelt*, 59-60.
70) Allswang, *A House for All Peoples*, 207.
71) Gosnell, *Machine Politics : Chicago Model*, 18-19.
72) Allswang, *A House for All Peoples*.
73) Erie, *Rainbow's End*, 115-116.
74) Biles, "Edward J. Kelly : New Deal Machine Builder," 118-119.
75) Dorsett, *Franklin D. Roosevelt and the City Bosses*, 91-92 ; Savage, *Roosevelt*, 59.
76) Dorsett, *Franklin D. Roosevelt and the City Bosses*, 88 ; Savage, *Roosevelt*, 59-69.
77) Allswang, *The New Deal and American Politics*, 86.
78) Biles, "Edward J. Kelly : New Deal Machine Builder," 115, 120 ; Savage, *Roosevelt*, 63.
79) Allswang, *The New Deal and American Politics*, 86. なお、シカゴの救済資金の87.6％は連邦政府からきていた。Savage, *Roosevelt*, 61.

80) 本書第3章を参照されたい。
81) Benjamin Ginsberg and Martin Shefter, *Politics by Other Means : The Declining Importance of Elections in America* (New York : Basic Books, 1990), 77-85.

第5章　民主党の都市政党化と政党マシーン
——ニューディール期を中心に——

はじめに

　周知のように、アメリカの工業化にともなう都市化は、1920年代の経済的繁栄を背景に一段と進展したが、この都市化は政治の領域にも大きな影響を与えざるをえなかった。従来、東部の工業地帯、都市地域を支持基盤としていた共和党は、20年の大統領選挙で勝利をおさめ、その後も工業と都市が繁栄を謳歌するなかで、24年、28年の選挙において政権政党としての地位を確保した。その一方、従来、主として南部と中西部の農民層を支持基盤としていた民主党は、この都市化の進展に新たな対応を迫られつつあった。都市住民の増大、とりわけ大都市への人口集中過程で、大都市は大統領選挙における大票田となり、都市における勝利が州における勝利を導くいわば決定的要因となるようになったからである。換言すれば、20年代の民主党は、政権の座につくためには従来のいわば農村党にとどまることなく、都市の何らかの層に支持を求め、都市にも基盤をもつ政党へ転換することを迫られていたといってよい。

　このようにみれば、さしあたりつぎのような問題が浮かび上がってこよう。第一に、1932年の大統領選挙でフランクリン・ロウズヴェルト（Franklin D. Roosevelt）が共和党候補ハーバート・フーヴァー（Herbert Hoover）に圧勝したのは、20年代に民主党が都市に支持基盤を広げ、都市政党への方向転換に成功した結果であったのであろうか。第二に、民主党が都市に基盤を求めたとすれば、都市のいかなる層の支持を得たのであろうか。第三に、ニューディール期におけるロウズヴェルトに対する強い支持は、都市といかなる関係をもって

いたのであろうか。本章の課題は、これらの問題に留意しつつ、民主党の都市政党への方向転換と都市政治の関係を考察することにある。まず第1節で、1920年代に民主党が都市化の進展にどのように対応していったのかを大統領選挙における都市の投票傾向を通して検討する。続いて第2節では、1932年大統領選挙におけるロウズヴェルトの圧勝が、都市とどのような関係にあったのか、また第3節では、ニューディール期の連邦救済政策の下で、都市の政治がいかに変化したかを都市の民主党勢力との関係を中心に考察する。

第1節　1920年代における都市化と民主党

(1) 共和党優位と都市

　1920年代は「繁栄の20年代」とよばれ、29年の大恐慌勃発にいたるまで、一般に好況の時代であった。その「繁栄」は、自動車産業をはじめとする耐久消費財需要の増大、都市化にともなう住宅建設の拡大、企業の設備投資の増大、輸出と海外投資の伸長を主要因としていたといえる[1]。自動車産業についていえば、大量生産の結果、自動車価格が低下したことに加え、購買力をもつ中産階級が増加したため、自動車の販売は急増した。そして自動車産業の好調は、鉄鋼・ゴム・ガラス・石油をはじめとする関連産業の発展をもうながしたのである。また都市化が進展した結果、住宅建設需要も旺盛であった。こうした消費者需要の増加は、企業の設備投資を促進する要因となった。一方、20年代にアメリカは数十億ドルにのぼる対外貸し付けをおこなったが、それは諸外国の購買力を追加することによってアメリカの輸出拡大を促進する要因ともなった。1921年から29年にかけて、アメリカは大幅に輸出をのばしたのである。

　こうした好況が、アメリカの都市化を促進する背景となったことはいうまでもない。都市人口比率は1920年に、史上初めて50%を上まわったが、その後の20年代に、大都市とその周辺地域への人口集中率は一段と高まった。たとえば、人口25万以上の都市についてみると、1910年代には19都市から25都市へと6都市増加したにすぎなかったが、20年代には12都市の増加をみて、37都市に達するまでになった。それとともに、全人口に占めるこのクラスの都市人口比は高まり、30年には23.4%に達した[2]。さらに20年代には自動車、電話などの交

通・通信手段の普及を主要因として、大都市周辺地域の人口増加が急速に進展した[3]。こうして1930年には、都市人口比率は56％に達するにいたったのである[4]。

国民の半数以上が都市に居住するようになった1920年代に、アメリカの政治を担っていたのは共和党であった。南北戦争後、工業化と都市化の発展とともに、共和党は都市を基盤として連邦政治においてほとんど常に優位をほこってきたが、20年代はそれが頂点に達した時代といってよい。大統領選挙ではハーディング（Warren G. Harding）、クーリッジ（Calvin Coolidge）、フーヴァーと三代の共和党候補がいずれも当選したと同時に、議会選挙でも共和党は常に優勢であった。20年代に実施された連邦議会選挙の結果をみると、大統領選と同時におこなわれた選挙はもちろん、中間選挙においても共和党は勝利をおさめ、議会において多数党の地位を確保し続けたのである[5]。共和党政権は、東部のビジネスの支持をうけて工業重視・保護貿易の政策をとり、「繁栄」の維持につとめた。たとえば、独占価格の形成を規制する独占禁止法や連邦取引委員会法の適用が緩和される一方、対外的には輸入品に対する高関税政策が維持された。つまり、共和党は企業活動を側面からバックアップし、それを支えに政権を維持し続けたのである。

しかし、都市との関係からみると、すでに20年代前半に共和党の力はわずかながらもかげり始めていた。人口50万以上（1930年）の12都市[6]における大統領選挙の投票傾向をみると、20年が共和党と都市との結びつきの最も強い年であったとみてよい。これら12大都市における共和党の支持率は、いずれも50％をこえ、その得票数は民主党のそれを163万8千票も上まわっていた[7]。しかもこのうち、9都市ではそれらが属する州の他地域に比して、共和党支持率が高かった。さらに共和党にとって大都市における勝利は、それが属する州における勝利をかちとる最も重要な要因をなしていた。たとえば、ミズーリ州では共和党は民主党に対し15万2千票の得票差で勝利をえたが、この得票差のうち5万7千票はセントルイスにおける得票差からなっていた。つまり、セントルイスはミズーリ州人口の21％を占めるにすぎなかったが、同州での共和党優位に対し38％近く（57/152＝0.375）寄与していたのである。同様の寄与率[8]を他の11大都市についてみても、そのうち8都市ではそれらの都市が属する州（6

州）の共和党優位分（得票差）に対し、それら都市の人口比を上まわる寄与をなしていた[9]。そうした意味で、大都市は共和党の最も重要な基盤をなしていたのである。

1924年の大統領選挙でも、大都市における共和党支持の強さはなお維持されたと一応いえる。しかし共和党は、20年選挙において12大都市すべてで勝利をおさめたにもかかわらず、24年選挙ではこのうち2都市で敗北をきっした。これは革新党候補ラフォレット（Robert M. La Follette）がクリーブランドとミルウォーキーで第一位となったからである。しかも共和党が勝利をおさめた都市についても共和党の得票は、20年選挙に比べ、州での勝利に対し高い寄与率を示さなくなった。この点を共和党が勝利した10都市とそれらを擁する8州についてみてみよう（表5-1）。なお、この8州では州全体においても共和党が勝利をおさめている。

いま、これらの8州における共和党の勝利分が、どの程度これらの大都市によって担われているか、その寄与率をみると、平均（加重平均）して20年には36.9％であったが、24年には30.1％へと低下した。つまり、全体として共和党の大都市での勝利が州でのそれにつながる度合は、弱まったのである。そし

表5-1　大都市における共和党票の寄与率、1920年、1924年

州	州での共和党優位分(得票差) 単位:千人		都 市	都市での共和党優位分(得票差) 単位:千人		都市票の寄与率(%)	
	1920年(1)	1924年(2)		1920年(3)	1924年(4)	1920年(5)=(2)/(1)	1924年(6)=(4)/(2)
ニューヨーク	1,090	869	ニューヨーク	441	137	40.5	15.8
イリノイ	886	876	シカゴ	367	360	41.4	41.1
ペンシルベニア	714	992	フィラデルフィア	218	293	30.5	29.5
			ピッツバーグ	54	23	7.6	2.3
ミシガン	525	723	デトロイト	167	219	31.8	30.3
メリーランド	55	14	ボルチモア	39	10	70.9	71.4
ミズーリ	152	73	セントルイス	57	43	37.5	58.9
マサチューセッツ	404	422	ボストン	32	18	7.9	4.3
カリフォルニア	396	308	サンフランシスコ	63	5	15.9	1.6
			ロサンゼルス	122	181	30.8	58.8
計	4,222	4,277		1,560	1,289	36.9	30.1

注：本文及び本文注8）参照。
出所：E.E. Robinson, *The Presidential Vote, 1896-1932* (New York, Octagon Books, 1970), 145, 147, 148, 177-178, 224-228, 234, 247, 255, 275, 277-278, 292-293, 308, 312 ; S.J. Eldersveld, "The Influence of Metropolitan Party Pluralities in Presidential Elections since 1920 : A Study of Twelve Key Cities," *American Political Science Review*, 43 (1949), 1196, Table 3 から作成。

て都市ごとにみても、これら10大都市の寄与率は、24年選挙では20年のそれに対し3都市（ボルチモア、セントルイス、ロサンゼルス）で高まったのに対し、他の7都市では低下し、とりわけニューヨーク、サンフランシスコでは大幅に低下した。要するに大都市は、共和党にとって州での勝利をもたらす票田としての意味を減じつつあったのである。

とはいえ、このことは民主党が大都市で躍進したことを意味するものでもなかった。12大都市で1920年に比して民主党が得票率を高めたのは、ニューヨークのみであったのである。その理由の一部には、民主党の都市票の一部がラフォレットに流れたことがあるであろう[10]。それにしても、民主党が全体として共和党の地盤にくいこめなかったばかりか、第三党候補ラフォレットに票をくわれた原因は、当時の民主党がその内部状況から、都市票をのばすには中途半端な状態にあったことにある。いうまでもなく、伝統的に民主党は南部と西部の農民層を支持基盤としていたが、工業化・都市化にともない移民を中心とする都市労働者層もその重要な支持層に加えるようになっていた。この結果として生じた両支持層の対立は、従来南部農民層の優位の下で調整されていたのであるが、20年代における都市化の過程で、深刻化せざるをえなかった。

民主党内部の矛盾は、24年大統領選挙のための候補者選定において表面化した。南部および西部民主党は、ウッドロウ・ウィルソン政権期の財務長官マッカドー（William Gibbs McAdoo）を推した。これに対して北東部の都市政党マシーンを中心とする北部民主党は、カトリック教徒で、アイルランド移民の子であり、ニューヨーク州知事をつとめていたアル・スミス（Alfred E. Smith）を候補者に立てた。両者の対立は、ごくおおざっぱにいえば農村と都市との対立であったが、それに付随する他の要素の対立をもふくんでいた[11]。つまり、民族、宗教、文化における対立をも意味したのであって、アングロサクソン・プロテスタント系禁酒論者とそれに対するカトリック・新移民系反禁酒論者の闘いでもあった。農村派には反カトリック、反移民を信奉するクー・クラックス・クランが加わり、農村的プロテスタントの伝統に反するとして、都市大衆の象徴的存在であったスミスを攻撃した。党大会では103回もの投票がおこなわれ、結局、妥協候補としてニューヨークの大企業の顧問弁護士デイヴィス（John W. Davis）が選出された。そして大統領選においてデイヴィスは、共和

党候補の現職大統領クーリッジに惨敗したのである。しかし、民主党内の都市勢力が共和党とは異なる層に支持基盤を求めつつあったことは、長期的にみてきわめて注目すべきことであった。

(2) 1928年大統領選挙における民主党の都市政党化への方向

1928年の大統領選において、共和党はフーヴァーを立てたのに対し、民主党はニューヨーク州知事として全国的な名声をかちえるまでになっていたアル・スミスを候補者として送った。このことは、民主党内で農村派に対し都市派が優位にたち、民主党が都市を基盤とする政党として再出発したことを意味していた。選挙の結果は、フーヴァーの勝利に終わったが、この選挙結果を20年大統領選のそれと比べると、民主・共和両党の支持基盤にかなり大きな変化が生じていることがわかる。まず州レベルでは民主党は伝統的に同党の牙城であった南部5州（フロリダ、ノースカロライナ、バージニア、テネシー、テキサス）で共和党に敗北をきっした。しかしその一方、民主党は従来共和党が優勢であった北部工業州のマサチューセッツ、ロードアイランドで共和党を上まわる票を獲得した[12]。

このことは、民主党の支持基盤が農村地域から工業地域、あるいは都市地域へ移動する傾向をみせ始めたことを示している。実際、都市地域における投票結果をみると、この傾向は明瞭にうかび上がってくる。すなわち人口25万以上（1930年）の36都市についてみると（表5-2）、民主党は20年から28年にかけて北東部10都市ではすべての都市で、また西部では6都市中5都市で得票率をのばした。そのため、36都市全体の民主党得票率は31％から47％へと急激にのびている。

これらの36都市のうち民主党が50％以上の得票率をえた都市は、1920年には南部6都市にすぎなかったが、28年には10都市に拡大した。これは、28年に民主党得票率50％以上の都市が南部で3都市に減少したにもかかわらず、北東部、中西部で7都市をかぞえたからである。しかもこのうちには、ニューヨーク、セントルイス、ボストン、ミルウォーキーといった全米12大都市に属する大都市がふくまれていた。もっとも、ボストンにおけるアル・スミスの大得票がマサチューセッツで民主党が勝利をえる原動力となったのを除けば、これら大都

145

表 5 - 2　都市における大統領選挙の投票結果、1920年、28年

(得票数の単位：1,000人)

	1920年			1928年		
	民主・共和両党の得票数 (1)	民主党の得票数 (2)	民主党の得票率 (%) (3)=(2)/(1)	民主・共和両党の得票数 (4)	民主党の得票数 (5)	民主党の得票率 (%) (6)=(5)/(4)
〈地域別〉						
北東部						
ボルチモア	213	87	40.8	261	126	48.3
ボストン*	176	68	38.6	304	205	67.4
バッファロウ*	140	40	28.6	271	126	46.5
ジャージーシティ*	165	63	38.2	253	153	60.5
ニューアーク*	157	41	35.3	287	118	41.1
ニューヨーク*	1,131	345	30.5	1,883	1,168	62.0
フィラデルフィア*	398	90	29.2	696	276	40.0
ピッツバーグ*	179	40	23.3	377	161	42.7
プロビデンス*	126	46	36.5	183	97	53.0
ロチェスター*	103	29	28.2	174	74	42.5
小計	2,788	849	30.9	4,689	2,504	53.4
中西部						
アクロン	72	28	38.9	111	32	28.8
シカゴ*	832	197	23.7	1,528	716	46.9
シンシナティ	191	78	40.8	258	110	42.6
クリーブランド*	220	71	32.3	361	166	46.0
コロンバス	108	48	44.4	139	47	33.8
デトロイト*	273	52	19.0	422	157	37.2
インディアナポリス	141	61	43.2	183	73	39.9
カンザスシティ	157	77	49.0	224	97	43.3
ミルウォーキー*	98	25	34.2	193	111	57.5
ミネアポリス*	662	143	21.6	957	396	41.4
セントポール*	61	21	34.4	110	57	51.8
セントルイス	269	106	39.4	338	176	52.1
トレド	82	30	36.6	123	45	36.6
小計	3,166	937	29.6	4,947	2,183	44.1
西部						
デンバー	67	23	34.3	115	41	35.7
オークランド*	94	21	22.3	180	61	33.9
ロサンゼルス*	234	56	23.9	721	210	29.1
ポートランド	73	28	38.4	121	45	37.2
サンフランシスコ*	129	33	43.4	195	97	49.7
シアトル*	76	17	22.4	143	47	32.9
小計	673	178	26.4	1,475	501	34.0
南部						
アトランタ	12	9	75.0	13	7	53.8
バーミンガム	32	25	78.1	35	17	48.6
ダラス	19	14	73.7	44	17	38.6
ヒューストン	23	15	65.2	49	22	44.9
ルイスビル	124	56	45.2	162	64	39.5
メンフィス	25	16	64.0	30	18	60.0
ニューオーリンズ	51	33	64.7	70	56	80.0
小計	286	168	58.7	403	201	50.0
総計	6,913	2,132	30.8	11,514	5,389	46.8
〈移民系人口比別〉						
50％以上の都市	5,254	1,398	26.6	9,238	4,396	47.6
50％以下の都市	1,659	734	44.2	2,276	993	43.6

注：人口25万以上(1930年)の都市。*をつけた都市は移民系50％以上。但し、オークランド、シアトルは各々47.8％、48.2％であるが、アメリカ生まれの白人の比率も50％以下(46.4％、47.7％)故、移民系50％以上の都市に含める。

出所：E. E. Robinson, *The Presidential Vote, 1896-1932* (New York : Octagon Books, 1970), IV. "Party Vote for Electors by State and by County" ; Carl Degler, "American Political Parties and the Rise of the City," *Journal of American History*, 51 (June 1964), 55-56, Table I, IIから作成。

市での民主党の優勢は、それらが属する州における民主党の勝利にはつながらなかった[13]。それにしても、都市における民主党の得票率が南部で低下したものの、北東部、中西部で大幅にのびたことは、28年選挙における著しい特徴をなしたのである。

　民主党が北東部を中心に大都市で得票をのばした背景には、移民系をはじめとする都市労働者層の台頭があった。周知のように、19世紀末から始まった南欧・東欧系を中心とする新移民の渡来は、農村人口の流入をしのいで都市人口増加の最大の要因となっていた。1920年代には、移民制限法が制定されたため新たな移民は減少していったが、移民の子は確実に増加していた。そのため移民系住民は北東部や中西部の大都市を中心に、先住のアメリカ人を数の上でしのいでいた。1930年国勢調査にしたがえば、人口25万以上の36大都市（但し、ワシントンDCを除く）中19都市で、移民系住民が人口の50％以上を占めていた（表5-2）。しかし彼らは共和党政権下で、20年代の「繁栄」から、ともすれば取り残されがちな人々であった[14]。

　彼ら移民系の社会・経済状態は厳しいものだった。労働者層として低賃金、過酷な労働条件の下に置かれていたばかりか、生粋のアメリカ人の差別意識に苦しめられていた。特に新移民一代目の場合、英語を話すことさえ不自由な彼らにとって、仕事をえて、アメリカでの生活に順応することは非常にむずかしかった。そのような状況にある彼らにとって、都市政党マシーンは「ソーシャルサービス」を提供してくれる頼りがいのある存在であった[15]。彼らが職に困ったとき、病気やけがで金が必要なとき、警察ざたを起こしたとき、マシーン政治家が面倒をみたのであり、その見返りとして選挙での投票が約束された。実際、北東部や中西部の大都市ではすでに19世紀末期から20世紀初頭の時期は、政党マシーンにとって繁栄期であったといわれている。しかし、1920年代までは、都市レベルの選挙で民主党マシーンが勝利したとしても、その勝利が大統領選挙におけるその州の勝利に結びつくことはほとんどなかったのである。

　そうした状況のなかで、少数党に甘じてきた民主党が再生をはかるカギは、「繁栄」からとり残された移民層をはじめとする都市労働者層の支持を、連邦レベルの選挙でも確実に獲得することにあった。民主党は、共和党とスムーズな関係にある都市企業家の支持をえることはのぞみえなかったが、急速に拡大

しつつある都市労働者層という新たな票田が目の前にあったのである。そこにあらわれたアル・スミスは、民主党を都市移民層と結びつける最適な人物であった[16]。自らアイルランド系カトリック教徒、移民の子であり、都市下層階級の出であるスミスは、不満と怒りに燃える都市移民層に支持を訴えた。そして実際にも、彼は移民層の支持をうけたのである。

　1920年大統領選挙の際、人口25万以上の都市のうち移民系人口が50%以下の17都市における民主党の得票総数は、総投票数（但し、民主党と共和党の得票総計）の44%であったが、28年にも同じくほぼ44%で変化はみられなかった（表5-2）。それに対して、移民系人口50%以上の19都市における民主党得票率は、20年大統領選で26.6%であったのに対し、28年選挙では一挙に47.6%へ上昇した。しかもこれら移民系人口の多い都市のうち、民主党が50%以上の得票率を示した都市は、20年選挙では皆無であったが、28年選挙ではニューヨーク、ボストンなど6都市にのぼった。明らかに、アル・スミスが従来の民主党大統領候補と異なっていたのは、都市労働者層、なかでも移民層の支持を得たことであった。

第2節　ニューディールと都市

(1) ロウズヴェルトの勝利と都市

　1928年選挙で、アル・スミスが移民をはじめとする都市労働者層に支持された背景には、彼らの共和党政権への不満があったことは否めないとしても、民主党の政策が彼らを積極的にひきつけたともいえない。スミスはニューヨーク州知事として、教育、労働問題に関する改革をおこない進歩派とみなされたが、大統領候補としては進歩派とはいえなかったし、28年民主党綱領は都市有権者に対する政策では共和党と大差なかったからである[17]。むしろスミスは、カトリック教徒の禁酒法廃止論者の象徴となって、移民系労働者層の票をほりおこしたといえるだろう。しかし、大恐慌後におこなわれた1932年以降の選挙において民主党が都市労働者層の支持を得た時、社会・経済状況は28年とまったく異なっていた。もちろん、28年にスミスによってうえつけられた民主党との一体感が彼らを民主党支持へと向かわせる基礎となったといえようが、大恐慌に

第5章　民主党の都市政党化と政党マシーン

よる経済的衝撃とそれに続くニューディールが彼らを決定的に民主党に結びつけたのである。

　大恐慌は、アメリカ史上かつてない大量の失業者を、しかも長期にわたってうみだした。1929年の恐慌勃発時、わずか3.2％であった失業率は、30年に8.7％、31年に15.9％と上昇し、33年には24.9％に達するまでになった[18]。全国の失業者は32年に1,200万人をこえ、33年には1,280万人に達し、失業者世帯に属する人々は、ゆうに3,000万人以上になったと推定される。またパートタイムの職にしかつけない労働者の数もふえ続けた。こうした失業問題は、移民層が多く居住する大都市で特に深刻となった。31年4月、フィラデルフィアの失業率は25.5％、パートタイム就業率は13.8％であった。一方、シンシナティではその年の末、失業率約24％、パート就業率約20％となった。デトロイトでは、31年11月、すでに22万3千人もの失業者がでていたが、33年の始めには35万人に達し、失業率は50％をこえるまでになった。シカゴでも、すでに31年10月の時点で失業率40％となり、62万4千人の失業者をかかえていたし、同じ頃、ニューヨーク市も25万人の生活困窮者を抱えていた。

　すでに前章でもふれたように、都市大衆が失業やそれにともなう生活の困窮に苦しんでいたにもかかわらず、当時、アメリカのどのレベルの政府にも彼らを政策的に救済する体制は整っていなかった。元来、アメリカでは失業や貧困は個人の責任で解決すべきであるという考え方が根強く、今世紀に入っても政府の救済政策はほとんどおこなわれなかった[19]。連邦政府は救済活動に関与しない原則をとっていたし、州政府の救済事業にもみるべきものはほとんどなかった。ただイギリスの救貧法にならって、市政府をはじめとする地方自治体がその財源と責任で就業不能な生活困窮者の救済をおこなっていたにすぎない。しかしそれもきわめて不十分なものでしかなく、民間社会事業団体、移民の相互扶助組織、また政党マシーンの「私的救済活動」をあてにせざるをえなかったのである。

　もともと不十分であった都市の救済体制は、大恐慌によってまったく破綻せざるをえなかった。民間社会事業は、たちまち救済資金にいきづまったし、相互扶助組織やマシーンによる「私的救済活動」では、大恐慌がもたらした失業と生活苦を解決することは不可能であった。そこで人々は、あらためて都市自

149

治体の公的救済事業拡大を求めざるをえなかった。ところが、大恐慌は20年代にすでに発生していた都市自治体の財政危機をますます悪化させたため、どの都市も救済を負担する能力をもっていなかった[20]。都市政府は州に援助を求めたのであるが、州もまた財政危機状態にあり、都市政府の期待に応えることができなかった。州にも依存できなくなった都市政府は、直接連邦政府に対応をせまるにいたった。しかし当時の大統領フーヴァーは、基本的に民間主導で景気回復をはかるべきであるとの考えであった。そのため、連邦政府による失業救済政策には積極的でなく、わずかに1932年に発足した復興金融公庫（Reconstruction Finance Corporation, RFC）による州及び地方政府への融資をゆるしたものの、それも実際には都市自治体の救済事業を助けるにはほど遠かった。

こうした状況下にあった都市大衆にとって、32年大統領選挙での民主党候補ロウズヴェルトによる「忘れられた人々」の演説は魅力に満ちていた。彼は「経済的ピラミッドの底辺にいる忘れられた人々」の立場を擁護し、彼らに対する新たな政策を約束したのである。実際のところ、彼の政策の具体的内容は必ずしも明確なものではなかったが、いずれにせよフーヴァーに反対し、連邦政府の新たな対応を望んでいた都市大衆にとって、「忘れられた人々」に対する「新規まき直し（ニューディール）」は、彼らをロウズヴェルトと民主党支持へと向かわせるのに十分であった。

(2) ニューディールの救済政策と都市政治

大恐慌は、こうして失業者を中心に都市大衆をロウズヴェルト支持へと向かわせ、民主党政権を誕生させた。そしてロウズヴェルト政権の下で、周知の大規模な失業者救済が展開されていったのであるが、実はこの政策は、都市自治体の要求と連邦政府の戦略とがからみあいつつ形成、実施されたのであった。まず都市の膨大な失業者群救済に連邦政策を要求したのは、都市自治体であった。すでにフーヴァー政権の時代に、市政府はワシントンに市長を送り、州政府とは比べものにならない積極性をもって連邦政策を要求し、RFC法をうみだすひとつの力となっていた。そして連邦政府に救済を求めるという方法に自信を深めた彼らは、ロウズヴェルト当選後も連邦政府に積極的な救済を求めていくために、合衆国市長会議（U.S. Conference of Mayors）を創設した[21]。こ

うした都市からの要請に対して、ロウズヴェルト政権は連邦政府として初めて、失業・貧困問題をはじめとする都市問題を連邦の課題として対処する方向をとったのである。都市よりも農村に親近感をもっていたといわれるロウズヴェルト[22]が、市政府からの要請を受けいれたのは、都市を中心として失業・貧困などの経済・社会問題が深刻であり、それがアメリカにとって危機であると認識したことによることはもちろんである。しかしそれと同時に、政権の座にあるロウズヴェルトはじめ民主党にとって、都市の政治的重要性が高まったことにも起因していた。

これまでみてきたことから明らかなように、民主党が多数党としての地位を定着させ、かつ高めていくためには都市に支持基盤をもたねばならず、その都市における基盤は、大恐慌で最も苦しんでいる都市大衆の支持なしにはありえなかった。そうした意味で、ニューディールの救済政策は、都市自治体の側の要求とロウズヴェルト政権の問題意識と選挙基盤拡大戦略とが、相互にからみあうなかで形成・展開されたのである。そうだとすれば、この連邦政府による救済政策展開過程で、(1)連邦政府と都市自治体の関係がどのように変化していったか、(2)また都市政治がどのように変化したのかが問題となろう。このうち前者についてはすでに、別稿[23]でニューディール前期の連邦緊急救済庁（Federal Emergency Relief Administration, FERA)、後期の連邦事業促進庁（Works Progress Administration, WPA）の事業を中心に論じたので、ここでは後者について考察してみよう。

すでに述べたように、大恐慌発生とともに、市政府をはじめとする地方自治体の失業者救済事業は破綻し、また、各地のマシーンの救済活動も資金面から限界に達していた。そのため、市政府を握るマシーンのボスたちは、積極的に連邦政府に救済資金を援助するように求めた。実は、1932年及び33年に一堂に会した大都市市長のほとんども、各都市の民主党マシーンのボスからなっていた[24]。たとえば、会議に参加したデトロイト市長フランク・マーフィー、ボストン市長ジェームズ・カーリーは、当時全国に名を知られたマシーンのボスであった。そして彼らの要求は、連邦政府による救済政策が展開される大きな力となったのであるが、このことは救済をめぐって都市政治に変化があらわれることを意味した。すなわち、従来は都市の諸問題が都市自身の責任と権限の枠

内で処理されていたのに対し、ニューディールを契機に、連邦と都市との新たな関係の中で都市政治が展開されるようになったのである。

さて、問題を考察する手がかりとなるのは、いわゆる「最後の歓呼説（Last Hurrah thesis）」または「ニューディール説」とよばれる仮説である。この説によれば、ニューディール政策は、都市政治における政党マシーンの没落を導いたということになる。マシーンは長期にわたり、都市大衆に対して一種の社会福祉活動をおこなう見返りとして、彼らの票を得てきたのであるが、ニューディール期における連邦救済の政策は、マシーンの「福祉」活動を狭めることによって、マシーンとその支持者との結びつきを終結させたとみるからである。この見解は、エドウィン・オコナー（Edwin O'Connor）の小説『最後の歓呼（*The Last Hurrah*）』に最もよく反映されているため「最後の歓呼説」とよばれるが、この作品の中である人物は次のように語っている[25]。

> 彼（F. D.ロウズヴェルト）は、昔からのボスを壊滅した。彼は、ボスの権力の源泉をとりあげたのだ。……全国で、ボスたちはロウズヴェルトのために、もう20年も瀕死の状態にある……。かつてのボスは、すべての切り札を握っているということだけで強かった。もし誰かが、職、恩義、現金にしろ何かを欲しかったら、地元のリーダーであるボスのところに行くしかなかった。ロウズヴェルトがしたことは、地元の手から施し物を奪うことだった。……今では、ボスに頼る必要は何もないのだ。というのは、連邦政府が乗り出してきたからだ。……老人は昔の流儀通りにというわけで、ボスに従っていくだろう。だがその子供たちはどうだろう。

ニューディールが都市におけるマシーン政治を壊滅させたというこの仮説は、ニューディール以降のマシーン衰退の原因を解く有力な仮説として、多くの歴史家や政治学者に支持されてきた。確かに、この説は一応の論理性があり、マシーン政治「衰退」の一因を説明する見解として無視できない。しかし、同時に大きな疑問も残している。その一つは、はたしてマシーンにとって、連邦救済は両刃の剣であったのかということである。連邦救済はマシーンの支持者を満足させる一方で、長期的にみれば、マシーンが従来はたしてきた「ソーシャ

ルサービス」の役割を消失せしめ、ひいてはマシーンとそのボスの政治力喪失を招いたのであろうか。その結果、都市労働者層はロウズヴェルトと深く結びつつも、地元の民主党マシーンから離れていったのであろうか。また各都市のボスたちは、ニューディール期を通じてロウズヴェルトの最も熱心な支持者であり続けたが、彼らは他に選択肢がないままに、自らの政治支配力を犠牲にロウズヴェルトを支援し続けたといえるのか。

　これらの疑問に答えるには、ニューディール救済政策の展開過程で、都市政党マシーンとその支持者がどのように対応していったのか、具体的に検討する必要がある。そこでいくつかの都市に関するケーススタディを分析してみると、「最後の歓呼説」を裏付けるより、むしろ否定する事例もみられることがわかる。

第3節　ニューディールの救済政策と政党マシーン

(1) 「最後の歓呼説」の検証：その1

　「最後の歓呼説」に反する政治状況を生みだした典型的な都市は、ピッツバーグ、カンザスシティ、ジャージーシティである。

　①ピッツバーグ[26]

　「最後の歓呼説」に最も反するとみられるのは、ピッツバーグの状況であり、そこではむしろこの説とは逆に、ニューディール救済が民主党マシーンを育てたといっても過言ではない。この鉄鋼都市では、1920年代まで共和党が圧倒的な力をもって市政を握っていた。ただ20年代半ばにいたって、当時の共和党市長クライン（Charles Kline）の市政は腐敗を極め、共和党内に彼を批判するグループが生まれ、党内抗争が生じていた。それにもかかわらず民主党はきわめて弱体で、1929年にいたっても、有権者の3％のみが民主党員であったにすぎず[27]、30年の連邦議会議員選挙でも民主党得票率は15％にすぎなかった[28]。ところが、1932年大統領選挙ではロウズヴェルトが53％[29]の得票率を得て、実に76年ぶりに民主党大統領が同市で勝利した。そしてそれを契機に、政治状況に変化があらわれたのである。

　とはいえ、ピッツバーグ民主党の優位はすぐさまおとずれたわけではない。

33年に民主党市長が誕生したが、当選後、彼は民主党マシーンと一線を画し、ニューディール政策に反対する始末であった。市の公職授与権は、民主党マシーンの期待に反してその意のままにならず、民主党員も有利な公職をうることができなかった。そこでピッツバーグ民主党は、組織を拡大し、より多くの政治的機会をえるために他によりどころを求めようとした。それが、連邦救済政策であった。

　ピッツバーグ民主党が自らの組織と政治力強化に連邦救済を「活用」しようとしたのは、実は当時の連邦救済政策とその運営について一般に次のような事情があったからである。すなわち、連邦の救済政策は、連邦と地方との密接な関係のなかで実施されており、日々の救済事業運営についてはかなり大幅に州・地方政府の責任にまかされていた[30]。そのため、連邦政府の規制ないし介入があったとはいえ、州や都市の政治を握る政党は自党に有利に救済事業を運営できた。そして、その政党は地方の救済事業機関における役職の賦与や、直接救済・事業救済を通して、支持層を拡大することも可能であった。ところが、ニューディール初期には、ペンシルベニア州政府が共和党の下にあったため、ピッツバーグ民主党は思い通りに救済政策を「活用」できなかった。しかし、35年に民主党が州政府を握るや、両党の立場は逆転した。

　35年にWPAが発足し、連邦救済事業が拡大強化されるとともに、ピッツバーグ民主党はこれを利用し、党組織のたて直しをはかった。WPA計画は、州・地方政府によって提案され、その提案を最終的に連邦政府が審査し、許可するというシステムの上になりたっていた。そのため、連邦政府に影響力をもつ州や地方は、有利な計画を連邦に認めさせるのに成功した。ペンシルベニア州では、民主党上院議員ジョウ・ガフィ（Joseph Guffey）が活躍し、同州のために数千もの仕事を生み出す計画を確保し、それらを政治的に配分した。その結果、民主党優位のピッツバーグは有利な配分にあずかることができた。民主党員には、監督官などのWPA地方機関の職がふりあてられ、また、彼らを通じてWPA救済事業に仕事を求める一般大衆に対しては、仕事が与えられた。前共和党知事ピンショー（Gifford Pinchot）がいみじくも嘆いたように、WPAは「政治的奴隷として身売りしてしまった[31]」ともいえよう。こうして民主党マシーンは、WPAの事業計画を通じて、様々な公職を新旧の党員に配

分し、また雇用の拡大を通じて一般有権者を引きつけ、党の政治的基盤を強めたのである。

②カンザスシティ[32]

カンザスシティ（ミズーリ州）の状況は、連邦救済をめぐる人事と資金とが民主党マシーンを繁栄させた点でピッツバーグと類似している。ただ、カンザスシティの民主党は19世紀に生まれた古い組織で、すでに20年代には市政を握っていた。それがロウズヴェルト政権下で、一層勢力をましたのである。マシーンの中心であったボス、トマス・ペンダガスト（Thomas Joseph Pendergast）は、1932年大統領選挙の際に、早々とロウズベルト支持をうちだして、彼の勝利に貢献したため、カンザスシティはニューディール前期の救済政策において、かなりの恩恵に浴することができた[33]。まずペンダガストは、短期的ではあったが、ミズーリ州で10万人以上の労働者を雇用した民間事業局（Civil Works Administration, CWA）を支配下においた[34]。

さらにWPA計画の下で、ペンダガストはさらなる恩恵に浴した。ペンダガストの希望にそって、WPAミズーリ州長官にペンダガスト・マシーンの忠実なメンバーであるマシュー・マレイ（Matthew S. Murray）が任命された結果、WPAが企画した事業運営はペンダガストの意のままになったのである。各地区長官はペンダガスト・マシーンの支持者であるという理由で仕事を割り振られ、彼らはその仕事につく労働者にマシーンの候補者を支持するように働きかけたのである。連邦救済計画は「ペンダガストの政治的兵器庫における強力な武器[35]」となったといえる。

もっとも、ペンダガスト・マシーンは1930年代末に崩壊してしまった。しかし、この崩壊は、連邦の救済政策と直接関係していたわけではなかった。むしろ原因は、ミズーリ州民主党内部の対立にあったといえる。ペンダガストに推されて州知事となったスターク（Lloyd C. Stark）が反旗を翻して、過去の選挙での不正行為をはじめとする非合法行為を理由に、ペンダガストを鋭く追求し、連邦財務省とFBIの調査を求めたのである。この時、大統領ロウズヴェルトは、ペンダガスト・マシーンが腐敗しているというよりも、ペンダガストがミズーリの政治においてもはや敗者であるという理由から彼を助けようとはしなかった。ペンダガストを切り捨てることが、ロウズヴェルト自身の政治的

利益に合致していると判断したのである[36]。

③ジャージーシティ[37]

ジャージーシティ（ニュージャージー州）におけるマシーンのボス、フランク・ヘイグ（Frank Hague）もすでにニューディール以前に、州民主党のリーダーであり、自らの強力な組織をもっていた点で、カンザスシティのペンダガストに類似していた。ロウズヴェルトにとって、ヘイグの驚異的な集票力は欠くべからざるものであったため、ロウズヴェルトは大統領当選後、その見返りとして数多くの政治的恩賞を与えた。その結果、たとえば1934年に、ヘイグは1万8千のCWAの仕事をとりしきったばかりでなく[38]、翌年はじまったWPA計画においては、州の長官として彼の腹心をすえることに成功した。そのためニュージャージー州のWPAの事業計画も、ヘイグの意のままに運営されることになった。そして、諸々の連邦救済事業は、ジャージーシティに多くの仕事口ばかりでなく、多くの資金をもたらした。

たとえば、FERAの事業として、毎月50万ドルがジャージーシティのために確保され、またPWA（Public Works Administration）計画の補助金と融資として、33年から38年にかけて1,740万ドルが同市と同市の属するハドソン・カウンティのために用意された[39]。またWPA計画では、ヘイグの部下のエリイ（William Ely）が州長官となり、39年までに5千万ドル近くの連邦資金がジャージーシティに流れ込んだ[40]。ヘイグのマシーンがこうした連邦政府の供給する仕事と資金を政治的に利用して、組織をより強力なものとしたことはいうまでもない。彼はペンダガストのように容易に政敵に活動の場を与えるようなことはなく、裁判所も握って政敵を葬り、ジャージーシティとニュージャージー州で絶大な権力を握るにいたったのである。1937年11月に、彼はジャージーシティでは「自分がすべてを決める。」と豪語したほどであった[41]。

ヘイグは、ニューディールを利用して自らのマシーンを強化することに成功したとはいえ、ロウズヴェルトと必ずしもスムーズな関係にあったわけではない。政治姿勢や政治思想に関しては、ロウズヴェルトと相反しており、ニューディールの底を流れるリベラリズム、改革精神を共有することはなかったばかりでなく、個人的にロウズヴェルトと馬が合うということもまるでなかった。カンザスシティのペンダガスト・マシーンと同様に、彼のマシーンは情実や不

正で腐敗していたのであり、ロウズヴェルトはヘイグとはあらゆる面で正反対の人物を州知事にすえて、反ヘイグ感情がどのくらいのものか推し量ろうとした。しかし、その結果はヘイグの政治力を確認することに終わったのであり、ロウズヴェルトはヘイグを温存することが、自らの再選のために得策であると考えるにいたった[42]。

上にみたように、ピッツバーグ、カンザスシティ、ジャージーシティの状況は、「最後の歓呼説」を裏付けるどころか、逆に連邦の救済政策が民主党マシーンを拡大強化する支えとなったといえる。しかしその一方、ニューディール期に都市政治への影響力を失っていったボスがいたことも、事実である。ボストン、ニューヨークといった都市における民主党マシーンのボスがそれであるが、彼らの勢力失墜は、ニューディール連邦救済に関係していたのであろうか。次にこれらの都市についてみてみよう。

(2) 「最後の歓呼説」の検証：その2
①ボストン[43]

ボストンの民主党ボス、ジェームズ・カーリー（James M. Curley）は、『最後の歓呼』のモデルといわれる人物である。ニューディール発足当時は、個人的に人気のあるボストンの民主党市長であり、1934年にはマサチューセッツ州知事に就任した。しかし、36年以降、次第にその政治力を喪失していった。確かにカーリーは、後にもみるように連邦救済の事業運営に権限をもちえず、そのため政治力を失ったのであり、その面だけをみれば「最後の歓呼説」は妥当かもしれない。しかし「最後の歓呼説」が見落としているのは、他のボスや組織もカーリーと同様の運命をたどったかどうかという点である。実は、ボストンの場合、カーリーが得られなかったものを、彼と同じく民主党に属しながら政治的に対立関係にあったデイヴィッド・ウォルシュ（David Walsh）が得たのであった。

ウォルシュはマサチューセッツ州選出の民主党上院議員であり、彼を中心とする組織は強力で、ボストン市への影響力も少なくなかった。これに対して、カーリーはもともと、選挙区や投票区を基礎として民主党マシーンを組織化することに、必ずしも積極的ではなかった。同州における民主党組織内二派の対

立の中で、ロウズヴェルトは強い組織力と支持基盤をもち、個人的にも気が合うウォルシュに連邦救済の運営面で様々な権限を与えた。

たとえば、ロウズヴェルトはマサチューセッツ州における連邦救済地方機関の役職任命権をウォルシュに与え、カーリーには与えなかった。また1934年に、カーリーが州知事に就任してからもなお、ロウズヴェルトとカーリーの関係は改善されなかった。カーリーはマサチューセッツ州の連邦救済事業にかかわる任命権の一部が、ウォルシュにかわって彼に賦与されるよう連邦政府に要請したが、すげなく拒否されたのであった。彼はまた、マサチューセッツ州の公共事業に連邦が財政補助を与えると期待してワシントンに何度も赴いたが、WPA局長のホプキンズ（Harry Hopkins）もPWA責任者のイッキーズ（Harold Ickes）もカーリーを無視した。仕事も金ももたらさないカーリーへの批判は、民主党内部からも高まり、彼の影響力は失われていった。

カーリーは1936年以降、上院議員選挙などに出馬したが、ロウズヴェルトの支持をえられず、落選した。オコナーがいうように、カーリーはロウズヴェルトによって少なくとも一時的に滅ぼされたといっても過言ではない。その一方、ウォルシュのマシーンは、彼に与えられたマサチューセッツ州の連邦救済事業に関する権限を支えとして、一層強化されていった。ごく単純にいえば、連邦救済の展開は「最後の歓呼説」がいうように、確かにボス・カーリーの政治力を失わせたが、「最後の歓呼説」に反する事態、すなわちウォルシュ・マシーン強化をうみだしていったのである[44]。

②ニューヨーク[45]

周知のように、19世紀以来ニューヨークの市政を握ってきたのは、民主党マシーン、タマニーホールであった。数々の批判にもめげず政治力を維持してきたタマニーホールも、1920年代になると強力な指導者を欠いたこともあって、その力にはかげりがみられつつあった。1926年から32年まで市長を務めたウォーカー（James M. Walker）が、政治腐敗のために職を辞することになり、32年に臨時市長選挙がおこなわれた時、ニューヨーク市民主党内では、反タマニーホール派がタマニーホール派と拮抗する力を備えるまでになっていた。こうした民主党内部における対立のいわば間隙をぬって、1933年市長選では反タマニーホール連合から出馬した共和党のラガーディア（Fiorello H. LaGuardia）

第5章　民主党の都市政党化と政党マシーン

が勝利をおさめた。そしてこれを契機にタマニーホールは壊滅的打撃を受け、市政への影響力を失っていったのである[46]。

とはいえ、それは連邦の救済政策が、タマニーホールから支持者を奪い去ったためとは必ずしもいえなかった。むしろタマニーホールの組織基盤がゆらいだのは、まずタマニーホールがアイリッシュ系移民を優遇し、他の民族グループへの配慮を欠いたこと、また選挙民の多様化する要求を的確に汲み上げていけなかったことにあった[47]。しかし、それにもまして重要だったのは、ラガーディアがもともと都市労働者層と一体感をもち、市長就任後、ロウズヴェルトと友好的関係を築いていったことであった。ロウズヴェルトが長らくタマニーホールと対立する立場にあった一方[48]、ラガーディアが共和党に属しながらニューディールを支持していたことが、両者を所属政党の違いをこえて結びつけたのである。その結果、ラガーディアは連邦政府からニューヨーク市の救済事業について大幅な権限を与えられるとともに、豊富な資金を確保することができた。

1934年、市長に就任したラガーディアは市財政の健全化が連邦補助金を得る条件であるとPWA責任者のイッキーズから警告をうけた。そのため、彼は財政緊縮のために大幅な行財政改革、新税導入などの措置をとって、財政均衡を達成し、ワシントンにむかった。その結果、多額の連邦救済資金と20万件のCWA関連の仕事を獲得した[49]。FERAについて、ロウズヴェルトは特例として、ニューヨーク市のFERA計画をすべて統括するFERA長官職を創設し、その任命権をラガーディアにゆだねた[50]。またWPAは、その総支出のうち、実に7分の1をニューヨーク市に割り当て、そのため同市は24万人分の仕事をWPA資金によって確保することができた[51]。さらに、PWAのニューヨーク市に対する補助金及び貸し付けも、2億5千万ドル以上にのぼったのである[52]。

こうして、ラガーディアがニューヨーク市の連邦事業計画を事実上支配しえたことは、その恵まれた資金とあいまって、彼の支持基盤を強化するのにきわめて有効であった。そしてそれは、タマニーホールの没落に拍車をかける一つの要因をなしたのである。要するに、ニューヨーク市政における政治勢力の配置は、ニューディール期に大きな変貌をとげた。民主党の人気がおとろえたわけではないが、すでに20年代に弱体化しつつあった民主党マシーン、タマニー

159

ホールは連邦救済事業が展開される過程で力を失っていった。その一方、ラガーディアは連邦救済事業を掌握することによって、その勢力を拡大していったのである。

むすび

　いくつかの大都市をとりあげて、ニューディール救済事業の展開過程で都市政治がどのように変化したかを考察したが、それらは次のように整理することができるであろう。第一に、考察の対象とした大都市では、いずれも政治勢力地図に大きな変化がみられた。従来、民主党の力が弱体であったピッツバーグでは民主党が急速に組織を拡大し、またニューディール以前から強力な民主党組織を有していた都市、たとえばカンザスシティ、ジャージーシティでは、民主党組織がその支持基盤を一段と強化していった。しかし、民主党が強力であった都市でも、勢力の交替がみられた。ボストン、ニューヨークがその例であり、前者ではカーリー派の退潮、ウォルシュ派の躍進、また後者ではタマニーホールの衰退がきわだっていた。こうした都市における政治地図のぬりかえは、他の都市でもみられたことであろう。そしてこの変動は、アメリカ都市政治史上でもとりわけ大きなものの一つであったといえる。

　第二に、連邦政府が展開した大規模な救済計画は、この時期の都市における政治勢力の変動をもたらす有力な原因であった。くり返すまでもないが、考察の対象とした諸都市で、ニューディール期に政治力を拡大強化した政党なり組織は、いずれも連邦政府と関係をもち、連邦救済事業を通じてその力を高めていったのであり、おそらく同様のことは他の諸都市でもみられたといってよい。それというのも、連邦政府の救済事業計画は、連邦政府が運営面まで全面的に担うのではなく、各地で実施された事業計画については、それぞれの地方がかなりの責任と権限をもって運営したからである。連邦政府とパイプをもつ政党なり組織は、連邦救済事業と深くかかわり、地方の救済機関の人事・救済資金と仕事の配分などを通じてその支持基盤を拡大し、政治力を高めることができたのである。その一方、連邦救済にかかわる機会を与えられなかった政治家や政治組織は、その支持基盤を培養することができないことが大きな原因となっ

第5章　民主党の都市政党化と政党マシーン

て、たとえばボストンのカーリー、ニューヨークのタマニーのように、その政治力を失っていかざるをえなかった。

　第三に、このようにみてくれば、少なくともニューディール期についてみる限り、連邦救済政策それ自体が必ずしも直接的に、マシーンとボスを一様に衰退させる原因とならなかったことは明らかであろう。むしろ逆に、マシーンが連邦救済事業にかかわることによってその力を高めたケースもあるのであり、ピッツバーグ、カンザスシティ、ジャージーシティがその例であることはすでにみた通りである。そして、たとえ連邦救済事業の下でボストンのボス・カーリーやニューヨークのタマニーホールが衰退していった事実があるにしても、それは、その一方で連邦救済事業とかかわった他のマシーンなり、政治勢力が力をましていったことによるところが大であった。その意味で、「最後の歓呼説」はマシーンが没落したケースを媒介項ぬきにして連邦救済政策と直結させ、しかもそれを一般化したといえるのではなかろうか。

　以上にみたように、ニューディール期の連邦救済政策は、都市の政治勢力の配置に大きな変化をもたらした。例外はあるにしても、概して都市における既存の民主党マシーン、あるいは民主党内部の特定の一派は、各地域の救済事業運営に深くかかわることを通じて、各地域の民主党の支持基盤を拡大することができたのである。その点からみて、連邦救済政策が失業者をはじめとする労働者層を救済したために、都市労働者層はロウズヴェルトの支持層として定着したというのは正しいにしても、そこには媒介項が存在していた。その媒介項とは、各地域の連邦救済機関と深くかかわることによって、都市の民主党組織が拡大したことである。連邦救済政策は都市の民主党組織を拡大させ、それを通じて都市大衆のロウズヴェルトへの支持を定着させていったのである。都市大衆というロウズヴェルトの支持基盤が強固だったのも、このことが大きな理由となっていたであろう[53]。

　1928年大統領選挙で、民主党は都市にその支持基盤を求め、12大都市で共和党の総得票数を上まわる票を獲得した。とはいえ、未だその支持基盤は確固としたものではなかった。32年大統領選挙において、ロウズヴェルトは同じく12大都市で、前回選挙で民主党が獲得したよりはるかに大量の票を得た。しかし彼の大勝は、フーヴァーの「失政」によるところが大きかったといえなくはな

161

い。しかし、ニューディール期の大規模な連邦救済政策が、都市の民主党組織を拡大強化する作用をはたすことを通じて、ロウズヴェルトと民主党は都市労働者層を中心とする都市の支持基盤を拡大するとともに、それを確固としたものとすることができたのである。

注
1) 20年代の経済発展については、さしあたり以下を参照。George Soule, *Prosperity Decade, from War to Depression, 1917-1929* (New York: Rinehart, 1947).
2) U.S. Department of Commerce, Bureau of the Census, *Historical Statistics of the United States : Colonial Times to 1970*, Bicentennial Edition, Part 1 (Washington, D.C.: Government Printing Office, 1975), 11.
3) Charles N. Glaab, "Metropolis and Suburb: The Changing American City," in *Change and Continuity in Twentieth Century America : The 1920's*, ed. John Braeman et al. (Columbus, Ohio: Ohio State University Press, 1968); Blake McKelvey, *The Emergence of Metropolitan America, 1915-1966* (New Brunswick, N.J.: Rutgers University Press, 1968); R. D. McKenzie, "The Rise of Metropolitan Communities," in *Recent Social Trends in the United States*, Volume 1 (New York and London: McGrow-Hill, 1933).
4) *Historical Statistics of the United States*, Part 1, 11.
5) David Burner, *The Politics of Provincialism* (New York: Alfred A. Knopf, 1968), 160, Table X.
6) ニューヨーク、シカゴ、フィラデルフィア、ピッツバーグ、デトロイト、クリーブランド、ボルチモア、セントルイス、ボストン、ミルウォーキー、サンフランシスコ、ロサンゼルス。
7) Samuel J. Eldersveld, "The Influence of Metropolitan Party Pluralities in Presidential Elections since 1920: A Study of Twelve Key Cites," *American Political Science Review*, 43 (December 1949), 1196, Table 3 から算出。
8) より正確にいえば、ある州での共和党の勝利に対する都市の寄与率とは州レベルにおける共和党の得票差（共和党の得票数が第二位の党の得票数を上まわった分）に対する都市レベルにおける共和党の得票差の比率である。
　　なお、都市の投票数についてはその都市の属するカウンティのデータのみしか残されていないため、それを用いている。たとえば、シカゴについての投票データはクック・カウンティのデータである。州及びカウンティの投票

データは、主として Edgar Eugene Robinson, *The Presidential Vote, 1896-1932* (New York, Octagon Books, 1970) からとった。その他については、その都度示す。

また、州レベルの投票データは、*Historical Statistics of the United States : Colonial Times to 1970*, Part 2, 1078, Series Y 135-186 も用いている。

9) Eldersveld, "The Influence of Metropolitan Party Pluralities in Presidential Elections since 1920," 1192-1196.
10) Richard Hofstadter, *The Age of Reform* (New York : Vintage Books, Alfred A. Knopf, 1955), 284.
11) Irving Bernstein, *The Lean Years : A History of the American Worker 1920-1933* (Baltimore : Penguin Books, 1960), 76-77 ; Burner, *The Politics of Provincialism*, chapter 3, chapter 4 ; Hofstadter, *The Age of Reform*, 282-301.
12) *Historical Statistics of the United States*, Part 2, 1078.
13) Eldersveld, "The Influence of Metropolitan Party Pluralities in Presidential Elections since 1920," 1193-1194.
14) Samuel Lubell, *The Future of American Politics* (New York : Harper & Row, 1965), 51-55.
15) 本書第2章を参照されたい。
16) アル・スミスと民主党再編については、斎藤眞「アル・スミスと民主党の再編」『現代アメリカの内政と外交』東京、東京大学出版会、1959年、145-174参照。また、筆者の以下の論文を参照されたい。平田美和子「民主党の都市政党化と都市政治―ニューディール期を中心に―」『津田塾大学紀要』第14号（1982年）特に第一章(三)「アル・スミス革命」の意義、83-89。
17) Burner, *The Politics of Provincialism*, 187-188 ; 197.
18) Lester V. Chandler, *America's Greatest Depression 1929-1941* (New York : Harper and Row, 1970), 34. 以下、この段落の数値は、*Ibid.*, 34, 36, 43-45 による。
19) 平田美和子「ニュー・ディール救済政策における政府間関係」『津田塾大学紀要』第13号（1981年）233参照。
20) 都市政府の財政悪化については、本書第4章の注50) を参照されたい。
21) McKelvey, *The Emergence of Metropolitan America*, 81-83.
22) ロウズヴェルトは、ニューヨーク州知事時代を含めて、大統領就任以前には、都市よりも農村に親近感をもち、都市問題よりむしろ農村問題に関心をよせていた。それは、彼が都市出身でなかったことばかりでなく、ニューヨーク州政治において改革派として、ニューヨーク市のマシーン、タマニーホールを批判の目で見てきたことと深く関係していたと思われる。John M.

Allswang, *The New Deal and American Politics* (New York: John Wiley & Sons, 1978), 72.
23) 平田美和子「ニュー・ディール救済政策における政府間関係」231-256。
24) Allswang, *The New Deal and American Politics*, 72-73 ; McKelvey, *loc. cit.*
25) Edwin O'Connor, *The Last Hurrah* (Boston: Little, Brown, 1956), 374.
26) ピッツバーグについては、主として以下の文献による。Bruce M. Stave, *The New Deal and the Last Hurrah :Pittsburgh Machine Politics* (Pittsburgh: University of Pittsburgh Press, 1970) ; Bruce M. Stave, "Pittsburgh and the New Deal," in *The New Deal*, Volume 2, ed. John Braeman et al. (Ohio: Ohio State University Press, 1975), 376-406 ; 寄本勝美『自治の形成と市民：ピッツバーグ市政研究』東京大学出版会、1993年、78-92。
27) Stave, *The New Deal and the Last Hurrah*, 31.
28) Jerome M. Clubb and Howard W. Allen, "The Cities and the Election of 1928: Partisan Realignment?," *American Historical Review* 74 (April 1969), 1212.
29) Edgar Eugene Robinson, *They Voted for Roosevelt : The Presidential Vote, 1932-1944* (New York: Octagon Books, 1970), 147 の数値より算出。
30) 平田美和子「ニュー・ディール救済政策における政府間関係」231-256参照。
31) Stave, *The New Deal and the Last Hurrah*, 146 ; Stave, "Pittsburgh and the New Deal," 389.
32) カンザスシティについては、主として Lyle W. Dorsett, *The Pendergast Machine* (New York: Oxford University Press, 1968) ; Lyle W. Dorsett, "Kansas City and the New Deal," in *The New Deal*, Volume 2, ed. John Braeman et al., 407 ; Lyle. W. Dorsett, *Franklin D. Roosevelt and the City Bosses* (Port Washington, N. Y.: Kennikat Press, 1977), 70-82 ; Lawrence H. Larsen and Nancy J. Hulston, *Pendergast !* (Columbia: University of Missouri Press, 1997) による。
33) Dorsett, *The Pendergast Machine*, 107.
34) *Ibid.*, 109-110 ; Larsen and Hulston, *Pendergast !*, 92.
35) Dorsett, "Kansas City and the ND," 414.
36) Dorsett, *FDR and the City Bosses*, 77-80.
37) ジャージーシティについては、主として Allswang, *The New Deal and American Politics*, 77-79 ; Dorsett, *FDR and the City Bosses*, 98-111 ; Melvin G. Holli, *The American Mayor : The Best & The Worst Big-City Leaders* (University Park, Pennsylvania: The Pennsylvania State Univer-

sity Press, 1999), 13, 24 ; Ralph G. Martin, *The Bosses* (New York : G. P. Putnam's Sons, 1964), 167-208 ; Dayton D. McKean, *The Boss : The Hague Machine in Action* (Boston : Houghton Mifflin, 1940) による。

38) Dorsett, *FDR and the City Bosses*, 103.
39) McKean, *The Boss : The Hague Machine in Action*, 103-104.
40) *Ibid*.
41) "I am the law !" in *Ibid*., 224.
42) Dorsett, *FDR and the City Bosses*, 108-111.
43) ボストンについては、主として Jack Beatty, *The Rascal King : The Life and Times of James Michael Curley* (Reading, Mass : Addison-Wesley, 1992) ; Dorsett, *FDR and the City Bosses*, 21-34 ; Holli, *The American Mayor*, 15-17, 131, 156-157 ; Martin, *The Bosses*, 209-262 ; Charles H. Trout, "Curley of Boston : The Search for Irish Legitimacy," in *Boston 1700-1980 : The Evolution of Urban Politics*, ed. Ronald P. Formisano, and Constance K. Burns (Westport, Conn. : Greenwood Press, 1984), 165-195 による。
44) なお、付言しておけば、カーリーもニューディール期に政治生命を完全に終えたというわけではなかった。1930年代後半に政治生命を失ったかにみえたが、その後復活して、1946-49年までふたたびボストン市長をつとめた。
45) ニューヨークについては、主として Allswang, *The New Deal and American Politics*, 80-83 ; Robert A. Caro, *The Power Broker : Robert Moses and the Fall of New York* (New York : Alfred A. Knopf, 1974) ; Dorsett, *FDR and the City Bosses*, 49-69 ; Charles Garrett, *The La Guardia Years, Machine and Reform Politics in New York City* (New Brunswick, NJ : Rutgers University Press, 1961) ; Holli, *The American Mayor*, 84-96 ; Arthur Mann, *La Guardia Comes to Power, 1933* (Philadelphia : Lippincott, 1965) による。
46) 1930年代のニューヨーク市政の転換に関する邦語文献としては、西山隆行「ニューヨーク市政体制の変容――ラガーディアの改革とタマニー支配体制の崩壊」『国家学会雑誌』第113巻、第3・4号、147-206がある。
47) 本書第4章参照。
48) 1932年当時、ニューヨーク州知事であったロウズヴェルトは、ニューヨーク市長ウォーカーの政治腐敗を追及する公聴会を開いた。
49) ラガーディアは単に窮状を訴えてロウズヴェルトの同情を引いたわけではなく、それを克服するための綿密な救済事業計画を作成・準備していた。その計画では、地下鉄、飛行場、公共住宅などの建設に要する経費や予定雇用者数などが見積もられていた。Thomas Kessner, "Fiorello H. LaGuardia," *History Teacher* 26 (February 1993), 154, 155.

50) FERA 計画の下では、各州の FERA 長官が州の救済事業に関して絶大な権限を握っていたが、その任命は上院議員の推薦によって連邦政府がおこなうのが原則であった。したがって、民主党の上院議員を有するニューヨーク州の場合、当然、民主党員が州 FERA 長官に任命され、救済事業に関してラガーディアに不利な決定がなされることが予想された。そのため、ロウズヴェルトは特例をもうけ、ニューヨーク市独自の長官職を創設し、ラガーディアに任命権を与えたのである。
51) Dorsett, *FDR and the City Bosses*, 58.
52) Garrett, *The La Guardia Years*, 179-180.
53) 実際、1930年代の全国選挙における、民主党得票傾向に関する研究によっても、大都市の移民系住民及び失業者と民主党票との間の相関関係がきわめて強いことが示されている。Allswang, *The New Deal and American Politics*, 31-35.

Ⅱ　リフォーム政治の展開

第6章　革新主義市政改革とビジネス

はじめに

　アメリカの歴史において、19世紀末期から1910年代にかけての時期は革新主義時代とよばれ、社会の様々な分野で改革を求める運動が展開された。当時、外国からの移民と農村人口の流入を主要因として急速な人口増加をみていた都市において、活発におしすすめられた市政改革運動はそうした各種の改革運動のさきがけとなったといわれている。この市政改革運動の展開が、どのようであったかを考察するのが本章の課題である。この場合、とくに改革運動でビジネスがはたした役割に重点をおく。というのは、市政改革とビジネスの関係については、ビジネスマンを改革運動の敵とみる見方もあれば、一方で彼らこそが改革運動の支援者、または改革者そのものであるととらえる見解があるからである。こうした異なったとらえ方がなされるのはなぜなのかという問題をふまえつつ、市政改革運動の展開をみていこう。

第1節　革新主義時代前期における市政改革

(1)　**道徳主義的改革運動の行き詰まり**
　アメリカの都市では、すでに南北戦争直後から、市政改革を求める人々の活動がみられるようになったが、それが活発化し、全国的な規模にまで拡大するようになったのは、1890年代に入ってからであった。90年代にいたって、市政改革運動が全国的に展開された背景としては、「都市統治において、アメリカが明らかに失敗していることは否定しがたい[1]」という、ジェームズ・ブライ

ス（James Bryce）の言葉に示されていたように、市政の乱脈ぶりがこの時期までに頂点に達したと同時に、それに対する改革者の批判がひときわ高まったことが挙げられよう。

　南北戦争以降の数十年間に、北東部の大都市をはじめとしてかなり多くの都市における政治が政党マシーンの手に帰していったが、市政改革者にとっての最大の攻撃目標は、このマシーンであった。改革者は、マシーン支配下の市政は、腐敗し、非能率・不経済であるばかりでなく、民主的とはいえないと批判した。当時の都市には、移民を中心とする労働者層、低所得層が多数居住するようになっていたが、マシーンは彼らをその主要な支持基盤としていた。彼らの支持を獲得するために、マシーンは公職、公金をも手段として、彼らに職を斡旋する等の経済的援助を与えたのみならず、彼らの生活様式に即した精神的支援もおしまなかった。しかし、こうした私的「ソーシャルサービス」がはたしていた役割を当時の改革者のほとんどは評価していたとはいえず[2]、むしろ彼らは、移民が市民としての道徳心に欠けていると批判するとともに、マシーンは移民の無知・無教養に乗じて票を確保していると非難したのである[3]。

　ともかくブライスが都市政治を批判して以来、都市の改革者は彼の言葉を繰り返しながら、都市政治のボス支配を批判した。たとえば、1890年に当時のコーネル大学学長のホワイトは「アメリカの市政府はキリスト教国の中で最悪である。つまり最も不経済で、最も非能率で、最も腐敗している……といって少しも過言ではない[4]。」と述べている。また、こうした市政府に対する否定的見解は、ステフェンズの有名な『都市の恥辱』[5]へと引き継がれていったのであり、世紀転換期までに本、雑誌、新聞、講演などを通して広く喧伝されることとなった。

　長年にわたるマシーン政治に対する不満と批判は、市政改革運動展開の素地となったが、1890年代に改革運動が各地で発展した要因として、1893年に始まった大不況の発生があった[6]。この不況が与えた影響は都市によって相違があったとみられるものの[7]、都市のあらゆる階層に打撃を与えた。そのため、市政の現状を批判し、何らかの改革をおこなおうとしていた改革者の意欲を一層高めたのである。その結果、ニューヨークのシティ・クラブをはじめとして[8]、各地に改革者の組織が結成され、1894年、フィラデルフィアに各組織の代表が

集まり、第1回良き市政府のための年次会議（the First Annual Conference for Good City Government）が開かれた。そこで、市政改革についての全国的組織として全国都市連盟（National Municipal League, NML）が創設されるにいたった。

NMLは、革新主義時代を通じて市政改革運動の中心となったのであるが、世紀転換期はいまだこの組織の形成期であり、市政改革の理論についても、組織内で意見が割れていたことは否めない[9]。市政における制度改革の必要性を指摘する改革者がいた一方で、有力メンバーの多くは市政改革を一種のモラル改革とみて、この改革運動に参加することを愛国的義務であるとみていた。NML初代会長のカーターは、「自らの胸に国を愛する気持ちをもった……ここにいるひとたちは、今の混沌状態から脱して秩序をもたらすために何かできないか、我々の市政府を浄化するために何かできないか調べるために働く用意ができている。」と述べ[10]、また事務局長のウッドラフも「市民の愛国心」の向上を記録に残すとともに、良き政府を求める活動において、問題はモラルなのであると宣言している[11]。

彼らモラリスティックな改革者によれば、市政における諸悪の根源は、市政が善良な市民の手を離れてしまったことにあった。ごろつきを追い出し、市民の道義を蘇生して、彼らの政治参加を拡大することが、市政の改革につながると考えられた。こうした考えの根底には、「民主政治（democracy）」の理想があったといえる。すなわち、改革者はマシーンやその支持者を信頼することはなかったが、従来、マシーン政治下で市政に積極的に関与することのなかった市民の理性や合理性を信じ、彼らの政治参加を通じて「草の根の民主主義」を復活させることを夢みたといってよいのである。

改革の具体的方法として、善良な市民の代表にふさわしい信頼できる人物を、選挙を通じて市政府に送りこむことが、まず提案された。この方向から1890年代には改革者のマシーンへの挑戦が続き、その結果、一部には改革者による政権の誕生をみることができるようになった。ところが、彼らの政権はほとんどの場合、短命に終わらざるをえなかった。というのは、選挙で敗北したとしても、マシーンはたちまち立ち直り、マシーンの市政支配が完全に打破されることは、まずなかったからである。ニューヨーク市を例にとっても、民主党マシ

ーンであるタマニーホールは1894年の市長選挙で改革者[12]に敗北したが、その後すぐさま勢力を盛り返し、次の選挙で勝利をおさめている。そのため、NMLのメンバーの間にもマシーンの影響力を排除し、「民主政治」を実現するためには、単に従来の制度の枠内で改革者を市政府に送り込む努力をおこなうだけでは不十分であって、市政の制度改革が不可欠であるという意見が強まっていったのであった[13]。

(2) 改革の新たな方向：制度改革の推進

　改革者によって提案された制度改革には、まず政党マシーンによって支配されている政治を市民の手にとりもどし、「民主政治」の理想を実現しようとする考えにもとづいた改革案があった。具体的には、政党や議会の手を経ずに、有権者が条例を制定したり、改廃する権利であるイニシアチブ、議会がつくった法律や政策を有権者が検討する権利であるレファレンダム、一般投票によって市長、議員、公務員などの公職者を解任する権利であるリコール、二重投票を防ぐための投票登録制、選挙によって選ぶ公職者の数が異常に多い従来のシステムを改めて、有権者が的確に候補者の資格を判断できる範囲内の数におさめるショートバロット、政党の存在を否認するノンパルティザン選挙制、政党の存在は認めるが、有権者が直接的に政党の公職候補者を選ぶことのできる直接予備選挙制、マシーン支配に結びつくウォード制に代わる全市単一選挙区制などが「民主政治」実現のために提案された。

　さらに、行政府の権限強化と行政の専門化を通じて、マシーンの影響力を弱めることをめざして「強い市長制」やメリットシステムにもとづく公務員制も提案されるにいたった。これら行政権の拡大・強化にむけての改革は、改革者によって「民主政治」を実現する方法としてだけでなく、同時に革新主義市政改革におけるもう一つの理想となった市政の効率化を促進する制度としても提案された。

　たちいっていえば、まず「強い市長制」は、市会が立法ばかりでなく、行政にもかなりの権限を有していた従来の「弱い市長制」にかわって提案された制度であったが、この制度では、市長は行政各部門の長を任命し、年次予算を編成する他、市会に政策案を勧告することが可能となる。こうした「強い市長

制」の下での行政権の集中・強化の結果、ひとたび改革者の代表が市長に選出されたならば、改革者の側に市政に関する大きな権限が与えられると期待された。このことは、第一に、マシーン政治の下では無視または軽視されていた「市民」の声が、行政を通じて市政に反映されるであろうという意味で、「民主政治」の実現へと結びつくととらえられた。それと同時に、市長の強い行政権の下で、市政府は少ない費用で、能率的に公共施設とサービスを供給しうるのではないかという市政の効率化に対する期待も、「強い市長制」によせられたといえるのである。

次に、メリットシステムも、猟官制を利用して市政支配を強めていたマシーンに打撃を与えるという意味で、「民主政治」を支える制度と考えられた一方で、猟官制に代わって専門家による行政を可能にすることから、市政における「能率と節約 (Efficiency and Economy)」を高めうる改革と期待されもした。つまり、市政改革運動において制度改革の必要性が指摘され、具体的な改革案が提出される過程で、市政改革は単なるモラル改革の域をでたのであり、改革理念に関していえば、「民主政治」とならんで、行政権強化を通じての市政の効率化が重要な位置をしめはじめたといえるのである。

実は、市政改革がモラル改革をこえて、市政の能率を目標にすべきであるという考え方は、すでに1894年の第1回良き市政府のための年次会議で、改革者の一人セオドア・ロウズヴェルト (Theodore Roosevelt) によって提起されていた。彼は、「改革者にむかって説き聞かせたい二つの教えがある。……第一は、道徳の教えであり、次は、能率の教えである。……高潔であれといまさらいう必要はないと思うが、実際的で効率的であれといわなければならないと思う。[14]」と述べて、高潔さと誠実さだけでは、市政改革には不十分であると強調したのである。

「民主政治」と「能率と節約」という二つの理念をバックに提案された諸制度改革は、1899年にNMLによって発表されたモデル都市綱領 (model municipal program) に集大成された[15]。具体的には、「強い市長制」、ノンパルティザン選挙制と全市単一選挙区制の下で選ばれた市会、ショートバロット、メリットシステムにもとづく公務員制などがもりこまれていた。そして、このモデル綱領発表を契機に、NMLは市政改革運動の中心として、制度改革推進への

道を歩みだした。

(3) 異なる方向からの市政改革：「社会改革 (social reform)」

　NMLが制度改革を提案した頃に、いくつかの都市でNMLとはかなり異なる方向から市政改革がおこなわれていた。それらは、ホッリ (Melvin G. Holli) によって「社会改革」と呼ばれた改革であり、19世紀末から20世紀初めにかけて展開された[16]。デトロイト市長ヘイゼン・ピングリー（1890-1897）、トレド市長サミュエル・ジョーンズ（1897-1903）、クリーブランド市長トム・ジョンソン（1901-1909）などが「社会改革」の代表的リーダーであったが、彼らの改革理念は、NMLの中に共存していたモラル重視傾向とも制度改革重視傾向ともあいいれなかった[17]。良き政府のための年次会議に出席して発言したこともあったのだが、彼らは聴衆から冷たい反応しか得ることができなかった。とはいえ、彼ら自身も、NMLが「社会改革」にとって有効な組織であるとみなしていたわけではなかった[18]。

　彼らは、のちにステフェンズが主張したと同様に、市政府の失敗の原因はマシーンにあるというよりも、大企業や公益事業会社がマシーンを介して特権を享受していることにあるとみた[19]。ビジネスの利益が一方的に保護されているのに対して、平等の経済的機会と社会正義が保証されていないために最も不利益をこうむっているのは、移民をはじめとする都市の低所得層である。そこで、彼らの立場にたった社会政策を実行することが、市政府の最も重要なつとめとなるべきであると社会改革家はとらえた。低所得層に多くみられるギャンブル、飲酒、売春、非行などに対して、それを単に取り締まるのではなく、これらを発生させる根本的原因を絶滅させるために、都市環境を改善する必要があるという認識にたって、彼らはビジネスや富裕層への課税を重くし、公共サービスの向上に力を入れた。ガス、電気、輸送サービスを安価に供給することを試み、公益事業の市営化に努力した。

　たとえば、デトロイト市長ピングリーは、保守的なビジネスマンたちから減税と行政の効率化を実現してくれる人物と期待されて市長候補となったが、選挙運動の段階から労働者層とのつながりを重視した。彼は民主党マシーンを批判するにとどまらず、市公務員の8時間労働制をかかげ、労働者票のほりおこ

しを試みた結果、アイルランド系に支配された民主党マシーンに不満をもっていたドイツ系、ポーランド系の支持をうけて当選をはたした[20]。市長就任後まもなく、デトロイト市政における問題は、民主党マシーンが公共事業や公益事業関連ビジネスと癒着していることにあるとみたピングリーは、低価格で質の高い公共サービスを提供することに加え、公益事業の一部市営化をめざした。彼は、まず市民にデトロイトの公共料金が高いことを知らしめ、次に関連ビジネスと闘い、同時にビジネスと不正な取り引きをする市会議員を糾弾した。こうしたプロセスで、彼は次第にもともと民主党支持であったアイルランド系労働者層に加え、中産階級も含めた支持者連合を形成するのに成功していった。一方で、ビジネス界には彼に対する反発が広がったが、彼は支持者連合をバックに連続して市長に当選し、1896年にはミシガン州知事となり、州レベルでの改革に貢献した[21]。

社会改革家たちは、NML系の改革者と異なり、制度改革に重きをおくことはなかった。特にノンパルティザン選挙制や全市単一選挙区制に対する彼らの反対は強かった。というのは、彼らは従来の制度の下で、マシーンを介してまがりなりにも反映されていた低所得層の利益が、新しい制度の下では無視されると信じたからである[22]。また、彼らは社会政策を実施する上で、行政の効率化をおしすすめる必要を認識していたものの、NMLほどに行政面の制度改革を重視することはなかった。それよりもむしろ彼らは、マシーンに代わって、低所得層の要求を反映する市政、低所得層自身が政策決定に参加しうる市政をめざしたといえよう。

しかし、この社会改革運動は、確固とした全国的組織基盤をもってはいなかったし[23]、また、この章の焦点となっているビジネスマンにとって魅力ある市政改革運動ではなかった。そこで、全国的組織をもって推進されていったNMLの市政改革運動の考察にもどろう。

(4) 前期市政改革とビジネス

1890年代から今世紀初頭の、いわば革新主義時代前期において、NMLを核とした市政改革運動は、「民主政治」の理念に支えられた道徳主義的性格を有していたといえると同時に、「能率的行政」を追求する能率主義傾向をあわせ

175

もちはじめていた。こうした特徴をもっていた運動の中心は、都市の比較的富裕な人々であった。学者、法律家、医者、聖職者、ジャーナリストなどに加えて、ビジネスマンも一員であったのだが、ビジネスマンはこの運動にどのようにかかわっていたのであろうか。

　市政改革運動において、マシーンとビジネスとの「同盟」関係が批判の的となったことは、すでに述べた通りである。そこから導きだせるのは、ビジネスマンは改革運動の敵であり、彼らは市政改革に反対の立場をとっていたという見方であろう。確かに、革新主義時代前期の市政改革運動をふり返った時、ビジネスマンの多くは、市政改革運動に積極的であったとはいいがたい。むしろ、マシーンとの相互依存関係を形成しようとするビジネスが多く存在していたことは、しばしば指摘されている。リンカーン・ステフェンズは世紀転換期のビジネスマンが、いかに政治と結びつき、腐敗しているかを描いたのである。再引用になるが、彼によれば、「現在、典型的なアメリカ市民といえばビジネスマンであるが、典型的ビジネスマンは不良市民である……。私は彼がセントルイスでわいろを用い、ミネアポリスで汚職をした役人を弁護し、またピッツバーグでは汚職そのものの根源となり、フィラデルフィアではボスと利害を共有し、シカゴで改革を嘆き、ニューヨークで汚職資金をもってよき統治を打破しているのをこの目でみたのである。……ビジネスマンは腐敗の主たる源泉である[24]。」

　とはいえ、ビジネス界が一致して、マシーンとの「同盟」を積極的に支持していたとはいえない。マシーンとの「同盟」で、多大な利益を得ていたのは、ビジネスのうちでも特定なものに限られていたのであり、その他のビジネスはマシーンに反対することによってこうむる不利益を恐れてマシーンとの「同盟」を保ち続けていたともいえる。彼らは、多額の報酬を支払うわりには、マシーンによって確実な利益が約束されないことに不満をもちつつ、「不正な」関係を結んでいたのである[25]。

　ところが、ビジネスの世界からも、すでに1890年代に市政改革に参加する人々が現れていた。彼らは地元のビジネス界では少数派ではあったが、果敢にマシーンへの挑戦に加わったのであった。そこで問題は、彼らビジネスマンはいかなる動機あるいは目的で、改革運動に参加したのかということになるが、

たとえばサミュエル・ヘイズは、次のような見方をしている[26]。彼によれば、ビジネスマンは腐敗したマシーン政治を打倒して、民主主義を回復するという道徳主義のかくれみのをかぶって改革運動に参加したものの、現実に彼らがめざしていたのは、改革運動を通じて彼らを中心とする都市富裕層による市政支配を確立することであった。

　確かに、ヘイズの見解はかなりの真実を物語っているように思える。特に革新主義後期の市政改革運動に関しては、後にくわしく述べるように、おおむね妥当であるといってよいだろう。また、前期の運動に関しても、ビジネスマンが参加したのはNMLを中心とする改革運動であって、ビジネスを敵とみなし、公益事業の市営化を追求した「社会改革」運動ではなかったことは[27]、ヘイズの見解の正しさを裏づけているといえるかもしれない。とはいえ、一方で彼の見解は必ずしも的確とはいえないのではないかという疑問が残る。というのは、ビジネスマンの中には、彼ら自身の利益増進をはかることが第一目的というより、むしろ「民主政治」理念に導かれて改革運動に参加した者がいたと考えられるからである。

　ニューヨーク市の市政改革運動に貢献した、ウィリアム・チャイルズとリチャード・チャイルズ（William and Richard Childs）父子は、その代表といえるであろう。ウィリアム・チャイルズは、貧しい生い立ちながら、起業家としての才を発揮して、石鹸製造販売会社を創設し、高い業績をあげ、有能なビジネスマンとして活躍する一方、19世紀末期にはニューヨーク市のタマニーホールに挑戦して、改革者の代表を市政府に送る運動に積極的に加わった[28]。たとえそうした試みが失敗に終わっても決してあきらめず、またタマニーから手ひどい報復を受けても、市政改革に対する彼の情熱は消えることがなかった[29]。多くのビジネスマンが、選挙を通じてマシーンに直接挑戦することをためらっていても、チャイルズはマシーン打倒の運動を続けたのである。彼のこうしたマシーンへの挑戦は、少なくとも短期的にみる限り、彼のビジネスマンとしての利益に結びついたとはいいがたい。

　このように「民主政治」理念にもとづく理想主義をもって、市政改革に参加することは、19世紀末期における市政改革者の一つの特徴といえたが、今世紀に入ってもこの流れは継承されていった。そして、ウィリアム・チャイルズと

並んで、息子のリチャードもそうした流れをうけつぐビジネスマン兼市政改革者であった。父のあとをついでビジネスに従事するようになった彼は、革新主義時代の改革者の多くが共有していたビジネスへの不信を抱いていたとはいえなかったが[30]、それだからといって、市政改革運動に参加するに際して、少なくとも第一義的に、ビジネスマンとしての利益という枠組みで改革運動をとらえることはなかった。

彼にとって市政改革の闘争は、「民衆(ピープル)」対「政治家(ポリティシャン)」との間でたたかわれているのであり、これを「民衆(ピープル)」の勝利に終わらせることが彼の目的であった。チャイルズは、人間は本来善であるという楽観的人間観にたって、「民衆(ピープル)」に対して絶対的な信頼をおいていたのであって、マシーンを倒し、真に「民衆(ピープル)」が市政を握りさえすれば、「民主政治」は現実のものになると確信していた[31]。そしてマシーンを市政から排除する方法として、まず市民の自主的投票を抑制する従来のロングバロットにかえて、ショートバロットの採用を提案したのをはじめとして、市政の諸制度改革を支持したのである[32]。

リチャード・チャイルズは彼自身 NML の指導者の一人として、革新主義時代を通じて、「民主政治」を市政改革の第一目標とする考えを、改革者に浸透させようと努めた。つまり、彼においては、「民主政治」、「能率的行政」という市政改革の理念のうち、強調され、重視されたのは前者であり、後者は第二義的にしか評価されていなかったのである。

第2節　革新主義時代後期の市政改革とビジネス

(1) ビジネスの市政改革運動参加の背景

アメリカの都市では工業化と都市化の進行にともなって、住民間の社会・経済的利益関係の対立が激しくなっていった。ただ、そうした状況はアメリカ独特のものとはいえ、イギリスをはじめとする先進諸国にも同様にみられる現象ではあった。アメリカに特有な政治状況として指摘できるのは、こうした時代に、一般男子に普通選挙権が認められていたことである。移民も一定の条件を満たせば、比較的容易に選挙権を得ることができたのであり、都市において様々な政治紛争がおこったと同時に、普通選挙権が実現されたという「タイミ

ング」がアメリカ特有なのである[33]。少なくとも北部においては、移民を中心とする都市労働者もふくめて成人男子であれば、投票することができたのであって、こうした状況下で、政党マシーンはその票を獲得する目的で労働者層の要求に応える一方で、ビジネスの利益確保をおこなった。

　もちろん、すでにふれたように、特権を享受していたのはある特定のビジネスであって、かなりの数のビジネスマンはマシーンに手数料やわいろの形で多額の報酬を払いながらも、確実な利益を保証されないことに不満をもっていたといえる。しかしながら、彼らが必ずしも市政改革に積極的にかかわらなかったのは、マシーンとの「同盟」に代わるビジネスの利益にかなった関係が、市政府との間に築き上げられないと判断していたからであろう。その限りで、彼らの多くにとって、マシーンの市政支配に対する道徳主義傾向の強い改革運動は、魅力のあるものではなかったといえる。

　ところが、世紀が改まった後、実業界のなかで市政改革を支持する人々の数が増大していった。そればかりか、市政改革運動のリーダーの多くは、ビジネスマンの中から出てきたといっても過言ではないのである。こうした変化の背景には、20世紀に入って急速に進展した工業化と都市化にともなって市政運営に対する実業界の不満が一層高まっていったことがあった。都市の諸問題と、それに対する市政府の対応ぶりは、従来から少なからずあった市政運営方法に対する実業界の疑問と批判をさらに強めることになったのである[34]。

　南北戦争後の工業化と都市化の発展にしたがい、都市自治体に対する多様な公共サービスの要求は急速に増大していった。たとえば、消費物資の供給を確保するための大量輸送システムの整備、道路、街灯、橋、港などの整備拡充が要請されるとともに、都市の衛生上から、上下水道施設の完備、ゴミ収集の必要性も高まった。また警察の組織化、消防、病院などのサービス充実も欠かせないものになってきた。こうした要求は、20世紀に入り、ますます増大した。ところが、自治体に対する財政需要が拡大する過程で、都市の財政は次第に困難な状況におちいり、それにともなって市民により多くの租税負担が強いられるようになった。そのため、主要な納税者層であったビジネスマンは、財政支出の節約をはかるために、何らかの方法を講じることが急務であるという考えを強めた。たとえば、1909年のボストンでは、「市債がうなぎのぼりに増大し、

それがために市債を負うにいたった改良点とまったく釣り合いがとれないことが明らかになった」ため、ビジネスマンが「市民としての新たな責任感にめざめた」といわれている[35]。

　従来の市政の運営方法に関する疑問は、財政面だけにとどまらなかった。工業化と都市化は市政に課される問題自体を複雑化し、「素人」の市会がそれらにとりくむことを困難にし、問題解決にはそれ相応の専門能力が必要となった[36]。

　都市の行政と財政がかかえる諸問題を解決するために、何らかの改革策をとりいれるべきであるという意見は、実業界に広がっていた。そして、19世紀末から次々に提案された新たな制度改革案、なかでも行政面の改革案は、彼らの関心を特にひきつけた。これらの改革を通じて、行政権を集中・強化し、また行政の専門化をはかることは、市政に何らかの改革が必要であると考えていたビジネスの要望に応えるものであった。彼らは、行政の優位化及び専門化を推進することによって、都市問題が少ない費用で、しかも能率的に解決され、その結果、彼らの活動がより効率的におこなわれるにふさわしい機能的な都市が生まれると期待を抱いた。

　つまり、20世紀はじめの都市がかかえる様々な問題に対して、マシーン支配下の市政府が適切な対応をすることができないのに対して、制度改革は市政の効率化を可能にすることを通じてこれらの問題を解決し、結局はビジネスの利益を守るとビジネスも考えるようになったのである。行政面の改革に加えて、従来のウォード制に代わる選挙方式として提案された全市単一選挙区制も、ビジネスにとって歓迎するべきシステムであった。というのは、選挙区の利益優先傾向が弱まり、全市的な視点からビジネス活動に有利な政策が実現する可能性が高まるとみたからである。「草の根の民主主義」ではなく、中央集権的政策決定の可能性が、市政改革に参加するビジネスマンの数を増大させていった。そして彼らは、革新主義時代後期の市政改革運動の中心的勢力として、各地で委員会制（commission system）及び市会マネージャー制（council-manager system、以下マネージャー制と略す）導入運動、市政調査会運動（municipal research bureau movement）などを積極的に推進していったのである。

(2) 委員会制・マネージャー制導入運動とビジネス

　革新主義時代後期の市政改革運動の中心となり、ビジネスの支持を得たのは、まず委員会制・マネージャー制導入運動であった。これら二つの制度は、企業組織をそのモデルとしており、科学的管理法の行政への影響が強まるなかで[37]、各地で採用されていった。まず委員会制は[38]、1900年9月、テキサス州をおそったハリケーンを契機に、ガルヴェストン市で誕生した。このハリケーンによって壊滅的な打撃を受けたガルヴェストンは、巨額の負債をかかえ、破産寸前の状態にあったため、従来の制度の下ですみやかに復興することは不可能とみられていた。そのため州政府は、一時的にガルヴェストンの5名のビジネスマンによって構成される「委員会」に市政の仕事の肩がわりをさせたのである。

　のちに委員会を構成する委員は、市民の直接選挙で選出されるようになったが、この委員会制の下では、自治体は企業、市民は株主、委員会は会社の取締役会にみたてられていたといってよい。そして、それぞれの委員は、行政権、立法権をともに所有し、各部の長となって市政を経済的に、また能率的に運営するであろうと想定された。つまり、市政府がビジネスライクになり、公共サービスをビジネスの方法を応用することによって供給する結果、市民生活は余分な費用をかけずに、迅速に向上するであろうと考えられたのである。

　こうした市政の効率化に対する期待から、各地で商工会議所を中心としたビジネスマンのグループが、この制度に強い関心をもち、導入運動のリーダーシップをとるにいたった。1905年にヒューストンが、ガルヴェストンについで第二の委員会制採用都市になったのをはじめとして[39]、テキサス州全域へ、さらに全国へと委員会制は広まっていった。すなわち、1910年までに92都市が[40]委員会制を採用し、17年には採用都市は457[41]に達するまでになった。しかし、この制度にも欠点のあることが次第に明らかになった。その欠点とは、第一に委員の間で行政上の役割と責任が分散してしまい、政策決定過程でリーダーシップをとる者がいないこと、第二に選挙で選出される各委員が行政上の専門家であることが、めったになかったことである。

　委員会制の欠点を是正し、ビジネスマンにとってさらに魅力ある制度のモデルが、1911年にリチャード・チャイルズによって作成された。この制度がマネージャー制である。基本的仕組みは、複数の委員に権限が分散している委員会

制と異なり、5名ないし7名によって構成される市会が、市政の全権を有するとともに政策実施については専門の行政官であるマネージャーが市会によって雇われることである。市会は、シティ・マネージャー（以下、マネージャーと略す）をいつでも解雇できる権限をもっている一方、マネージャーはフルタイムで職務を遂行し、各部門の長を任命、監督し、予算を編成し、市会に出席することができる。チャイルズはこのマネージャー制モデルを「企業の原理[42]」にそって作成したのであって、自治体が企業であり、マネージャーは企業の経営者に相当すると考えていた。彼は、「さきの委員会制よりもこれ（マネージャー制）がすぐれている第一の点は、マネージャーという職務がつくりだされたことであり、これが明らかに能率を高める能力をもつ民間企業とこの制度とを類似せしめている[43]」と述べ、特にマネージャーという行政の専門家を登用することによって市政の効率化がはかられることを強調している。

　ただ、チャイルズは市政の効率化を改革の第一目標にしていたのではなく、彼にとっての究極の目標である「民主政治」を実現する一つの方法と考えていた。すでにふれたように、彼はまずショートバロットの採用を提案したのであるが、これに加えてマネージャー制を導入することによって市政はより民主的になりうると想定したのである。すなわち、ショートバロットの原理にもとづいて選出された議員で構成される市会は、市民の意見をよりよく反映した政策を決定し、これを専門の行政官たるマネージャーが公平、中立の立場で実行するのであるから、「民主政治」は現実のものとなるとチャイルズは考えたのである。

　ところが、このマネージャー制を導入する運動は、その創始者チャイルズの意図とはいささか異なる方向へと進んでいった。マネージャー制推進運動は、彼がそのリーダーとなっていたNMLによってバックアップされていたものの[44]、実際、各都市で運動の中心的担い手となったのは、委員会制の場合同様、商工会議所など業界団体を中心とするビジネスマンであった[45]。つまり、革新主義市政改革によって生まれた新たな二つの政府形態は、都市の多数派を占めていた低所得層や中間層から求められたのではなかった。「委員会制とマネージャー制を率先して求めたのは、一貫して商工会議所やその他のビジネス組織のグループであった。彼らは一般の改革者と連合して、推進運動を完全な成功

第6章　革新主義市政改革とビジネス

へと導びく上で決定的な役割をはたしたのである[46]。」そして、彼らの第一の関心は、政治参加の拡大にあったというより、むしろマネージャーの登用によって、市政を企業経営のように運営し、「能率と節約」をはかることにあったといえるのである。

(3) 委員会制・マネージャー制採用都市の特徴

　市政における「能率と節約」を実現しようというビジネスマンの熱意に支えられ、委員会制及びマネージャー制導入運動は各地で展開されたが、これらの運動が具体化し、成功に終わったのは、ほとんどの場合、当時、中小の都市であったことは注目に値する。大都市、それもマシーンが市政に強い影響力をもっている大都市では、運動が具体化することは少なかったのである。大都市で、ビジネスマンがこれらの運動を積極的に推進しなかった大きな理由として、運動を成功に導くには、直接、マシーンと対決する必要があったにもかかわらず、それが困難であったことがあるだろう。北東部を中心とする大都市では、マシーンは移民をはじめとする労働者を強い支持基盤として確保していた一方で、マシーンによる市政に反対するビジネスマンも出現していたものの、依然としてマシーンとの「同盟」関係維持を選ぶビジネスマンが少なくなかった。そのため、委員会制やマネージャー制を旗印に、実業界をマシーンに対する挑戦へと結集することは、困難であったのである。

　一方、中小の都市では、元来マシーンの市政支配があったとしても[47]、それは大都市に比べれば強固なものとはいえなかった。中小都市のマシーンは概して組織は弱く、一部のビジネスと「同盟」関係をもっているにすぎなかったといってよい。そのため、20世紀に入り、工業化の進展にともなって現れた新興のビジネスマンが中心となって、委員会制やマネージャー制を導入するための運動が始められた時、多くのビジネスマンが運動に支持を与えるなり、より積極的に運動に参加するなりしていったのである。

　たとえば、ミシガン州のジャクソン市を例にとってみよう。1910年に人口約3万の中都市であったジャクソン市には、二つの対立した党派があった。一方は比較的富裕なプロテスタントを中心とする禁酒主義の共和党派であり、他方はカトリックの反禁酒主義民主党派であった。そして市政は民主党のマシーン

183

に握られており、マシーンは醸造業者、居酒屋などの小ビジネスと密接なつながりをもっていた。こうした状況下で、1910年代に入ってからジャクソンで急速に発展した自動車産業等に従事するビジネスマンから市政改革を求める声があがった。彼らは他のビジネス及びプロテスタント富裕層の支持をうけて商工会議所を中心にマネージャー制を導入する運動を展開した。そしてこの運動は1914年、成功に終わったのである[48]。

また南西部の諸都市に関するブリッジズ（Amy Bridges）の研究によれば[49]、革新主義時代に、この地域では確固たるマシーンや党派は存在しなかったばかりでなく、労働者層の投票権に制限があったこと[50]によって、北東部や中西部とは異なり、あらゆる規模の都市で市政改革が容易に実現した。主要都市についていえば、1905年から1917年の間に、ヒューストン（テキサス州）、ダラス（テキサス州）、オースチン（テキサス州）、サンディエゴ（カリフォルニア州）、フェニックス（アリゾナ州）、サンアントニオ（テキサス州）、サンホゼ（カリフォルニア州）、アルバカーキ（ニューメキシコ州）が次々と委員会制やマネージャー制を採用している[51]。新しい制度推進運動の中心となったのは、新興の地域エリート集団であったが、具体的には、都市の発展によって利益を得る不動産業、建設業、小売業、金融業などのビジネスにたずさわる人々であった。

いずれにせよ、委員会制やマネージャー制が導入された都市では、ビジネスの市政に対する影響力は、より直接的で、強いものになっていった。これら両制度は、原則的に全市単一選挙区制とノンパルティザン選挙制をともなっていたが、これらの選挙制度は代表制の基礎を変えることによってマシーンの市政支配を抑制する作用をはたした。その一方で、改革を求めるビジネスマンは、彼ら自身、市政の要職につくために立候補し、数多く当選するようになった。たとえば、ビジネスマンが委員会を構成したガルヴェストン同様に、スプリングフィールド（オハイオ州）の委員会も5名のビジネスマンで組織されていた。

マネージャー制においても、ビジネスマンの活躍はめざましかった。1914年には全国で31のマネージャー制採用都市があったが、そのうち、たとえばデイトン（オハイオ州）では、商工会議所を中心とするビジネスマンが市政のリーダーシップをとったし、またジャクソン市会は、1914年から19年にかけて、ほとんどが会社重役、銀行家、卸売業者でしめられ、市長は商工会議所会頭であ

った[52]。たとえ、委員会や市会の多数をしめることがなくても、ビジネスマンの市政への影響力は強まった[53]。こうして、委員会制とマネージャー制の採用とともにビジネスマンは市政運営の中軸となっていったのである。

(4) 市政調査会運動とビジネス

委員会制やマネージャー制導入運動と並んで、革新主義時代後期の市政改革運動の中心となり、ビジネスの広い支持を確保したのは、市政調査会運動[54]である。この運動は、20世紀初頭、市政に関する調査、研究を通じて、社会政策を充実させようという意図からロバート・カッティング（R. Fulton Cutting）によって始められた。もともと銀行家兼社会福祉事業家であったカッティングは、タマニーホールが支配する市政下で、ニューヨークの社会政策が貧困であることに不満をもっていた。マシーンの市政支配を打破するために、彼は市政改革運動に加わったが、改革者の政権が長続きしないことを嘆き、NMLとは異なる方向から、社会政策の向上をおしすすめることはできないかと考えた。

当時、ペンシルベニア大学から博士号をとり、福祉事業に関する十分な経験をもっていたウィリアム・アレン（William H. Allen）の助言をとりいれたカッティングは、「調査研究の公平さと企業経営の技術を公共の事柄や都市問題に応用する[55]」、専門家による無党派の機関を設立することを決意した。その結果、1905年に市政調査会の前身ともいうべき市政改良会（Bureau of City Betterment）が、カッティングも属していた改革者組織シティズン・ユニオンの一部として発足したのである。同会は、早速、マンハッタン区の公共事業で非能率、浪費、腐敗がはびこっていることを立証し、そのため、マンハッタン区長は辞任を余儀なくされた。それとともに、市政改良会に関する評価は高まり、こうした機関の必要性が広く認識されるようになった。そのため、1907年には、シティズン・ユニオンから独立した市政調査会が発足するにいたった。

調査会は「たとえ、よい人物とよい意図とが多数をしめているとしても、政府が実際どのような方法をとり、その結果どうなるかについての情報が不足しているなら、よき統治をめざす熱意も効果がない[56]。」と宣言し、市政府の各部門がいかに機能しているかに関しての「事実」について、調査、研究をおこなった。そして、それにもとづき、行政上の資源を最大限に活用することによ

って、市政を効率的に運営しようとしたのである。情報の収集と科学的な分析によって、個々の政策を能率的に実施しようという調査会の姿勢は、当時ビジネスに適用されていた科学的管理法思想の大きな影響をうけていた。市政調査会による改革は、科学的管理法を都市行政に応用することによって、都市を企業経営の如く運営し、それを通じて市政の効率化をはかろうという意図にもとづいていたのである。調査会は都市行政に関する決定に際して、調査、研究を重視することに加えて、市政の効率化を促進するための一連の行政改革を提案した。予算の公開、新しい財務手続きと会計方式の導入、タイムシートの採用、公務員制度の改正、専門家の登用等がそれである。

　元来、市政調査会はタマニーホールの市政支配に反対する運動の中で生まれたのであり、政治的には反タマニーホールの組織であったことはいうまでもない。そのため、当然タマニーから調査会の活動に対して、反対の声があがった。しかし、調査会はまたたく間に、市の役人に多くの協力者を得ることに成功した。というのは、調査会による改革案にそって、行政権が強化されるとともに、調査会によって情報が供与されることは、行政部の役人の権力増大につながったため、彼らは調査会の活動に好意的となったのである。そして、タマニー派の役人の中にも、調査会を是認する者がでてくるようになっていった。その結果、調査会による改革案は市行政に適用されることとなり、行政の強化と専門化が進展したのである[57]。

　市政調査会運動が始まってから10年間に、1913年市長選挙で当選したミッチェル（John Purroy Mitchell）以外は、本来タマニーが選出した候補者が市長をつとめていたにもかかわらず、調査会が提案した市政府の行政改革は継続して実現されていった。というのは、タマニーから候補者として選ばれ、市長に当選したマックレラン（George B. McClellan）もゲイナー（William J. Gaynor）も多かれ少なかれ市政調査会運動に賛同していたからである。そして、1917年にタマニー候補のハイラン（John F. Hylan）が市長に選出された以降も、すでに進んでいた改革が元に戻されることはなかった。

　ニューヨーク市政調査会による市政改革の成功は、各地で行政改革に対する関心をよびおこした。ニューヨーク市政調査会と同様の組織を設立しようという動きが他の大都市でも始まり、1908年のフィラデルフィア、1910年のシカゴ

をはじめとして、北東部と中西部の主要都市とサンフランシスコに調査会が設立された[58]。

こうした運動の最大の支持者となるとともに財政的な支柱となったのが、ビジネスマンであった[59]。たとえば、ニューヨーク市政調査会は、その創始者カッティングの他、彼の知人であったアンドリュー・カーネギーとジョン・ロックフェラーをはじめとするビジネスマンの資金援助に支えられていた。また、フィラデルフィアの調査会も商工会議所、製造業者組合に属するビジネスマンの資金と熱心な推進運動の結果、設立されたのであった。

ビジネスマンが、強力に運動を推進した理由としては、工業化と都市化のもたらす諸問題の解決にあたって、行政が重要な役割をはたすべきであるという認識が、彼らの間に浸透していったこと、また市政調査会の提案した行政権の強化、行政の専門化へむけての諸改革によって、実際、政策決定における行政の優位が確保できたことがあげられよう。選挙を通じて、マシーンと直接対決する方法には賛成しなかったビジネスマンも、行政改革の結果、実質的にマシーンの市政への影響力が弱まる一方で、行政部のリーダーシップの下、市政における「能率と節約」がはかられ、彼らのビジネス活動をより活発化できる環境が整えられることを期待したのであった。

委員会制やマネージャー制の推進運動が、ニューヨーク市のような大都市で具体化しなかったのに対して、市政調査会運動は大都市を中心に発展した。委員会制やマネージャー制を導入することが困難な大都市で、マシーン政治下の市政運営に批判的なビジネスマンは、市政調査会運動を通じて、いわば間接的にマシーン政治に挑戦したのである。そしてその努力は徐々に実り、次第に彼らは、マシーンの仲介なしに行政部門に政治的圧力をかけることによって、政策決定により大きな影響力を与えうるようになっていったのである。

むすび

19世紀後半の都市における政党マシーンが、政治統合の上でどの程度の役割をはたしたのかについては、都市や地域、また時期によって差があるだろう[60]。しかし、程度の差こそあれ、マシーンが南北戦争後の急速な工業化と都市化の

下で対立する諸利益関係を調整し、都市社会に一定の秩序をもたらしたことは否定できない。しかしながら、当時の大方の改革者は、マシーンの政治統合機能の重要性を認識していたとはいえなかった。なぜ移民をはじめとする都市労働者層がマシーンを支持するのかについて理解していた改革者は、少数であった。そのためもあり、多くの改革者は市民的モラルの立場からマシーン政治の腐敗に目をむけ、マシーンの打倒をめざした。つまり、彼らはマシーンが政治統合にはたしていた役割に不満をもっていたというより、マシーンによる腐敗した、非能率で、不経済な市政運営を批判して改革運動に参加したのである。

　一方、今世紀に入って、マシーン政治に不満を抱き、市政改革に参加するビジネスマンの数は増加していった。しかし、彼らはマシーンが腐敗した市政運営をおこなっていることよりも、むしろマシーン支配下の市政では、都市のかかえる問題を能率的に、しかも経済的に処理できないことに不満を抱いていた。このことはマシーンの政治統合上の機能が、20世紀に入って、弱まりはじめたことを意味していたともいえよう。

　ビジネスマンは、市政における「能率と節約」をスローガンとして、各地で展開された諸改革運動を支持したばかりでなく、その中心的指導者としても活躍した。マネージャー制運動をはじめとするこれらの運動は、前期市政改革運動の発展として、マシーン支配下の市政における腐敗を生み出す制度上の源泉絶滅をねらうという観点から支持され、推進されたことは否めない。しかし、同時に、これらの改革運動によって、行政権強化にむけての諸改革が進展し、それらが都市の直面する諸問題への適切な行政上の対応と処理を可能にし、結果的に市政における「節約と能率」を実現するであろうという期待も、運動を支える大きな柱であった。

　革新主義時代後期には、このような市政改革における能率主義の傾向が、次第に顕著になっていったのであって、こうした流れはビジネスマンを中心とする改革者によっておしすすめられた。こうして、能率主義志向をもって推進された市政改革運動の結果、かつてマシーンに支配され、「素人」のより集まりであった都市政府は、徐々にではあるが、行政の各分野にそれぞれ専門職を配置した政府組織へと変化していった。そして、この改革された官僚制は、シースルの言葉をかりれば、「相対的に腐敗や不正行為を免れる一方で、都市問題

に関する新たな権力の中心を構成し、マシーンの権力基盤よりも確固としたものとなっていった[61]。」とみられている。

注

1) James Bryce, *The American Commonwealth* (1888), 3rd rev. ed., vol. 1 (New York: Macmillan, 1924), 642.
2) Lewis L. Gould, "Introduction," in *The Progressive Era*, ed. Gould (Syracuse: Syracuse University Press, 1974), 3.
　当時の改革者としては例外的に、マシーンが移民に対しておこなっていた様々なサービスの重要性を認識していた人物として、たとえばシカゴでセツルメント運動に貢献したジェイン・アダムズが挙げられる。Jane Addams, "Why the Ward Boss Rules," *The Outlook*, 58 (April 2, 1898), 879-882.
3) 本書第1章を参照されたい。その他に、John M. Allswang, *Bosses, Machines, and Urban Voters* (Port Washington, N. Y.: Kennikat Press, 1977), 9-10; Melvin G. Holli, "Urban Reform in the Progressive Era," *in The Progressive Era*, ed. Lewis L. Gould (Syracuse: Syracuse University Press, 1974), 137; Kenneth T. Jackson and Stanley K. Schultz, "Introduction of Part Six," in *Cities in American History*, ed. Jackson and Schultz (New York: Alfred A. Knopf, 1972), 367.
4) Andrew D. White, "The Government of American Cities," *Forum* 10 (December 1890), 213, reprinted in *The Politics of Urban America: A Reader*, 2nd ed., ed. Dennis R. Judd and Paul P. Kantor (Boston: Allyn and Bacon, 1998), 123.
5) Lincoln Steffens, *The Shame of the Cities* (1904; New York: Hill and Wang, 1992).
6) Carl Degler, "American Political Parties and the Rise of the City," *Journal of American History*, 51 (June 1964), 47; Holli, "Urban Reform in the Progressive Era," 133-135.
7) ホッリをはじめとして、1893年恐慌の影響を重視する研究者は多い。たとえば、セーレンはウィスコンシンにおいて1893年からの大不況が階層をこえた人々を革新主義改革へ向かわせた決定的要因であったと論じた。David P. Thelen, "Social Tensions and the Origins of Progressivism," *Journal of American History*, 56 (September 1969), 323-341; David P. Thelen, *The New Citizenship: Origins of Progressivism in Wisconsin, 1885-1900* (Columbia, Mo., 1972).一方で、マコーミックは、ニューヨークでは、1893年からの不況よりも民主党マシーンの腐敗ぶりが人々を政治運動へと向かわせたと述べている。Richard L. McCormick, *From Realignment to*

  Reform : Political Change in New York State, 1893-1910 (Ithaca and London : Cornell University Press, 1979), chapter 2.
8) 　ニューヨーク市だけでも、1984年までに24もの「良き政府（Good Government)」をめざすクラブが形成されていた。Edwin G. Burrows and Mike Wallace, *Gotham : A History of New York City to 1898* (New York and Oxford : Oxford University Press, 1999), 1194.
9) 　Frank Mann Stewart, *A Half Century of Municipal Reform : A History of the NML* (Berkeley and Los Angeles : University of California Press, 1950), 11-27 ; 156-157.
10) 　*Proceedings of the National Conference for Good City Government, 1901*, 318, quoted in *Ibid.*, 156. 1890年代の市政改革運動のモラリスティックな性格については、Paul Boyer, *Urban Masses and Moral Order in America : 1820-1920* (Cambridge, Mass : Harvard University Press, 1978), 168-174 参照。
11) 　*Proceedings of the National Conference for Good City Government, 1903*, 86, 307 ; *1906*, 123, quoted in Stewart, *A Half Century of Municipal Reform*, 156.
12) 　改革者団体ユニオンリーグクラブの長年のメンバーである、銀行家のストロング（William Strong）が市長に当選した。しかし、彼は3年後の選挙には出馬を辞退し、代わってコロンビア大学長ロウ（Seth Low）がタマニーに挑戦したが、敗北した。Burrows and Wallace, *Gotham*, 1193-1194, 1206-1208.
13) 　Lorin Peterson, *The Day of the Mugwump* (New York : Random House, 1961), 141 ; Stewart, *A Half Century of Municipal Reform*, 157 ; Alfred Willoughby, *The Involved Citizen : A Short History of the National Municipal League* (New York : National Municipal League, 1969), 16.
14) 　Theodore Roosevelt, "Practical Work in Politics," *Proceedings of the National Conference for Good City Government, 1894*, 298, quoted in Holli, "Urban Reform in the Progressive Era," 144.
15) 　Edward C. Banfield and James Q. Wilson, *City Politics* (New York : Vintage Books, 1963), 140-141 ; Holli, "Urban Reform in the Progressive Era," 138-139 ; Stewart, *A Half Century of Municipal Reform*, chapter 3 ; Willoughby, *The Involved Citizen*, 14-16. NMLは1897年以来、特別の委員会を構成して、市政運営に関する一般理論を確立し、それを具体化する努力をおこなっていったが、その成果がこのモデル市政綱領であった。
16) 　「社会改革」については、主として以下によっている。Melvin G. Holli, *Reform in Detroit : Hazen S. Pingree and Urban Politics* (New York :

Oxford University Press, 1969); Holli, "Urban Reform in the Progressive Era," 139-141; Arthur A. Ekirch, Jr., *Progressivism in America* (New York: New Viewpoints, 1974), 98-100; Martin J. Schiesl, *The Politics of Efficiency: Municipal Administration and Reform in America, 1800-1920* (Berkeley and Los Angeles: University of California Press, 1977), 45, 58-62, 66, 81-83, 86-87, 133-134; James Weinstein, "Organized Business and the City Commission and Manager Movements," *Journal of Southern History*, 28 (1962), 167-168.

17) ホッリは市政改革を2つの概念に区分している。第一は、「社会改革」であり、第二はすでに本文で述べてきた各種の制度改革を指す「構造改革 (structural reform)」という概念である。この二つの概念については、Melvin G. Holli, *Reform in Detroit: Hazen S. Pingree and Urban Politics* (New York: Oxford University Press, 1969), chapter 8 参照。

18) Holli, "Urban Reform in the Progressive Era," 139.

19) Holli, *Reform in Detroit*, 169.

20) *Ibid.*, 19-20.

21) この段落は、Holli, *Reform in Detroit*; Holli, "Urban Reform in the Progressive Era." の他に主として、Ernest S. Griffith, *A History of American City Government: The Conspicuous Failure, 1870-1900* (New York: Praeger, 1974), 250-252, 277-278 による。

22) Holli, "Urban Reform in the Progressive Era," 139.

23) ホッリが「社会改革」と呼んだ概念は、移民をはじめとする労働者層によって支持された社会・経済改革という意味で、ハトマッカーによって1962年に提起され、その後ビュンカーによって引き継がれていった「都市リベラリズム (urban liberalism)」という概念と相通じる側面をもっている。ハトマッカーらは、革新主義時代にニューヨークやマサチューセッツなどの東部工業州で都市及び州レベルの改革として実現された社会・労働面の諸改革が、労働者層のイニシャチブで実現されたことを強調するのである。J. Joseph Huthmacher, "Urban Liberalism and the Age of Reform," *Mississippi Valley Historical Review*, 49 (September 1962), 231-241; J. Joseph Huthmacher, *Senator Robert F. Wagner and the Rise of Urban Liberalism* (New York: Atheneum, 1968); John D. Buenker, *Urban Liberalism and Progressive Reform* (New York: Charles Scribner's Sons, 1973).

24) Steffens, *The Shame of the Cities*, 3.

25) Schiesl, *The Politics of Efficiency*, 134; Weinstein, "Organized Business and the City Commission and Manager Movements," 167-168; Robert H. Wiebe, *The Search for Order* (New York: Hill and Wang, 1967), 167.

26) Samuel P. Hays, "The Politics of Reform in Municipal Government in

the Progressive Era," *Pacific Northwest Quarterly*, 55 (1964), 157-169, reprinted in Hays, *American Political History as Social Analysis* (Knoxville, The University of Tennessee Press, 1980), 205-232.
27) Blake McKelvey, *The Urbanization of America 1860-1915* (New Brunswick, N. J.: Rutgers University Press, 1963), 113 ; James Weinstein, *The Corporate Ideal in the Liberal State : 1900-1918* (Westport, Conn.: Greenwood Press, 1968), 94.
28) Bernard Hirschhom, *Democracy Reformed : Richard Spencer Childs and His Fight for Better Government* (Westport, Conn.: Greenwood Press, 1997), 1-5.
29) John Porter East, *Council-Manager Government : The Political Thought of Its Founder, Richard S. Childs* (Chapel Hill : The University of North Carolina Press, 1965), 32-34. ウィリアム・チャイルズは、1897年のニューヨーク市長選挙において、セス・ロウを候補者にシティズン・ユニオンがタマニーに挑戦した際に、積極的に活動した。さらに、1909年には共和党とのフュージョン候補を推して、募金活動の中心となった。
30) たとえば、市営公益事業に賛成か否かの質問に、チャイルズは次のように答えている。「賛成しない。結局、私は資本家の息子だったのだ。」Interview with John Porter East, January, 1964, quoted in East, *Council-Manager Government*, 27.
31) *Ibid*, 19, 43-55, 96-97
32) リチャード・チャイルズはエール大学卒業後、ショートバロット推進運動を熱心におこない始め、1909年には、後にNMLと合併することになった全国ショートバロット協会を組織した。
33) Amy Bridges, *A City in the Republic : Antebellum New York and the Origins of Machine Politics* (Cambridge, Cambridge University Press, 1984), 7.
34) Robert M. Fogelson, *The Fragmented Metropolis : Los Angeles 1850-1930* (Cambridge, Mass.: Harvard University Press, 1967), 205-206 ; Arthur H. Grant, "The Conning Tower," *American City* (October 1909), 68, quoted in Weinstein, "Organized Business and the City Commission and Manager Movements," 167 ; Fred I. Greenstein, *The American Party System and the American People*, 2nd ed. (Englewood Cliffs, N. J.: Prentice-Hall, 1970), 45-46 ; Samuel P. Hays, *The Response to Industrialism : 1885-1914*, 2nd ed. (Chicago : The University of Chicago Press, 1995), 127-130 ; Weinstein, *The Corporate Ideal in the Liberal State*, 95.
35) Weinstein, "Organized Business and the City Commission and Manager Movements," 167.

36) Richard J. Stillman, Jr., *The Rise of the City Manager* (Albuquerque, University of New Mexico Press, 1974), 9.
37) 科学的管理法は、周知のように、19世紀末期にフレデリック・テイラーによって唱えられ、その後労働能率向上をはかるために種々の製造業に導入された。20世紀に入って、人間の集団作業あるいは組織体内部の能率を増大させるために役立つという意味で、この科学的管理法を政府の行政部門にも適用しようという動きがおこり、行政改革を推進する一つの基礎となった。
38) 委員会制に関しては、主として以下によっている。Charles R. Adrian, *Governing Urban America*, 2nd ed. (New York: McGraw-Hill, 1961), 214-218; Ernest S. Griffith, *A History of American City Government, 1900-1920* (New York: Praeger, 1974), 58-59; Duane Lockard, *The Politics of State and Local Government* (New York, London: Macmillan, 1963), 112-113; Bradley Robert Rice, *Progressive Cities: The Commission Government Movement in America, 1901-1920* (Austin, University of Texas Press, 1977); Schiesl, *The Politics of Efficiency,* chapter 7; Weinstein, *The Corporate Ideal in the Liberal State*; Weinstein, "Organized Business and the City Commission and Manager Movements."
39) その後、ヒューストンは1920年代にダラスなどとともに委員会制を放棄して、マネージャー制を採用した。Rice, *Progressive Cities*, 109.
40) 人口 5 千人以上の都市に限れば、66都市が採用。*Ibid.*, 53.
41) 人口 5 千人以上の都市に限れば、325都市が採用。*Ibid*.
42) Richard S. Childs, "How the Commission-Manager Plan Is Getting Along," *National Municipal Review*, 4 (July 1915), 372. この制度の誕生について、くわしくは第 7 章を参照されたい。
43) Richard S. Childs, *A Suggestion for an Optional Second Class Cities Law*, 2, quoted in East, *Council-Manager Government*, 75.
44) 1915年に、NMLは従来のモデル都市憲章を改訂し、「強い市長制」にかわって、マネージャー制を推薦し、この制度の推進運動を開始した。
45) Harold Stone, Don Price, and Kathryn Stone, *City Manager Government in the United States* (Chicago: Public Administration Service, 1940), 49; Weinstein, "Organized Business and the City Commission and Manager Movement," 166-182; Weinstein, *The Corporate Ideal in the Liberal State*, chapter 4.
46) *Ibid.*, 99.
47) 委員会制及びマネージャー制は、必ずしもマシーン支配下の都市でその導入運動が展開されたとは限らない。マシーン支配が基本的に存在せず、かつ人口構成で中産階級の割合が高い都市においても、これらの制度は採用されたのである。工業化、都市化の衝撃はこうした都市をも襲い、行政権の集

中・強化、行政の専門化がビジネスマンを中心に要求された。そして、そうした必要を満たす制度として、新しい制度が選ばれたといえるのである。Richard M. Bernard and Bradley R. Rice, "Political Environment and the Adoption of Progressive Municipal Reform," *Journal of Urban History*, 1. 2 (February 1975), 149-174 ; John C. Bollens and John C. Ries, *The City Manager Profession : Myth and Realities* (Chicago : Public Administration Service, 1969), 7-8 ; Schiesl, *The Politics of Efficiency*, 136 ; Stone, Price and Stone, *City Manager Government in the United States*, 43-50.

48) *Ibid*., 34-36.
49) Amy Bridges, *Morning Glories : Municipal Reform in the Southwest* (Princeton, N. J. : Princeton University Press, 1997), chapter 3.
50) 州政府によって、人頭税、識字テストなどの形で実質的に投票権が制限されていた。*Ibid*., 55.
51) 革新主義時代以降、1920年代から50年代にかけて南西部の主要8都市のうち、6都市はマネージャー制に移行している。さらにヒューストンは、47年に市長制を採用するにいたっている。
52) Weinstein, *The Corporate Ideal in the Liberal State*, 103-104.
53) Stone, Price and Stone, *City Manager Government in the United States* ; 35-36, chapter 9 ; Weinstein, *The Corporate Ideal in the Liberal State*, chapter 4.
54) 市政調査会運動については、主として以下による。Augustus Cerillo, Jr., *Reform in New York City : A Study of Urban Progressivism* (New York and London : Garland Publishing, 1991), chapter 5, chapter 8 ; Augustus Cerillo, Jr., "The Reform of Municipal Government in New York City," *New York Historical Society Quarterly*, 57.1 (January 1973), 51-71 ; Norman N. Gill, *Municipal Research Bureaus : A Study of the Nation's Leading Citizen-Supported Agencies* (Washington, D. C. : American Council on Public Affairs, 1944) ; Schiesl, *The Politics of Efficiency*, chapter 6.
55) *Ibid*., 112.
56) Bureau of Municipal Research, *Purposes and Methods of the Bureau of Municipal Research* (pamphlet, New York, 1907), 19-20, quoted in Schiesl, *The Politics of Efficiency*, 113.
57) 市政調査会運動とニューヨーク市政の仲介ともいえる役割をはたしたのが、1913年に市長に当選したミッチェル (John Purroy Mitchel) と1905年に市会計検査官に選出されたメッツ (Herman A. Metz) であった。彼らを通じて、市政調査会は市の役人や政治家と良好な関係を築くことができた。Cerillo, "The Reform of Municipal Government in New York City," 60-63.
58) 1910年にミルウォーキーで、市政調査会がはじめて市政府によって設立さ

第6章 革新主義市政改革とビジネス

れて以降、市政調査会は必ずしも従来のような民間の組織とは限らなくなった。
59) Schiesl, *The Politics of Efficiency*, 112, 120-126 ; Kenneth Finegold, *Experts and Politicians : Reform Challenges to Machine Politics in New York, Cleveland, and Chicago* (Princeton, N. J.: Princeton University Press, 1995), 50 ; Gill, *Municipal Research Bureaus*, 13-18.
60) 本書第1章参照。
61) Schiesl, *The Politics of Efficiency*, 191.

第7章　シティ・マネージャー制の発展と
　　　　マネージャー職の変容

はじめに

　現代のアメリカにおける都市の主要な政府形態は、市長市会制（major-council system、以下、市長制と略す）とシティ・マネージャー制（city manager system、市会マネージャー制とも呼ばれる。以下、マネージャー制と略す）である。このうち、前者は古くからある政府形態であるが、後者はほぼ100年前に初めて誕生した形態である。だが、この一世紀の間、マネージャー制は急速に普及し、今日では、アメリカの都市のうち、この制度を採用している都市数は、市長制採用都市数をしのぐまでになっている（序章の表3参照）。
　マネージャー制はシティ・マネージャーと市会によって構成されているが、マネージャーの存在がこの制度を最も特徴づける要素といえる。本章は、このマネージャーに焦点をあて、マネージャー職がいかなる過程をへて確立されたか、また、今日の都市政治において、マネージャーが実際にいかなる役割をはたしているのかを検討することを目的としている。主題にアプローチする前提として、第1節では、まずマネージャー制誕生の経緯、マネージャー制モデルの特徴、この制度の歴史的発展を概観する。次に第2節と第3節で、マネージャー職理念の展開をマネージャー制の現実と対比させつつ分析し、最後に今日のマネージャー制のもつ問題点を検討しよう。

第7章　シティ・マネージャー制の発展とマネージャー職の変容

第1節　シティ・マネージャー制の誕生とその歴史的発展

(1) 革新主義市政改革運動の所産としてのマネージャー制

　前章でみたように、19世紀末期から20世紀初期にかけて、アメリカの都市では市政改革が試みられたが、市政改革者にとって改革すべき対象は、職業政治家ボスが支配する政党マシーンであった。マシーンとそのボスは多くの都市で市政を握り、その地位を利用して不正をおこなっていた。マシーンは、移民をはじめとする都市の低所得層を経済的に援助するばかりでなく、彼らの民族的伝統やほこりにも配慮していたとはいえ、そうしたサービスの目的は彼らの票を獲得することにあった。一方、ビジネスにたずさわる人々をはじめとする都市の有力者の中には、自らの利益のためにマシーンと密接に結びつく人々がみられた。彼らはマシーンに金銭や報酬を与える代償として、折から増大していた公共事業についての建設許可、各種ライセンス、フランチャイズを獲得したりしていた。

　このように都市政治の腐敗が横行する過程で、一群の改革者が都市政治腐敗の元凶をマシーン政治にあるとみて、その打倒をめざし、市政改革運動を開始した。そしてこの改革運動は次第に全国的に拡大し、1894年にはのちに市政改革に重要な役割をはたすことになる全国都市連盟（National Municipal League, NML）が結成された[1]。当初、NMLの指導者はマシーンを追放し、改革者に政治権力を握らせることをねらっていたが、やがて単にそれだけでは十分ではなく、市政改革には制度改革が必要不可欠であると痛感するにいたった。当時アメリカのほとんどの都市は、「弱い市長制（weak-mayor system）」を採用していたのであるが、改革者はこの制度の仕組み自体が改革を妨げると考えはじめたのである。

　「弱い市長制」の下で市長は、ロングバロット[2]を用いる選挙によって選出された行政部の官僚及び市会と行政権を共有しなくてはならないという意味で「弱い」といえる。市長は任命権、拒否権を制限されており、一方、市会は多くの行政部の役人を単独で任命することができ、さらに条例の制定、予算編成の権限をもつばかりでなく、予算の実行にも直接的に介入できた。他方、選出

された行政部の官僚はそれぞれ各分野に強い権限を有した。その結果、行政部全体を統括する行政官を欠き、行政部の各部門はそれぞれ独立していたため、相互に協力できないという制度上の欠陥をもっていた。改革者は、そうした欠陥がマシーンの市政支配を容易にしているとみて、「弱い市長制」の欠点を是正するために、市長に行政権を集中させる「強い市長制（strong-mayor system）」を提案するにいたった。しかしこの制度にも、折から拡大しつつあり、しかも性格の異なる行政上の仕事の処理をすべて市長に期待するのは、むずかしいのではないかという疑問が提起された。

ところで、1900年9月、テキサスをおそったハリケーンが、新しい市政府のタイプを誕生させた。このハリケーンによって壊滅的な打撃を受けたガルヴェストン（Galveston）で、災害からの復興を図る制度として委員会制（commission system）が生まれたのである[3]。当時、ガルヴェストン市は巨額の負債をかかえ、破産寸前の状態にあったため、従来の体制の下ですみやかに復興をはかるのは不可能とみられた。そのため州政府は市政を停止させ、一時的にガルヴェストンの5人のビジネスマンによる「委員会」に市政を委ねた。のちに委員会を構成する委員は市民の直接選挙によって選出されることになったが、以上のように委員会制の誕生は計画されたものではなく、「偶然の事故の結果[4]」であったといえる[5]。しかし、この委員会制は選出される委員の数が少ないため、市民が候補者の人物と適性について十分検討することができ、また権力が立法と行政との間で分立していないため、市政が行きづまる心配がないと期待されたことなどの理由から、次第に改革者の注目をひくようになった。実際、委員会制は急速にテキサス州に広まり、やがて全国的にも採用されていった[6]。

たまたま同じ頃、バージニア州の小都市ストーントン（Staunton）で一つの試みがおこなわれた。1761年以来、市長と一院制議会の下にあったこの市で、1906年に二院制が採用されるとともに、1908年には行政を扱う専門家を雇うことが決定されたのである。この行政の専門家は、市会によって雇用され、随時解雇されうることになっていた。このストーントンの方式と委員会制を結び合わせた結果として誕生したのが、マネージャー制であり、リチャード・チャイルズ（Richard Childs）によってそのモデルが作成された[7]。

チャイルズは革新主義時代にマシーンを解体し、市政をボス支配から解放することを目指した改革者の一人であり、NMLの中心メンバーであった。彼は都市政治において腐敗した政党マシーンが力をもっている理由は、第一に、選挙の際に選挙民があまりに多くの政府役職者を選出しなければならないことにあると考えた[8]。つまり、選挙民は誰を選ぶべきかの的確な判断基準をもつことができないため、マシーンの選んだ候補者に投票せざるをえないことが、市政の腐敗へとつながるととらえたのである。このような欠点を是正するためには、政策とその実施にあたって、どのような責任を果たすのかが明確である若干の公職についてのみ、市民の直接選挙を実施すべきであるとチャイルズは確信していた。こうした考えにたって、彼はエール大学卒業後、ショートバロット運動（short ballot movement）[9]を熱心に展開しはじめた。

チャイルズは、1909年に父の財政的援助を受け、全国ショートバロット協会（National Short Ballot Organization）を組織し、ショートバロットを全国的に普及させる運動を積極的に推進していった。そしてまず委員会制を、ショートバロット実現のための最も有効な市政府形態と考えたのである。しかし委員会制は、各地に導入される過程で、いくつかの欠点があると指摘されるようになった。その欠点とは、まずそれぞれの委員の間に行政上の役割と責任が分散してしまうこと、さらに、選挙によってすぐれた行政の専門家が選出されることはめったになかったことである。そのため、チャイルズも次第に委員会制に不満をもつようになった。そして次に、委員会制とストーントン方式の長所をとり入れた新しい制度をつくりあげようと試みたのである。その結果が、1911年にロックポート（Lockport, New York）のために作成したモデル都市憲章（model city charter）であった。このプランはロックポートでは実現しなかったのであるが、これは、マネージャー制を制度的に定義づけた最初のものとなった。

チャイルズによって考案されたマネージャー制モデルは、1912年にサムター（Sumter, South Carolina）ではじめて採用された。このチャイルズのモデルをもととして、1915年、NML[10]によってモデル都市憲章が制定された。これによれば、マネージャー制の基本的仕組みは次のようなものであった[11]。

まず市会は市政府の全権を有するが、政策実施を担当する行政については市

会が雇用するマネージャーに権限を委ねる。市会のメンバー数は都市の規模によるが、5名から50名で構成され、マネージャーをいつでも解雇しうる権限をもっている。マネージャーはフルタイムで職務を遂行し、各部局の長を任命、監督し、年次予算を編成し、提出する他、投票権はもたないが、市会に出席し、討論に加わることができる。マネージャー制の下でも市長職は存在するが、市長は行政権をもたず、通常、単に市会の一員兼議長にすぎない。なお、市会の選挙については、原則としてノンパルティザン選挙制（nonpartisan election system）の下でおこなわれ、さらに選挙区については全市単一選挙区制（at-large system）であることが望ましいとされた[12]。

(2) マネージャー制の飛躍的発展

マネージャー制は、1914年にデイトン（Dayton, Ohio）で採用されるまであまり注目されなかった。大都市でマネージャー制が導入されたのは、このデイトン（当時人口14万）が最初であり、これが大きな宣伝効果をあげた。そしてこれを契機として、改革者たちの関心も委員会制からマネージャー制へと転換していった。その結果、1920年には全都市中、160都市でマネージャー制が採用されるにいたり、その後10年間に新たに210都市が加わり、1930年には370都市がマネージャー制を導入していた。人口3万以上の都市（284都市）での採用率をみると、1929年に21％を占めるにいたっている。しかし、人口5千以上の都市全体についてみれば、1940年においても、1,806都市中302と、16.7％の採用率であった。一方、委員会制も1929年に人口3万以上の都市における採用率こそマネージャー制より高いものの、1940年には人口5千以上の都市全体の採用率でいえば、17％とほぼマネージャー制と変わらなかった。つまり、第二次大戦までにマネージャー制は委員会制と同等の位置を占めるようになっていたのである。

第二次大戦後、マネージャー制は委員会制の衰退傾向のなかで、ますます発展していった（序章の表1）。すなわち、戦後の都市（人口5千以上）の急増過程で、小都市を中心にマネージャー制を採用する都市の数は増加し、その数は1950年から67年にかけて495から1,283へと2.6倍に増加したのである。これに対して、市長制を採用する都市は1,163から1,512へと1.3倍増加したにすぎず、

表7-1　都市人口規模別マネージャー制分布状況、1975年、2000年

人　口　規　模	1975年			2000年		
	都市数	マネージャー制採用都市		都市数	マネージャー制採用都市	
		数	構成比(%)		数	構成比(%)
1,000,000以上	6	0	0.0	10	4	40.0
500,000〜999,999	20	5	25.0	17	2	11.7
250,000〜499,999	30	14	46.7	38	20	52.6
100,000〜249,999	98	51	52.0	138	88	63.7
50,000〜 99,999	256	145	56.6	352	232	65.9
25,000〜 49,999	520	293	56.3	686	440	64.1
10,000〜 24,999	1,360	620	45.6	1,649	873	52.9
5,000〜 9,999	1,550	530	34.2	1,850	875	47.3
計	3,840	1,658	43.2	4,740	2,534	53.5

出所：*The Municipal Year Book 1975*, n. pag., Table 3 ; *2000*, xi, Table 2 から作成。

　この結果、50年には全都市（人口5千以上）の24％に達していたマネージャー制採用都市は、67年には41％へと大幅に躍進したのである。さらに75年には43％と、市長制の採用率（47％）にせまる勢いとなった。その後はしばらく現状維持の傾向が続いたが、1990年代に入り、マネージャー制の採用率は市長制採用率低下にともなって増大して、1995年には47％と、市長制採用率を上回るようになった。その後も拡大傾向が続き、現在では5割をこえる都市がマネージャー制の下にある。

　次にマネージャー制が、大、中、小都市にどのように分布しているかを、マネージャー制が市長制にせまる勢いをみせていた1970年代半ばと現在とを比較しながらみてみよう（表7-1）。まず、1975年についてみると、人口100万以上の都市でのマネージャー制採用が皆無であるばかりでなく、人口50万以上100万未満の都市についても25％と、巨大都市での採用率が低いことが目立つ。一方、最もマネージャー制がポピュラーな都市の規模は、人口2万5千以上25万未満の中都市で、このグループの都市では52〜57％がマネージャー制を採用していた。小都市でも34〜46％の採用率であり、決して低い率とはいえない。

　一方、2000年現在の採用率をみると、マネージャー制はほとんどあらゆる規模の都市で1970年代を大きく上回る採用率となっている。人口100万以上の都市でも4割がマネージャー制を採用するようになっている。ただ人口50万以上100万未満の都市での採用率は、73年の25％から12％へと低下している。最も

採用率が高い都市規模は、人口2万5千から25万の中都市であることは、70年代と変わらないが、採用率自体（64〜66%）は飛躍的にのびている。さらに、人口2万5千未満の小都市の採用率も増大している。

以上のように、1920年代以降、委員会制に代わって改革運動の旗手となったマネージャー制は、歴史的にはまず中都市に、続いて小都市に拡大し、現在では、人口100万以上の巨大都市を含むあらゆる規模の都市に浸透し、人口5千以上の都市では、市長制をしのいで最も採用率の高い政府形態となっている。

さて、こうしたマネージャー制発展の背景には、それを支えてきた人々が存在した。この制度の生みの親ともいえるリチャード・チャイルズをはじめとする改革者が、まずこうした人々に含まれよう。マネージャー制プランは市政改革に対する要求から生みだされ、その後もマネージャー制は市政改革運動を通じて全国に広がった。一方、改革者とは異なる意味で、マネージャー制を支えてきた人々を無視することはできない。それは、実際にこの制度の運営にあたってきたマネージャーである。彼らは新しく誕生したシティ・マネージャーという職が都市政治においていかなる地位と役割をもつべきか自らに問いつつ、都市政治にかかわってきた。その過程で、彼らはマネージャー職理念を発展させてきたのである。

マネージャー職理念と現実のマネージャーの役割とは、必ずしも一致してはいない。しかし、マネージャー職理念は、それぞれの時代の要請を反映していたことは確かであり、その意味で、それは、マネージャー職の確立とマネージャー制の発展に大きな役割を果たしたのである。そこで次に、マネージャー職の現実と対比させつつ、マネージャー職理念の展開を分析し、それを通じてマネージャーが、いかにして都市政治においてその地位を確立、発展させてきたかを考察しよう。なお、考察にあたってマネージャー職理念の展開を歴史的に二段階（第2節と第3節）に分けることにする。

第2節　「中立的行政官」としてのマネージャー

リチャード・チャイルズによって作成されたマネージャー制モデルには、二つの基本的理想がこめられていたとみることができる。その第一は、政治参加

の平等を約束する「民主政治」であり、第二は行政権の集中・強化を通じての能率的行政である。両者はともに革新主義市政改革の理想であったといえるが、マネージャー職の理念と密接に結びついたのは、後者であった。第二の理想は、計画的、合理的行政が都市問題解決のために必須の条件であるという主張が、チャールズ・ビアード（Charles Beard）やハーバート・クローリー（Herbert Croly）をはじめとする人々によって提唱されたことから重きがおかれるようになった[13]。その後、1920年代から30年代にかけて行政における科学的管理法思想の影響が強くなるとともに、この能率的行政という理想は、マネージャー制の下、マネージャーによって実現されうると確信されるようになった。つまり、マネージャー職理念の基盤として科学的管理法思想が定着した結果、マネージャーは中立的立場にたち、能率的かつ経済的に行政を執行する役割をはたすとみなされたのである。

(1) マネージャー職理念の萌芽

マネージャー制発展史の初期段階――1910年代から20年代初頭――についてみると、マネージャー職に関する見解は改革者、学者、またマネージャー自身、いずれの側においても、いまだ熟しているとはいえなかった。しかし一方で、すでに改革者とマネージャーの間で、マネージャー職の理念について意見の対立が生じてきていた。

当時、改革者、学者たちは、NMLを中心としてマネージャー制に関心をもつようになっていた[14]。NMLは委員会制について研究する委員会をもち、そのメンバーにはチャイルズはじめ、ハーバード大学のウィリアム・マンロウ（William B. Munro）、コロンビア大学のビアード、委員会制の歴史について著書を公刊したアーネスト・ブラッドフォード（Ernest S. Bradford）などがふくまれていた。この委員会を通じて、マネージャー制についての情報が収集、検討され、その結果、1913年にNMLはマネージャー制を支持することを公に発表した。それにともない、すでに述べたように、1915年のNML総会で「強い市長制」を推薦していた従来のモデル都市憲章を改訂して、マネージャー制を推奨する新たなモデル都市憲章を制定したのである。

当時、NMLはモデル都市憲章によってマネージャー職に関する形式的規定

を制定すると同時に、マネージャー職の理念についても検討を始めていたが、そこではマネージャーの役割は「民主政治」実現に専念することにあるというチャイルズの意見が支持されていた。チャイルズは、平等な政治参加と能率的行政という革新主義時代の必ずしも整合しない性格をもつ二つの理想を、マネージャー制モデルにおいて結合、統一しようと試みていたものの、この二つの理想のうち、「民主政治」をより重視していた。というのは、前述のように、チャイルズはマネージャー制をショートバロットを推進するための一つの方法と考えていたのであり、彼にとってショートバロット運動の目的は、より多くの人々が参加する「民主政治」を実現することにあったからである。

　チャイルズは、マネージャー制を通じてショートバロットを実現し、マシーン支配から都市を解放しようと考えたのである[15]。マネージャー制の下で、市会は立法権を有するばかりでなく、マネージャーという行政の専門家を雇用し、解雇することによって行政をも支配する権限を有する。そして、その市会は、ショートバロットによって選出された議員によって構成される。その結果、市民の意見をよりよく反映した政策が決定され、これを専門の行政官が執行するのであるから、市政はより民主的になりうると彼は期待した。政治参加の平等の重要性を強調していたチャイルズは、「民主政治が第一の目的であり、金の節約やより高い能率ではない。目的は本当に民主的な民主主義のプロセスをつくり上げることである……[16]」と明言したのであった。このようにマネージャー制を「民主政治」実現の方法ととらえたチャイルズにとって、マネージャーの第一の役割は、市政を民主的にすべく働くことであり、具体的には政治から中立な行政官として市会の方針を忠実に実行すること、そして公共サービスを「私的利益や私的慈善行為の領域から抜け出させ、公益のために原価で供給する[17]」ように努めることであった。しかしチャイルズのこのようなマネージャー職に関する理想主義は、現実的な立場に立たざるをえないマネージャーの意見とは必ずしも整合するとはいえなかった。

　「民主政治」をめざして、NMLに属する改革者によってマネージャー制推進運動がおこなわれるようになった一方で、1914年に都市政治におけるプロフェッショナルとしてのマネージャーの組織が結成された。スプリングフィールド（オハイオ州）に集まった8人のマネージャーは、共通の問題を協議するた

第7章　シティ・マネージャー制の発展とマネージャー職の変容

めにシティ・マネージャー連合（City Managers' Association, CMA）[18]を組織したのである。これが今日、マネージャー職の国際組織となっている国際シティ/カウンティ・マネージメント連合（International City/County Management Association）の起源であった。CMA は結成直後、NML と密接な関係をもっていたが[19]、次第に両者の立場の違いから起こる意見の対立の根深さを認識せざるをえなくなってきた[20]。チャイルズに代表される NML の改革者は、市政改革のための抽象的理論を展開し、マネージャーの役割を「民主政治」実現に貢献することにあると主張したのに対し、マネージャーは市政運営上の具体的問題に最大の関心を払っていたのである。すでに1915年の NML 会議において、両者のこうした対立が表面化していた。その後も今日にいたるまで、NML はマネージャー制推進運動の後援組織ではあるが、マネージャー職についてはその直接的影響力をこの頃から失っていったといえる。さらに21年には、NML と並んで深い結びつきを保ちつづけてきたアメリカ商工会議所都市局（U.S. Chamber of Commerce's American City Bureau）とも直接の関係をたち[21]、CMA は独立した活動の第一歩をふみだした。

　この時期には、マネージャー連合へのマネージャーの入会率も高いとはいえず、また財政的にも独立の組織として活動するには十分な準備ができているとはいえなかったため、CMA の活動は、主として『シティ・マネージャー・ブレティン（City Manager Bulletin）』の発行と年次総会を通じての情報交換におかれていた。NML がマネージャー制推進運動の主体として活動したのに対し、マネージャー達はマネージャー連合を現実の市政運営から生じる諸問題に対処しつつ、都市行政の向上をおしすすめるための組織としていった[22]。この CMA の活動においてとくに重視されたのは、マネージャー職のプロフェッショナリズム確立ということであり、その必要性は1922年にルイス・ブラウンロウ（Louis Brownlow）が CMA 会長に就任して以来、ますます強調されるようになった。そして、1924年には初めて『行動規範（Code of Ethics）』が CMA 総会で採択された。

　『行動規範（以下、規範と略す）[23]』は、コミュニティにおけるマネージャーの適切な役割とその行動規範を定めたものであり、マネージャー連合が追求しようと努めてきたプロフェッショナリズムの精神を反映していたといってよい。

この『規範』では、「……コミュニティのために貢献することが可能であるという確信なくしては、シティ・マネージャーの地位を受諾するべきではない。」「マネージャー制プランの価値を信じていない者は、シティ・マネージャーの地位を受諾するべきではない。」と、まずマネージャー職受諾の際の心がまえについて述べている。続いて「個人的行動において、シティ・マネージャーは模範的であるべきである……。」「シティ・マネージャーはあらゆる市民のための行政官であり、義務の遂行にあたっては、わけへだてなくつとめるべきである。」など、同じく道義的規範がつらなっている。そしてマネージャーの役割については、市会の作成した政策を実施して成果をおさめることにあると述べられている。これに1920年代から30年代に開花した政治と行政の分離概念をみいだすことができるともいえよう。しかしながら、一方ではマネージャーの政治介入を制限つきで認めていると解釈できる節[24]もみいだせるのである。

　したがって、この24年『規範』は、「民主政治」実現のため、マネージャーは献身すべきであるというチャイルズの主張とは異なる見解の下であみだされたとはいえ、マネージャー職の基盤となる確固とした理念を確立するにいたってはいないといえよう。むしろこの第1版『規範』は、マネージャー連合がマネージャーの地位を確立しようとする努力の第一歩として、都市行政のプロとしてのマネージャー職の存在を明らかにしたという点で、意義をもつものであった。

(2) 科学的管理法思想とマネージャー職理念の結合

　前述のように、チャイルズはマネージャー制の目的の第一を「民主政治」の実現であると考え、マネージャーの役割も多くの人々を政治に参加させ、公益を追求することにあるとしていた。その限りで、「マネージャー制のもともとの支持者は、税率の引き下げ、メリットシステムの導入、地方の事柄についての全国政党の影響力排除、行政の能率化などは提案しておらず、彼らが第一に目ざしていたのは、より民主的な市政をつくることであり、『あらゆる人を政治家に』することである[25]」というドン・プライス（Don K. Price）の指摘は正しい。しかしチャイルズは、すでにふれたように「民主政治」と並んで「能率的、経済的、また中立的行政」という理想も、マネージャー制の下で実現で

きると考えていた。つまり彼の思想体系のなかでは、「民主政治」と「能率的行政」は相対立するものではなく、両立するものとされていたのである。

　チャイルズはマネージャー制モデル作成以来、常にマネージャー制は「企業の原理[26]」に沿って能率的に運営されるのであり、マネージャーは企業の経営者の立場に相当すると強調している[27]。ロックポート・プランでも「さきの委員会制よりもこれ（マネージャー制）がすぐれている第一の点は、マネージャーという職務が作り出されたことであり、これが明らかに能率を高める能力をもつ民間企業とこのプランとを類似せしめている[28]。」と述べている。このように「能率」を重視するマネージャー制モデルには、モデルが作成された当時、企業に適用され、のちに行政にも導入されることになった科学的管理法の影響がみられるといってよい。チャイルズ自身は、科学的管理法思想の影響を受けたと述べてはいないが、企業組織に沿ってマネージャー制モデルを作成したことで、間接的にこの思想の影響を受けていたといえる[29]。

　マネージャー制モデルにおいて、科学的管理法思想とマネージャー職理念とを結びつける見解は、1920年代から30年代にかけて定着していった。この時期、科学的管理法思想は、「民主政治」とは異なる、より現実的なマネージャー職理念を追求していたマネージャーにとって、ふさわしい思想とみなされ、マネージャー職理念に理論的基盤を与えたのである。周知のように、いわゆる科学的管理法は19世紀末、フレデリック・テイラー（Frederick Taylor）によって唱えられ[30]、その後、労働能率向上のための管理法として発展したものである。その基本的な考え方は、単に賃金による能率刺激をはかるというより、科学的に研究された作業の標準化にもとづいて設定された仕事（task）を労働者に課し、それを通じて、労働能率の向上を達成しようとするものである。この方式のもとでは、まず工場内の個々の作業について作業の仕方や時間などが研究され、作業の標準化がおこなわれる。そして、労働者は標準化された作業を基礎に、与えられた仕事をおこなうことになり、その結果、作業とその能率の管理化がはかられることになる。こうした科学的管理法はもともと企業で適用されたが、人間の集団作業あるいは組織体内部の能率を増進させるために役立つという意味で、政府の行政部門にも適用されることとなった。

　ところで、行政への科学的管理法導入には一つの前提条件があった。それは、

政治と行政を分離して考えることである。これは1887年ウッドロウ・ウィルソン（Woodrow Wilson）によって提唱され[31]、その後フランク・グッドナウ（Frank Goodnow）、ウィロビー（W. F. Willoughby）などの学者によっても支持された。この考えの下では、政策決定の過程である政治と、この実行過程である行政とは明確に区別できる。そして政治から独立した行政過程は、目的と手段とを系列的に理解することのできる一つの過程であるととらえられた。それ故、行政にも能率向上を第一目的として、科学的管理法を適用しうると主張されたのである。

つまり、行政における問題に対してはその問題にかかわる「事実」についての調査、研究を通じて、問題処理のための「唯一最善の方法」を発見しうると考えられた。このような問題解決の方法を具体化するものとして、1910年に連邦レベルで設立された節約と能率に関するタフト委員会（The Taft Commission on Economy and Efficiency）が中心となり、まず計画的な予算作成と会計方式が提案され、また人事管理部門では職員の訓練、メリットシステムの採用等が提唱された[32]。

こうした科学的管理法にもとづく新しい方法は、いうまでもなく政府の支出を削減し、能率を上げるばかりでなく、不正をも排除すると期待された。科学的管理法思想をマネージャー職理念の基盤とするにあたって最も影響力があったのは、シカゴ大学教授レオナード・ホワイト（Leonard White）の『シティ・マネージャー』（1927年）である。彼はこの著書の中で、「この国では、政治と行政を分離することができるはずである。健全な行政は、この分離が実現された時のみ発展し、継続可能である。一世紀にわたり、この二つは混同され、幾多の悪い結果を生んできた……。マネージャーは勧告と指導により、マネージャーの仕事は、論争の的となっている計画や党派争いに参加したり、影響されたりすることなく、誠実と能率と市会への忠誠をもって市の仕事を実行することであるとアメリカ国民に教える、またとない機会と重い責務をおっている[33]。」と述べた。

『シティ・マネージャー』が出版された頃、国際シティ・マネージャー連合（International City Manager's Association, ICMA）はロウレンス（Lawrence, Kansas）に本部をおき、会員数も450をこえるまでになっていたが、メンバー

の多くは市政運営においてあらゆる状況に適用できる一般原理、すなわちマネージャー職にとっての哲学が欠けていることを痛感していた[34]。これを満たしたのが、科学的管理法思想であり、ホワイトの著作であった。この思想は行政の専門家としてのマネージャーにとって、この職の存在価値を保証する最もふさわしい思想体系であるとみなされた。こうして、マネージャー職の目標は政治から独立した中立的、能率的かつ経済的な行政の実現にあるというマネージャー職理念が確立したのである。

　マネージャー職へ科学的管理法思想を適用し、マネージャー職理念を確立していく過程で、学界[35]の協力のもとにおこなわれた ICMA の研究活動は大きな役割を果たした。1929年に ICMA はシカゴ大学に本部を移し、ホワイト、チャールズ・メリアム（Charles E. Merriam）をはじめとするシカゴ大学の学者の協力、支持を得るとともに、財政的にはニューヨークのスペルマン基金、シカゴのローゼンウォルド基金の援助を受け、研究活動を開始した[36]。まず市政について基本的事実を提供する参考図書[37]、さらに市政運営の技術に関する手引きが出版された。こうした種類の文献はもちろん科学的管理法思想を反映していたのであるが、この他とくにマネージャー職をこの思想にしたがって解釈している文献として、ICMA の指導的立場にあったクラレンス・リッドリー（Clarence E. Ridley）とオーリン・ノルティング（Orin F. Nolting）による『シティ・マネージャー職（*The City Manager Profession*）』（1934年）[38]が刊行された。

　1920年代から30年代にかけて、学者に加えてマネージャーも、マネージャーの職務に関する見解を積極的に打ち出すようになったが、これを反映して、1938年にはマネージャーの『規範』が改訂されることになった。この38年『規範』の特徴は、政治と行政の分離を明確に規定し、マネージャーの役割は行政にあると強調していることである。24年『規範』では制限つきでマネージャーの政治介入が許容されていたが[39]、新『規範』では「マネージャーは決して政治的リーダーではない」と明言されている。そして、マネージャーは「すべての人びとにとっての行政官であり、差別なくあらゆる行政問題を処理する」「プロの行政官」として「人事管理への介入に抵抗し、自己の判断にもとづき、市会の政策を実施することを主張する……」と述べられ、政治的に中立な専門

的行政官としてのマネージャーという理念が明白にうちだされている。換言すれば、専門知識、技術という武器を有しているが故に、マネージャーは「プロの行政官」として効率的な行政管理をおこない、都市問題の解決に貢献しうるという確信が、新『規範』に反映されているといってよい。このように、38年『規範』は、科学的管理法思想を基盤としたマネージャー職理念の確立を示しているのである。

第3節 「コミュニティリーダー」としてのマネージャー

　1920年代から30年代にかけて、マネージャーは科学的管理法思想を理論的基盤とすることにより、都市行政のプロとしての地位を確立した。ところが行政における科学的管理法思想の隆盛は長く続かず、1940年代前半には疑問が呈され、第二次大戦後は厳しい批判にさらされることになった。それとともに、マネージャー職の理念もその土台をゆさぶられることになり、その基盤について再検討を要請されることになった。そこでこの第3節では、こうした要請に対応して、新たにマネージャー職を支える理論的基盤がいかに追求され、その結果、新たなマネージャー職理念がいかなるものとして展開されていったかを検討することにしよう。

(1)　新しい理念の萌芽：「中立的行政官」からの脱却
　大恐慌と第二次大戦をへて、アメリカは以前に比してより複雑で深刻な問題——国内的には福祉国家としての種々の課題や人種問題、外交的には最も影響力のある国として国際的な問題への対応の仕方——をかかえこまざるをえなかった。ところが、これらの問題を解決するにあたって、科学的管理法思想を適応することは疑問視され、批判されるようになったのである。この批判は、簡単にいえば以下のごとくであった。
　科学的管理法思想にしたがえば、行政に関する問題には唯一最善の解決が必ず存在することが前提となっていた。しかし行政においても原則は唯一絶対的なものではなく、同じように受けいれられるが、お互いに矛盾するいくつかの解決法がある[40]。どのような情況にも適合する行政の原理というものは、存在

しないのであって、行政においても個々のコミュニティの諸条件を考慮に入れなければ問題は解決しない[41]。たとえば、予算も単に技術的なプロセスによって作成されるのではなく、予算をめぐる種々の勢力争いの場において形成されるのである[42]。つまり、行政も政治過程の一部であることが指摘されたのである。

科学的管理法思想が学界で影の薄い存在となるにしたがって、この思想に基盤をおいていた当時のマネージャー職理念も動揺せざるをえなかった。1940年代までは、ICMAとメリアムをはじめとするシカゴ大学の学者を中心とする学界とのつながりは維持されたものの、50年代にはそれも消滅した。また、ICMAの研究活動を支えていた基金もとだえた[43]。このような状況のなかで、マネージャーは自己の役割の再規定をおこなう努力を開始した。そしてその過程で、マネージャーの役割は「中立的行政官」から「都市政治のリーダー」へとその性格を変えていった。

ところでこのような新方向は、マネージャーにとってまったく新しいものであったかといえば、必ずしもそうではなかった。第1版『行動規範』をとりあげてみても、こうした方向の萌芽をみいだすことができる。前述のように、第1版『規範』には、制限つきで、マネージャーの政治介入を許容している節がくみこまれていた。そのことからも示唆されるように、マネージャーの間には少数であったが、マネージャーは政治的に中立であらねばならないという考えに異論を唱える者がすでにいたのである。しかしその後も、市会議員選挙や党派政治に参加することは避けるべきであるという点で、マネージャーの意見は一致していたものの、政策目標の選択や、その政策が市会を通過するために影響力をおよぼすべきか否かについては、意見が割れていた[44]。つまり多くのマネージャーは理論上、政治と行政の分離を信じ、マネージャーの役割を行政に限定していたものの、実際には政策決定に多かれ少なかれ介入せざるをえない状況におかれていたと推察できるのである。この点について実証研究にあたってみよう。

当時のマネージャー制の現実を分析した数少ない研究のうち、最も信頼がおけるストーンらの著作、『アメリカ合衆国におけるマネージャー制政治』（1940年）にしたがえば、マネージャーは市会議員選挙や市会議員のリコール運動へ

参加したり、あるいはある政策推進のために情実を利用したり、また政治的処罰を下すと威嚇するような行為をしないという意味では、政治に関与していない。しかしその一方で、マネージャーは公的、私的に市会および市民にマネージャーの仕事について説明するのみならず、新たな政策を提案し、さらにそれへの支持を得たい時には個人や組織と交渉するのであり、その意味では政治に介入していたのである。そしてストーンらはこのような政治介入はマネージャーにとって不可避であるとし、次のように述べている。「一般にシティ・マネージャーが政策に関してリーダーであることをのがれることは、不可能である。というのは、勧告をおこなうことは彼の行政上の仕事において、非常に重要な部分を占めているからである[45]。」つまり、選挙運動に参加するなど直接の党派的行動はとっていないものの、マネージャーの多くは政治に介入していたことが示されているのである。

(2) 1952年『規範』の誕生とマネージャーの役割

　第二次大戦前においても、マネージャーが政策決定に事実上関与せねばならない機会は多少なりとも存在したが、マネージャーの政治介入が不可避なものと認められるようになった背景には、戦後の都市状況があった。当時、都市人口の増加とともに様々な公共サービスに対する要求に応えることをはじめとして、市政がになうべき課題は急速に増大した。そしてこうした問題解決のための政策作成には、行政上の専門的能力が不可欠であった。たとえば、いかに都市の水道を確保するかという問題を取りあげても、水源地の関係で他の政府との交渉を必要としたり、水道供給設備建設にあたってはその立地条件、構造についての知識も要求された。ところが、こうした複雑な問題に対して、「素人」の市会は能力不足であった。そこでマネージャーは、単に純粋な技術的勧告をするのみでなく、都市が直面している諸問題を体系的に把握し、その上にたって問題解決のための政策を市会に提案し、また市民にその政策の性格、それがいかに望ましいかについて説明をもおこなわなければならなくなった。このようなマネージャーのリーダーシップは、次第に多くのマネージャーが彼らの役割として是認するところとなった。

　この点で、1948年のICMA総会において、当時、ノーフォーク（バージニア

第7章　シティ・マネージャー制の発展とマネージャー職の変容

州）のマネージャーであったハアレル（C. A. Harrell）がおこなった演説は、重要な役割をはたしたといってよい。彼はマネージャーが政策上リーダーシップをふるう必要があると強調し、「我々はシティ・マネージャーとして、コミュニティのために市会の決定に役立つように創意と洞察力をもって政策提案をおこなう義務がある。我々は自分の市にとって、最善なことは何かを心にかけている。それが我々の仕事であり、我々が役に立たなければならない点である。我々はマネージャーの役割に関する考えを広げなければならず、市会がなすべきであると信ずる行動を市会や市民が提案するのを待っていてはならない[46]。」と主張した。

　ハアレルの意見は多数のマネージャーによって支持され、その結果、1952年に再び『規範』が改訂された。新『規範』の第一の特徴は、政策指導者としてのマネージャーという考えが導入されたことである。この『規範』では、「マネージャーは決して政治的リーダーではない」という38年『規範』の一節が除かれ、マネージャーは「コミュニティリーダー」と呼ばれている。「コミュニティリーダー」としてのマネージャーは、政策について単に技術的なアドバイスや勧告をおこなうというより、直接政策案を提出することによって、コミュニティの目標設定に関与し、またコミュニティの政策について理解を求めるために市民に働きかける。こうした新方向は52年『規範』では、マネージャーは「市会に政策案を提出し、コミュニティの目標にもとづいて決定をおこなう根拠を市会に与えるため、政策に関わる事実と助言を市会に提供する。」「シティ・マネージャーは、コミュニティに市政の事柄について随時情報を提供する。……地方政府の主たる役割は……無党派の立場ですべての人々の最大利益にかなうようにつとめることであるとマネージャーは認識している。」という節に明白にあらわれている。38年『規範』当時のように、単なる「中立的行政官」ではなく、コミュニティ全体のリーダーとして、コミュニティの目標設定に関与しなければならないというマネージャーの意志が「コミュニティリーダー」という言葉に反映されているのである。

　「コミュニティリーダー」として自己の役割規定をおこなった時、マネージャーは自らコミュニティの政策決定に介入すべきことを宣言したといえるのであるが、それにもかかわらず自らを「政治的リーダー」と認めていないことに

213

注目しなければならない。つまり、マネージャーは彼らの新しい役割は、市会議員をはじめとする「政治的リーダー」の役割とは異なるものであるとしているのである。そこで次に、どのような理由でマネージャーは自らが「政治的リーダー」と一線を画していると考えているのかという問題を検討してみよう。

マネージャーが「コミュニティリーダー」と自己規定する際の根拠[47]としていることの第一は、政策提案をする際、その基盤となるものは彼らの専門知識、技術、経験であると考えていることである。もちろん彼らは政策提案という行動が、事実にもとづく技術的分析の結果であると同様、信念にもとづく価値判断をも含む場合があることを承知している[48]。しかし、少なくとも彼らの問題提起、その問題についての事実分析、解決のための提案は行政上の専門能力の裏付けを第一としているのであって、コミュニティ内の政治的利害関係を基盤としているのではない。

第二の根拠は、制度上、市政について究極的な責任をとるのは市会であって、マネージャーではないということである。マネージャーは政策提案することによって、コミュニティの目標設定に重要な役割を果たしているが、結局、最終的な決定は市会の手に委ねられている。市会はコミュニティ内の政治的利害関係を考慮しつつ、マネージャーの提案を検討し、決定をおこなうのである。この意味で、あくまでもコミュニティの政治的リーダーシップの源泉は市会である。

さらにもう一つ付け加えることのできる根拠がある。それはマネージャーが政治的野心をもたず、党派的な行動を避ける意志もっていることである。かれらは市会議員選挙や議員のリコール運動に介入することはしないし、また支持を得るために情実をつかったり、政治的圧力を加えたりすることはおこなわないと主張している。以上の三つから、マネージャーは市会議員をはじめとする「政治的リーダー」と自らの役割は異なるとみなしているといってよい。

「政治的リーダー」と呼ばれることを拒否するマネージャーに対して、マネージャーは政策決定過程に関与し、決定に重要な役割を果たしている以上、政治的リーダー以外の何者でもないと批判する学者もいる[49]。確かに、政策決定に関与している以上、マネージャーの「コミュニティリーダーシップ」も政治的行為とみなさざるをえないし、政策指導者であるならば政治的リーダーと呼

ぶべきだろう。しかしマネージャーは、「コミュニティリーダーシップ」が政治的行為でないととらえた上で、自らを「コミュニティリーダー」と呼んだのではない。彼らは、現実に自らが戦前から多少なりとも政策決定に関与してきたこと、また戦後の都市状況を背景にさらに深く政治に介入せざるをえないことを承知の上で、「政治的リーダー」と自らを規定するのを拒否したのである。

こうした態度の基礎には、市会が「政治的リーダーシップ」の中核であるべきであって、マネージャーは「コミュニティリーダーシップ」を行使することによって、市会との間に信頼と協力を基盤とする同等の関係を保つべきであるという確信があったといえる。マネージャーは市政についての専門知識、技術、経験を生かしてコミュニティの目標設定に関与する提案をおこなうことで市会を助け、市会はその政治的感覚と判断をもって、それらの提案を研究、検討し、拒否したり、修正したり、また推進したりするのである。

第4節　今日のシティ・マネージャー

(1)　「コミュニティリーダー」概念の定着と『規範』

1952年『規範』によって「コミュニティリーダー」という役割概念が提示されたにもかかわらず、一方でマネージャー職理念は政治と行政の分離という考え方の影響を完全に脱却するまでにはいたらなかった。というのは、ICMAのリーダーたちの中に、科学的管理法思想の影響を強く受けている人々が残っていたからである。そのため、「コミュニティリーダー」概念が定着したのは1960年代にはいってからであった。その意味で、60年代はICMAにとって新しいマネージャー職理念を確固としたものとし、マネージャー職を確立させる上で大きな変革の時代であった[50]。

すでに述べたように、ICMAは1929年からシカゴに本部をおき、シカゴ大学との関係が深かった。そして1920年代、30年代のマネージャー職理念の基盤となった科学的管理法研究の中心は、このシカゴ大学であった。戦後はすでにふれたように、事実上学界との関係はほとんどとだえていたものの、本部は依然としてシカゴにおかれていた。しかし、1960年代の半ばに完全にシカゴ大学との連携をたちきり、ICMAはワシントンに本部を移すことになった。それ

とともに、新しい研究計画に着手し、さらにリッドリーやノルティングに代わって、キーン（Mark Keane）という新しいリーダーを専務理事に選出した。彼はいくつかのコミュニティでマネージャー経験をもっていたばかりでなく、連邦政府官僚の経歴ももち、新しい ICMA のイメージと要求に合致している人物であった。キーンの下で、1952年『規範』以来17年ぶりに、1969年に新『規範』が採択された。

69年『規範』で最も特徴的なことは、「マネージャー制の原理」への忠誠を唱う一節が除かれ、またメンバーシップがシティ・マネージャーのみでなく、その他の都市行政官[51]に開放されたことであった。これによって、シティ・マネージャーは「マネージャー制の原理」に含まれる「純粋の行政官としてのマネージャー」という考えに決別したといってよい。その他に、52年『規範』に述べられていた「シティ・マネージャーは論争ある問題について市会と公に論争することを避ける」という節がとりのぞかれた。このことからも、新『規範』では、マネージャーの政策決定におけるリーダーシップの必要が確認されているといえるであろう[52]。さらに72年、76年、95年、98年に『規範』は改訂されたが、その基本的方向に変化はない。

(2) シティ・マネージャーは「コミュニティリーダー」か？

「中立的行政官」から「コミュニティリーダー」へとマネージャー職の理念の内容が確実に変化した1960年代以降、現実の都市政治において、マネージャーは「コミュニティリーダー」の役割をはたしているのか否かという問題を次に検討しよう。もともとマネージャーが市会に対して政策提案をおこない、政策について説明し、支持を求めるべきであるという新しいマネージャー職理念は、現実の必要性から生まれたものであった。それ故、多くのマネージャーは政策作成に関与しているものと考えられる。

今日、マネージャー制についてのどのようなモデルも、マネージャーの積極的な政策決定への関与を当然のこととしている[53]。マネージャーの役割別時間配分をみると、マネージャーは仕事時間の32％を政策決定過程における役割に費やしている[54]。そこで、問題となるのは、その関与の仕方、つまりマネージャーは、はたして「コミュニティリーダーシップ」理念に沿って、市政につい

ての専門能力を基盤として政策提案にあたりうるのかどうかという点であろう。この点について実証研究にあたってみると、以下のように大きく二つのケースに分けて考えることができる。

　第一のケースは、マネージャーが「コミュニティリーダー」というより、「政治的リーダー」の役割を果たさざるを得ないケースである。たとえば、カメラーらによるフロリダ州のマネージャー制採用都市の研究によれば、市会は政策について集団的に責任をとろうとする意志はほとんどなく、市長は政策決定過程で市会を統括する能力に欠けている場合が多い。そのため、マネージャーが政策提案をするというより、実際上、最終的政策決定の中心人物とならざるを得ない[55]。ウィリアムズとアドリアンによって研究された4つの中都市のうち2都市でも、市会が政策決定段階の政治調整作業をはたさず、政策決定についてリーダーシップをふるわない[56]。その結果、マネージャーは市会のリーダーシップ欠如を補完するために、自ら政治的かけひき、調整の仕事をおこない、コミュニティ内の意志統一をはからざるをえなくなっている。したがってこれらの都市では、マネージャーは「コミュニティリーダー」という理念に沿って行動しているとはいえないのである。というより、そうすることができないといったほうが的確かもしれない。こうした例は、比較的小規模の都市でみられることが多い。

　一方、ボイントンとライトの研究は、異なる結果を報告している[57]。ボイントンらは、マネージャー制を採用する大都市（人口10万以上）のうち45都市について調査・研究した結果、これらの都市の多くでは、マネージャーが積極的に政策提案や、政策上の勧告、アドバイスをおこなっている一方、マネージャー制モデルとは比べものにならないほど、多くの権限を市長がもっており[58]、市長は、政治的リーダーシップの中心となって政策決定過程の政治調整に主としてあたっていると指摘している。市長は他の市会議員よりはるかに多くマネージャーと協議をおこない、他の行政官吏とも接触し、他方で市会議員とたえず連絡をとっている。市長は行政に介入するが、主としてコミュニティ内の合意をはかることに専心し、マネージャーは市長と連絡をとりながら、市長に対して政策提案、勧告、アドバイスをおこなっているのである。このように、市会、とくに市長の政治的リーダーシップが円滑に働き、コミュニティ内の政治

調整がおこなわれ、またマネージャーと政治的リーダーとの間に信頼と協力が保たれれば、マネージャーが「コミュニティリーダー」の役割を果たすことは容易になるだろう。

(3) マネージャーと市長の共同チーム

今日では、マネージャー制採用都市で政策決定プロセスにおける有効なリーダーシップを確保するには、ボイントンらが指摘したように、行政官であるマネージャーと政治的リーダーである市長との共同チームが形成されることが望ましいという見解がいわば通説となっている。そして、そうした共同チームの形成は、比較的大都市の多くで実際にみられている[59]。たとえば、大都市も含めた人口2,500以上のマネージャー制採用都市に関して、市長とマネージャーとの協力的政策作成チームがいかに機能しているかを検証したモルガンとワトソンの研究によれば[60]、半数をこえる都市で、市長とマネージャーによるチームが存在している。一方で、両者とも政策決定に積極的に動かないケースが約30％に達していることも指摘されている。しかし、人口25万以上の大都市に限ると、約4分の3の都市で市長とマネージャーのチームが認められるばかりでなく、両者の「真の統治連合」が形成されている割合は、約30％にのぼっているのである。

ところで、マネージャーと市長との政策作成共同チームが形成され、市長が「政治的リーダー」の役割をはたしている場合、市長の権限が様々な形で制度的に強化されていることが多く、マネージャー制のオリジナルプランや都市政治の教科書の叙述とはかなり遊離している。まず、市長が市会内部の互選で選出されるオリジナルプランとは異なり、市長が有権者によって直接選出されるシステムに変えられている[61]。直接有権者によって選出されることは、市長による政治的リーダーシップを容易にしているといえよう。さらに、市会を通過した法案に対する拒否権、マネージャーの指名権、マネージャーによって提案される予算を市会に先立って検討する権利が市長に与えられている場合もある。こうした例は、数少ないが、サンホゼ（カリフォルニア州）やカンザスシティ（ミズーリ州）のような大都市にみられる。

今日、都市の規模にかかわらず、問題解決のために強い政治的リーダーシッ

プが要請されるケースがしばしばある。しかし、マネージャーは自らその要請に応えて「政治的リーダー」となることをいさぎよしとしていない。マネージャーは政策決定において、市会を助けて重要な役割を果たしはするが、「政治的リーダー」ではないと自認しているのである。「政治的リーダーシップ」の源泉は市長を含む市会にあり、市民に選出された市長がそのかなめの地位につくべきであるとマネージャーは主張している[62]。

とはいえ、市会と市長による「政治的リーダーシップ」がどの都市においても発揮されているわけではない。たとえば、1990年代半ばにマネージャー制放棄運動がおこったシンシナティ（オハイオ州）のように、単に市会議員の中でトップ当選した者が市長に就任するというシステム下では、政治的リーダーを欠いて市会が責任ある決定をおこなうことが困難となる可能性が生じる[63]。そして、市会がうまく機能しないことが、マネージャー制のアキレス腱となってしまう。そのため、すでに述べたようにマネージャー制の下でも、市長の権限を強化して、市長が市会のリーダー、つまり政治的リーダーとしての役割をはたせるように改革がおこなわれている都市もあり、またICMAもマネージャー制のオリジナルプランからかなり飛躍した「強い市長」を有するマネージャー制を認めているのである[64]。

むすび

本章では、シティ・マネージャー制がアメリカの都市において飛躍的に発展してきたことをみた上で、マネージャー職理念と都市政治の現実との関係を分析した。マネージャー職理念の変遷は、マネージャーによる自己の役割規定の変遷であり、マネージャー職の存在価値を示そうとする彼らの努力を反映している。それと同時に、都市政府が直面する問題を解決するプロセスにおける行政専門家としてのマネージャーのあり方の難しさも示しているといえよう。

今日、シティ・マネージャーの「コミュニティリーダーシップ」は、多くの都市で問題解決のために不可欠となっている。換言すれば、市会と協力して政策説明をおこなうことを重要な任務とするマネージャー職の存在は、確固としたものになっているのである。かなり多くの都市で、マネージャーは「コミュ

ニティリーダー」のわくをこえ、「政治的リーダー」として活動していることが指摘されており、この点は問題を残している。しかし、これに対しては、すでに多くの都市で「政治的リーダー」としての市長の役割強化にむけての改革を通して、解決の道が探られている。

「中立的行政官」から「コミュニティリーダー」へと、マネージャーの役割規定は変化してきたが、いずれの時代にも、マネージャーは彼らの都市行政に関する専門能力をもって現実の都市政治に貢献してきた。そして、マネージャー制が、アメリカの都市における政府形態として最も採用率が高い制度となっている背景には、彼らマネージャーの専門能力とそれを価値づけるマネージャー職理念の展開があったのである。

注

1) Frank Mann Stewart, *A Half Century of Municipal Reform* (Berkeley and Los Angeles : University of California Press, 1950), chapter 2 ; Harold Stone, Don Price and Kathryn Stone, *City Manager Government in the United States* (Chicago : Public Administration Service, 1940), 4-5 ; Alfred Willoughby, *The Involved Citizen : A Short History of the National Municipal League* (New York : National Municipal League, 1969), 11.

2) 注9) 参照。

3) Charles R. Adrian, *Governing Urban America*, 2nd ed. (New York : McGraw-Hill, 1961), 214-218 ; Bradley Robert Rice, "The Galveston Plan of City Government by Commission : The Birth of a Progressive Idea," *Southern Historical Quarterly* 78, (1975), 366-408 ; Martin J. Schiesl, *The Politics of Efficiency : Municipal Administration and Reform in America, 1880-1920* (Berkeley and Los Angels : University of California Press, 1977), 134-35 ; Stone, Price and Stone, *City Manager Government*, 5-8.

4) Richard S. Childs, *Civic Victories : The Story of an Unfinished Revolution* (New York : Harper and Brothers, 1952), 135.

5) とはいえ、ガルヴェストンではハリケーン発生以前から、市政への不満はあったのであり、ハリケーンが市政の徹底的改革のきっかけを与えたのであった。Rice, "The Galveston Plan of City Government by Commission," 368, 376.

6) 1910年には、92都市が委員会制の下にあった。また、人口5千人以上の都市に限れば、1910年に委員会制を採用していた都市数は、66であった。Bradley Robert Rice, *Progressive Cities : The Commission Government*

第 7 章　シティ・マネージャー制の発展とマネージャー職の変容

　　　Movement in America, 1901-1920（Austin：University of Texas Press, 1977), 53.
7)　Stone, Price and Stone, *City Manager Government*, 8-22. なお、マネージャー制の起源については諸説あるが、チャイルズが現在の形のマネージャー制モデルを作成したことから、「マネージャー制の父」と呼ばれている。Bernard Hirschhom, *Democracy Reformed : Richard Spencer Childs and His Fight for Better Government*（Westport, Connecticut：Greenwood Press, 1997), 68-70；National Municipal League, *Forms of Municipal Government*（New York：National Municipal League, 1973), 14.
8)　John Porter East, *Council-Manager Government : The Political Thought of Its Founder, Richard S. Childs*（Chapel Hill：The University of North Carolina Press, 1965), 43-55；Hirschhom, *Democracy Reformed*, 29-40；Stone, Price and Stone, *City Manager Government*, 6.
9)　ショートバロットは、選出されるべき公職者の数を比較的少数におさえた投票方式を意味する。1830年代のジャクソニアン・デモクラシーの時代に、選挙で選出される公職者の数が多ければ、多いだけ、その制度は民主的であるという考えが広く支持を得た結果、ロングバロット（long ballot）といって多数の公職者を市民が選出する方式が生まれた。これに対して、ショートバロットは選挙を簡便化するだけでなく、選挙民が候補者とその適性、また選挙の争点などについて、よりよく理解することができ、民主的であるという主張の下で、20世紀に入って支持運動が展開された。
10)　1986年に National Municipal League は、National Civic League（NCL）に改称。National Civic League, *Model City Charter*, 7th ed.（Denver, Colorado：National Civic League Press, 1996), iii. なお、NCL 都市憲章モデルは改訂を重ねているものの、今日まで一貫してシティ・マネージャー制を支持している。
11)　Richard S. Childs, *The First 50 Years of the Council-Manager Plan of Municipal Government*（New York：National Municipal League, 1965), 5；Stewart, *A Half Century of Municipal Reform*, 53-56.
12)　それまで、市会議員選挙では、政党が候補者をだし、選挙運動をおこなう方式（partisan electoral system）がとられており、選挙区についてはウォード制（ward system）という小選挙区制が採用されていた。しかし、これらの制度は都市の特定の利益を反映するのみであり、「公益」を実現する制度ではないと改革者は批判した。そして「市全体の利益」が実現されることを期待して、選挙区は全市単一とするとともに、政党が候補者をたてることはしない、ノンパルティザン選挙制を提案したのである。
　　　ただ、NML の1915年モデル都市憲章では、大都市の場合は、市会議員を全市単一選挙区制のみで選出するのではなく、定員5名以上の選挙区に分け

221

て選出してもよいとしている。
13) Richard J. Stillman, Jr., *The Rise of the City Manager* (Albuquerque: University of New Mexico Press, 1974), 9.
14) Orin F. Nolting, *Progress and Impact of the Council-Manager Plan* (Chicago: Public Administration Service, 1969), 10.
15) ロックポートプランにおいても、チャイルズは「ショートバロットが……このプラン（マネージャー制プラン）の骨子である」と述べている。Richard S. Childs, *A Suggestion for an Optional Second Class Law* (New York: n. p., n. d.), 3, quoted in East, *Council-Manager Government*, 71.
16) Richard S. Childs, *The Charter Problem of Metropolitan Cities* (New York: Citizens Union Research Foundation, 1960), 3; Richard S. Childs, "The Coming of the Council-Manager Plan," February 21, 1963 (mimeographed), 14, quoted in East, *Council-Manager Government*, 20.
17) Richard S. Childs, "A City Manager Truck or a Political Wagon?: Editorial," *Public Management*, 12 (February 1930), 37.
18) その後、1919年にニューヨークに本部がおかれたが、22年にはロウレンス（カンザス州）に移った。1924年に、カナダのマネージャーを会員として認めるとともに、連合の名称は国際シティ・マネージャー連合（International City Managers' Association, ICMA）へと改められた。1929年にICMA本部はシカゴに移り、シカゴ大学との連携を深めた。その後、1967年に本部は38年ぶりに移転し、ワシントンDCに設置された。1969年にはシティ・マネージャー以外の都市行政の専門家も会員として認めることとなり、名称は国際シティ・マネージメント連合（International City Management Association, ICMA）へと変更された。さらに、1991年に再度、名称が改められ、国際シティ/カウンティ・マネジメント連合（International City/County Management Association, ICMA）となって現在にいたっている。Charldean Newell, ed., *The Effective Local Government Manager*, 2nd ed., (Washington, D. C.: International City/County Management Association, 1993), 2; Nolting, *Progress and Impact of the Council-Manager Plan*, 49-83; Stillman, *The Rise of the City Manager*, 28-53.
19) 1915年から23年にかけて、マネージャー連合はNMLと合同の年次総会をおこない、また前述のようにNMLは15年にマネージャー制を推奨するモデル都市憲章を作成した。
20) *Ibid.*, 31.
21) アメリカ商工会議所都市局は、マネージャー制を支持し、それを全国的に推進する運動をおこなったのみならず、オーティス（H. G. Otis）をシティ・マネージャー連合の専務理事として、ニューヨークにオフィスを与えて雇い、また連合の機関誌『シティ・マネージャー・ブレティン』刊行のため

第7章 シティ・マネージャー制の発展とマネージャー職の変容

に、財政的援助も与えていた。しかし、こうした都市局と連合との関係も、1921年に、オーティスがクラークスバーグ（バージニア州）のマネージャー職を引き受けたことを契機に終わった。*Ibid.*, 31-32.

22) *Ibid.*, 33 ; Nolting, *Progress and Impact of the Council-Manager Plan*, 49-51.

23) 『行動規範』は1924年以降、38年、52年、69年、72年、76年、95年、98年と7回改訂されている。69年までの『規範』は Stillman, *The Rise of the City Manager*, 123-127 に収録されている。
　その後の改訂内容とそのポイントについては、現在 ICMA の Manager, Local Government Programs/Ethics Advisor であるペレーゴ氏（Martha L. Perego）に連絡をとり、直接情報を得た。なお、最新の『規範』は ICMA ホームページ（http://www.icma.org）からダウンロード可能である。

24) 1924年『規範』の「市政方針を決定し、それを実行する資格を第一にもつのは、市会である……。（傍点筆者）」「いかなるシティ・マネージャーも、政治に積極的に介入すべきではない。（傍点筆者）」などの節は、マネージャーの政治介入を多少認めていると解釈できる。

25) Don K. Price, "The Promotion of the City Manager Plan," *Public Opinion Quarterly*, 5.4 (Winter 1941), 570-571.

26) Richard S. Childs, "How the Commission-Manager Plan Is Getting Along," *National Municipal Review*, 4 (July 1915), 372.

27) マネージャー制推進運動では、とくにこの企業との結びつきが強調され、マネージャー制は企業のごとく能率的、経済的に運営されると宣伝された。行政の責任者がチャイルズによってマネージャーと名づけられたことも、マネージャー制と企業との類似性を印象づけた。たとえば、テキサス州ダラスで、マネージャー制を採用するために運動した『ダラス・ニューズ』は、次のような論法によるマネージャー制支持の記事をのせている。「ダラスをビジネスマンの下で、ビジネスの方法でビジネスのスケジュールに沿って運営しようではないか。……シティ・マネージャー・プランは結局、会社経営のプランにすぎない。……マネージャーは取締役会の下にある会社の経営者である。ダラスはその会社である。このプランはこんなにも簡単である。マネージャー制プランに投票しよう。」Stone, Price and Stone, *City Manager Government*, 27.

28) Childs, *A Suggestion for an Optional Second Class Cities Law*, 2, quoted in East, *Council-Manager Government*, 75.

29) *Ibid.*, 34-40.

30) テイラーの主著としては、*Principles of Scientific Management* (New York, Harper and Brothers, 1911) がある。

31) Woodrow Wilson, "The Study of Administration," *Political Science*

223

Quarterly (June 1887), 197-222. 一般に政治と行政の二分法は、ウィルソンによって提唱されたといわれているが、ライパー (Paul P. Van Riper) は必ずしもそうとはいえないと述べている。Paul P. Van Riper, "Politics-Administration Dichotomy: Concept or Reality," in *Politics and Administration: Woodrow Wilson and American Public Administration*, ed. Jack Rabin and James S. Bowman (New York: Marcel Dekker, 1984), 203-218.

32) Stillman, *The Rise of the City Manager*, 20 ; Nolting, *Progress and Impact of the Council-Manager Plan*, 13.

33) Leonard White, *The City Manager* (Chicago: University of Chicago Press, 1927), 301.

34) Stillman, *The Rise of the City Manager*, 43-44.

35) 1920年代から30年代にかけて、行政、政治学者のほとんどは、政治と行政の分離を是認していた。Duane Lockard, "The City Manager, Administrative Theory and Political Power," *Political Science Quarterly*, 77 (1962), 225.

36) Nolting, *Progress and Impact of the Council-Manager Plan*, 52-67 ; Stillman, *The Rise of the City Manager*, 44-46.

37) たとえば、*Recent Trends in American Municipal Government* (1930) ; *What the Depression Has Done to Cities* (1935) ; *Social Characteristics of Cities* (1937)。この他、1934年以降、*The Municipal Year Book* が刊行されるようになった。

38) Clarence E. Ridley and Orin F. Nolting, *The City Manager Profession* (Chicago: University of Chicago Press, 1934). リッドリーとノルティングは、この『シティ・マネージャー職』において、理想的マネージャーの地位、資格、選択過程等について論じている。そして次のようにマネージャー制における立法と行政の分離を主張している。「市会の職務は立法であり、マネージャーの仕事は行政である。法律を執行する議員、法律を制定したり、公共政策を決定するマネージャーは、すでに容認されている原則を犯しているのである。(p. 32)」

39) 注24) 参照。

40) Herbert Simon, *Administrative Behavior* (1945), 3rd ed. (New York: The Free Press, 1976), 20.

41) Dwight Waldo, *The Administrative State* (New York: Ronald Press, 1948), quoted in Stillman, *The Rise of the City Manager*, 141.

42) Paul H. Appleby, "The Influence of the Political Order," *American Political Science Review*, 42 (April 1948), 281.

43) Stillman, *The Rise of the City Manager*, 54, 63.

44) Lockard, "The City Manager, Administrative Theory and Political

Power," 228.
45) Stone, Price and Stone, *City Manager Government*, 243.
46) C. A. Harrell, "The City Manager as a Community Leader," *Public Management* (October 1948), 291.
47) この問題については、以下に列挙したマネージャーの見解からまとめた。Harrell, "The City Manager as a Community Leader," 290-294 ; C. A. Harrell and D. G. Wieford, "The City Manager and the Policy Process," *Public Administrative Review*, (Spring 1959), 101-107 ; H. G. Pope, "Is the Manager a Political Leader? — No," *Public Management* (February 1962), 30-33 ; Douglas G. Wieford, "The Changing Role of the City Manager," *Public Management* (August 1954), 170-172.
48) John C. Bollens and John C. Ries, *The City Manager Profession : Myth and Realities* (Chicago: Public Administration Service, 1969), 13-14.
49) Karl A. Bosworth, "The Manager Is a Politician," *Public Administration Review*, 18 (Summer 1958), 216-222 ; Gladys M. Kammerer, "Is the Manager a Political Leader? — Yes," *Public Management* (February 1962), 26-29.
50) Stillman, *The Rise of the City Manager*, 66-68.
51) シティ・マネージャー制以外の都市政府形態においても、専門の行政官が採用されるようになっている。こうした行政官には三つのタイプがある。第一は、市長任命行政官（mayor-appointed administrator）であり、市長が熟練した行政上の手腕を求めて任命する行政官である。第二のタイプは、タウンミーティングが採用されている自治体などで、行政部門の監督をするために市会が任命する市会任命行政官（council-appointed administrator）である。第三のタイプは、カウンティ行政官（county administrator）であって、カウンティ会議（county board）によって任命され、行政の中心となって活動する。Nolting, *Progress and Impact of the Council-Manager Plan*, 41-48.
52) マネージャー自身も自らを単なる行政官とはみていないことに関しては、Ronald O. Loveridge, *City Managers in Legislative Politics* (New York : The Bobbs-Merrill, 1971), 44-77 参照。

また、『規範』以外によっても、ICMAがマネージャーの強いリーダーシップを是認していることがわかる。James M. Banovetz et al. "Leadership Styles and Strategies," in *Managing the Modern City*, ed. James M. Banovez (Washington, D. C. : International City Management Association, 1971), 133.
53) David R. Morgan and Sheilah S. Watson, "Policy Leadership in Council-Manager Cities : Comparing Mayor and Manager," in *Ideal and Practice*

　　　　in *Council-Manager Government*, 2nd ed., ed. H. George Frederickson (Washington, D. C.: International City/County Management Association, 1995), 68.
54) David N. Ammons and C. Newell, "City Managers Don't Make Policy: A Lie, Let's Face It," *Public Management* (March, 1988), 14-16
55) Gladys M. Kammerer et. al, *City Managers in Politics : An Analysis of Manager Tenure and Termination* (Gainesville, University of Florida Social Science Monographs, No. 13, 1962), 79-91.
56) Oliver P. Williams and Charles R. Adrian, *Four Cities* (Philadelphia : University of Pennsylvania Press, 1963), 289-315.
57) Robert Paul Boynton and Deil S. Wright, "Mayor-Manager Relations in Large Council-Manager Cities: A Reinterpretation," *Public Administration Review* (January/February 1971), 28-36.
58) マネジャー制のオリジナルモデルでは、市長は市会の一議員兼議長にすぎない。しかし、ボイントンらの研究によれば、実際には、市長は行政委員会、市民の諮問委員会の正式任命権を有しているだけでなく、事実上、各部局の長の任命、市会の議事日程決定にも大きな役割を果たしていた。
59) William Browne, "Municipal Managers and Policy: A Partial Test of Svara Dichotomy-Duality Model," *Public Administration Review*, 45 (September/October 1985), 620-622 ; Morgan and Watson, "Policy Leadership in Council-Manager Cities," 68-69 ; John Nalbandian, "The Contemporary Role of City Managers," *American Review of Public Administration* 19 (December 1989), 261-279 ; Greg J. Protasel, "Leadership in Council-Manager Cities: The Institutional Implications," in *Ideal and Practice*, 2nd ed., ed. H. George Frederickson (Washington, D. C.: International City/County Management Association, 1995), 20-28 ; James H. Svara, "Dichotomy and Duality: Reconceptualizing the Relationship Between Policy and Administration in Council-Manager Cities," *Public Administration Review* 45 (January/February 1985), 221-232 ; Melson Wikstrom, "The Mayor as a Policy Leader in the Council-Manager Form of Government: A View From the Field," *Public Administration Review*, 39 (May/June 1979), 270-276.
60) Morgan and Watson, "Policy Leadership in Council-Manager Cities," 68-83.
61) Bill Hansell, "Revisiting the Reform of the Reform," *Public Management* (July 1999), 27-28.
　　なお、マネージャー制採用都市の過半数 (61.8%) で、市長は有権者の直接投票によって選出されている。Charles R. Adrian, "Forms of City Gov-

ernment in American History," in *The Municipal Year Book 1988*, 10.
62) Thomas W. Flecher, "What Is the Future for Our Cities and the City Manager," *Public Administration Review* (January/February 1971), 18.
63) シンシナティでは、1995年の住民投票の結果、マネージャー制が維持されることになった。シンシナティのマネージャー制についての問題点と放棄運動とについては、以下を参照。Gerald E. Newfarmer, "What Do You Do When Reformed Government Doesn't Work? The Cincinnati Experience," *National Civic Review* (Fall-Winter 1995), 369-376 ; Alan Ehrenhalt, "The Unraveling of a Local Government," *Governing* (October 1995), 7-8.
64) Bill Hansell, "Is It Time to 'Reform' the Reform?" *Public Management* (December 1998), 15-16 ; Bill Hansell, "Reform the Reform, Part 2," *Public Management* (January 1999), 28 ; Bill Hansell, "Revisiting the Reform of the Reform," 27.

第8章　現代政治における中産階級
――郊外住民の政治傾向――

　　はじめに

　1950年代は、アメリカにとってある意味で「古きよき時代」であったといえよう。第二次大戦を通じて、世界経済において圧倒的な優位を確立したアメリカは、1950年代にも概して順調な経済発展をとげた。50年代に西ヨーロッパや日本が急速に経済復興と発展をとげたとはいえ、50年代末葉、なおアメリカの工業生産は世界のそれの50％弱を占めていた[1]。そしてこの大戦中から50年代にかけてのアメリカの卓越した経済発展は、国民生活の上に比類ない高い生活水準の実現を可能にしたのであった。1958年に刊行された『豊かな社会』の中でガルブレイスも、貧困は世界中になお存続しているものの、アメリカではほぼ過去の記憶に近い問題となったと述べている[2]。アメリカ国民の多くが中産階級化して、世界の人々が羨望する文字通り豊かな社会が出現したと考えられたのが1950年代であった。

　ところが1960年代も後半に入ると、アメリカ社会は激動期を迎えることになった。人種問題、ベトナム戦争などに象徴される複雑な社会・政治問題を抱えると同時に、西ヨーロッパ工業国や日本の追い上げにあって、その経済力は低下した。1971年のニクソン・ショックはその帰結のひとつであったといえる。さらにウォーターゲート事件に起因する政治不信も重なり、1970年代以降のアメリカ社会は自信に満ちた、安定的な中産階級社会であるとはいえなくなったといえよう。社会学者アラン・ウルフは「第二次大戦後の10年間にアメリカを訪れた人が1990年代に再訪したとすれば、ほとんど同じ国とは思えないアメリ

カを発見するであろう³⁾」と述べているが、1950年代以降90年代までに、アメリカ社会は一大変化をとげたといえる。この第二次大戦後のアメリカ社会の変化は、様々な角度からアプローチすることができるが、アメリカ社会の中核をなしてきた「中産階級」に焦点をしぼって考察するのが、本章の目的である。

まず、第二次大戦後に達成された国民の「中産階級化」とはどのようなものであったのかを問題とする。次に1980年代後半から90年代前半にかけて盛んに議論された中産階級の「衰退」の実態とは何であったのか、その後、この問題はどう変化したのかをみる。最後にそれらをふまえて、中産階級の政治傾向について、中産階級が多く居住する郊外に焦点をあわせて論じよう。

第1節　1950年代のアメリカ社会：国民の中産階級化と郊外での生活様式

(1)　ニューディール体制の確立と国民の中産階級化

1929年から30年代前半にかけてアメリカ人は大恐慌を体験したが、その最悪時には労働者の4分の1が失業するという深刻な事態にみまわれた。こうした事態を克服するためにフランクリン・D・ロウズヴェルト大統領の下でニューディール政策がとられたのであるが、一連のニューディール政策は単に失業者を救済するにとどまらず、その後のアメリカ社会の枠組みに大きな影響を与える内容を含んでいた。それは中間層を擁護し、さらに下層の人々が社会的上昇をとげることをサポートする目的をもつ経済改革であった⁴⁾。

1933年から始まった初期ニューディールでは緊急救済政策として連邦政府の補助金交付方式による公的扶助政策と公共事業を中心とする連邦事業計画が提案され、前者を推進する機関として連邦緊急救済局（Federal Emergency Relief Administration, FERA）、後者の推進機関としては公共事業局（Public Works Administration, PWA）、資源保全市民団(Civilian Conservation Corps, CCC) がそれぞれ新設された。これらの機関を通じて生活困窮者に現金や生活物資を給付する直接救済（direct relief）がおこなわれると同時に、道路や公園の清掃・修理の見返りに救済給付を与える事業救済（work relief）及び教育施設、裁判所、市庁舎、下水処理場、病院、道路などの建設を推進する公共事業計画が展

開された。35年以降には、より大規模な失業救済をめざして事業促進局 (Works Progress Administration, WPA) が設立され、道路、上下水道、州・地方政府の庁舎、病院、ハイウェイ、橋梁などの新設・改修のために失業者をはじめとする生活困窮者が雇用された[5]。

緊急救済事業に加えて、その後の時代に引き継がれた労働者の利益擁護につながる制度改革がおこなわれ、所得不平等の是正がはかられた。その出発点となったのが、全国産業復興法 (National Industrial Recovery Act, NIRA) であった。NIRA7条a項では、労働者が長年にわたって要求してきた団結権と団体交渉権が保障されているだけでなく、大恐慌の下で強まった労働条件の改善要求についても、最低賃金、最長労働時間に関する規定がなされることになった[6]。しかし、NIRAの労働条項は不備があったため、それを是正したワグナー法 (Wagner Act) が1935年に成立し、その下で政府の労使関係への規制と組合保護が強調され、労働者の自主的な団結権と団体交渉権が明確に承認された[7]。加えて、失業保険、老齢年金、身障者や生活困窮老人への公的扶助などを含む社会保障法の制定や所得税の累進度引き上げがおこなわれた。

ニューディール政策のもとで、労働者層の経済的・社会的・政治的力の育成がはかられたのである。換言すれば、社会的上昇競争の外側に置き去りにされがちな階層を競争に参加させる措置が政府によって講ぜられたといえよう。連邦政府が社会的弱者を救済するための政策をとり、財政支出をおこない、労働者の権利を擁護するというシステムに対しては、ニューディール期以降、国民的な支持と合意が形成され、定着していった。政権政党が民主党、共和党いずれの政党になろうとも、基本的にこのニューディール体制が踏襲されることになったのである。

実際、1929年から50年代にかけての実質世帯所得の推移は、飛躍的経済成長と国民の中産階級化を反映している。まず総世帯の実質所得は、1930年代半ばには、1929年をかなり下まわっていたが、第二次大戦中に急速に上昇し、戦後も特に1950年代に入るとさらに上昇した（表8-1）。次に、実質所得レベル別の世帯構成に関しては、まず実質所得3千ドル未満の世帯割合が大きく変化していることが注目される（表8-2）。この比較的低所得層世帯の割合は1929年には67.2％を占め、1930年代半ばにはほぼ7割となったが、その後は53.5％（1941

第 8 章 現代政治における中産階級

表 8-1 総世帯の実質所得（1950年ドル・ベース）

（単位：100万ドル）

年	1929	1935-36	1941	1944	1950	1957
実質所得	121,387	112,809	151,586	190,093	217,262	283,808

出所：U.S.Department of Commerce, *Historical Statistics of the United States: Colonial Times to 1970*, 300, Series G 297-305 から作成。

表 8-2 実質所得レベル別世帯構成の推移，1929-57年

（単位：％）

1950年ドル・ベース 所得レベル / 世帯数(1,000)	1929	1935-36	1941	1944	1950	1957
	36,100	38,410	41,370	40,880	48,890	53,510
～$1,000	15.9 ⎫	19.5 ⎫	15.1 ⎫	7.3 ⎫	7.9 ⎫	17.3 ⎫
$1,000～$1,999	25.6 ⎬ 67.2	29.2 ⎬ 69.4	19.9 ⎬ 53.5	13.7 ⎬ 36.5	15.3 ⎬ 39.8	12.8 ⎬ 30.1
$2,000～$2,999	25.7 ⎭	20.7 ⎭	18.5 ⎭	15.5 ⎭	16.6 ⎭	
$3,000～$3,999	12.2 ⎫	12.3 ⎫	15.7 ⎫	17.6 ⎫	17.6 ⎫	15.3 ⎫
$4,000～$4,999	7.2 ⎪	7.3 ⎪	12.3 ⎪	14.7 ⎪	14.4 ⎪	14.5 ⎪
$5,000～$7,499	7.4 ⎬ 29.9	6.7 ⎬ 28.1	12.0 ⎬ 43.1	18.4 ⎬ 57.7	17.5 ⎬ 55.1	22.8 ⎬ 61.2
$7,500～$9,999	3.1 ⎭	1.8 ⎭	3.1 ⎭	7.0 ⎭	5.6 ⎭	8.6 ⎭
$10,000～	2.9	2.5	3.4	5.8	5.1	8.7

出所：U.S.Department of Commerce, *Historical Statistics of the United States: Colonial Times to 1970*, 300, Series G 297-305 から作成。

年）、36.5％（1944年）、39.8％（1950年）と低下傾向をたどり、57年にはついに30.1％にまで減少している。これに対して、実質所得3千ドル以上4千ドル未満の世帯割合が、12.2％（1929年）から15.3％（1957年）へと伸びたのをはじめとして、同じ期間に実質所得3千ドル以上の世帯割合はいずれの所得レベルも上昇していった。すなわち、実質所得4千ドル以上5千ドル未満の世帯割合は、7.2％から14.5％へ、実質所得5千ドル以上7千5百ドル未満の世帯割合は7.4％から22.8％へ、また実質所得7千5百ドル以上1万ドル未満の世帯割合は3.1％から8.6％へと急増している。

その結果、1929年には29.9％であった実質所得3千ドル以上1万ドル未満の世帯層の総世帯に占める割合は、1941年から1950年にかけて43.1％から55.1％へと急上昇し、1957年には61.2％に達したのである。このことは国民全体の富裕化とともにアメリカ国民の中産階級化が進展していったことを示しているといってよいだろう。その後1960年代にかけて、経済繁栄にともなって中産階級

化は定着し、国民の大多数が中産階級的生活水準に達した。

(2) 郊外での中産階級的生活

　一般に「繁栄の10年」と呼ばれる1920年代に、現代アメリカの中産階級的生活の原型ができたといわれるが、当時、実際に中産階級とよべる人々の割合はさほど多くはなかった。それに対して、1950年代以降は中産階級が国民の過半数を占め、文字通り大量生産・大量消費社会が確立し、いわゆるアメリカ的生活様式が定着していったといえる。では、当時の「典型的アメリカ人」たる中産階級の生活とは具体的にいかなるものであったのだろうか。

　まず、住居についてであるが、郊外に一戸建ての住宅を持つことが、中産階級の典型的生活様式となっていった。1920年代に自動車が大衆化する以前には、中産階級の多くは都市の中心部にある3, 4階建てのアパートか狭い敷地にたつ一戸建て住宅に居住していた[8]。ところが、都市には19世紀から20世紀にかけての世紀転換期に仕事を求めて農村や外国からの移住者が大量におしよせたため、低所得層が住むスラムやスラムに近い地域が増大していき、それと同時にそれらの地域を中心に、犯罪、非行、病気、騒音、環境汚染といった社会問題が深刻化していった。都市の中心部がこのような状況にある一方で、自動車が普及しはじめて、郊外に住宅地が開発されたこともあって、中産階級は次第により快適な住環境を求めて郊外に脱出を試みるようになった。この傾向が第二次大戦後、国民の中産階級化にともなって、より一層顕著となったのである。郊外は、中心都市（central city）に比べてより多くの緑とスペースに恵まれた一戸建ての中産階級用住宅地として発展していった。

　郊外化自体をとれば、それはすでに20世紀に入る以前に始まっていたが、1930年においても全人口に占める郊外人口比率は18％にすぎなかった。全人口の半分は、いまだ農村地域や都市から離れた小さなタウンに住む人々で占められていたのであり、中心都市の人口比率は32％であった（表8-3）。しかしその後、中心都市住民の割合はほとんど増加しなかったのに対して、郊外住民の割合は1940年に19％、1950年に24％と増大し、1960年には30％をこえた。たとえば、ニューヨーク市に関してみると、1940年代に市中心部の人口は5.9％増加したにすぎなかったが、郊外人口は23.2％増加した。さらに1950年代における

第8章　現代政治における中産階級

表8-3　居住地タイプ別人口分布，1930-90年

	大都市圏		非大都市圏
	中心都市	郊外	
1930	32%	18%	50%
1940	32	19	49
1950	32	24	44
1960	32	31	37
1970	31	37	31
1980	30	45	25
1990	31	48	21

出所：1930-50年については、Stephan Thernstrom, *A History of the American People*, 2nd ed. (Orlando, Florida: Harcourt Brace Jovanovich, 1989), 821, Table 31-5; 1960-90年代については、Robert W. Kweit and Mary Grisez Kweit, *People and Politicls in Urban America*, 2nd ed. (New York: Garland Publishing, 1999), 229, Table 9-3.

郊外人口の伸びは顕著で、市中心部の人口が1.4%減少したのに対して、郊外のそれは75%も増加したのである[9]。また、ロサンゼルス市郊外のオレンジ・カウンティは1940年代に人口が倍増し、50年代には3倍にもふくれ上がっている[10]。

この急速な郊外化の背景には、高速道路の発達や自動車の普及、住宅建設に対する政府の融資などの様々な要因があった[11]。すでに戦前においても自動車は郊外化に決定的役割をはたしていたものの、高速道路網の整備はいまだ行われていなかった。1945年には州際ハイウェイは存在していなかったし、4レーンのハイウェイもほとんどなかった。ところが、1955年の州際ハイウェイ法 (Interstate Highway Act) 以降、連邦政府の補助によって州際ハイウェイの建設が活発となった。自動車販売数は戦後大幅にふえ、1940年末には、全世帯の6割近くが車を所有するようになっていった。50年代に入るとその割合は一層高まり、1955年には70%、60年には77%となり、63年にはついに80%に達している[12]。また一家に2台以上の車を保有する世帯も、50年代末に15%、63年に22%となり、モータリゼーションは一層進行していったのである[13]。とくに郊外居住者にとって車は、通勤、買い物などのためのに欠くべからざる必需品となっていった。

ところで、第二次大戦後急速に発展した中産階級向けの郊外住宅は、交通・

通信手段の発達とともに始まった初期の郊外や戦前の富裕層向けの郊外住宅とは異なる性格をもっていたといえる。すでに19世紀から富裕層や中産階級の一部は大都市の中心部をぬけだし、都市の周辺部に移り住んだが、その際、彼らの住宅は大邸宅であることが多く、何人も使用人を雇っていることも珍しくなかった[14]。たとえば、フィラデルフィアのペンシルベニア鉄道のメインラインにそって開発された初期の郊外住宅はその典型であったが、当時の写真やそこに居住していた人々の話によれば、彼らの住宅は広壮で、生活ぶりは庶民の生活からかけ離れたものであった。第二次大戦後、富裕層の居住する郊外の住宅地域は初期のそれに比べて、敷地の点でも住宅の点でも控えめになったとはいえ、住宅は個々の建築家によって設計され、住民用の公園やカントリークラブなどの特別なサービス施設が提供されもした[15]。

これに対して、第二次大戦後に郊外に建設された中産階級向け住宅は、画一性の高い、大量生産型であったことが特徴的である[16]。建設業者は新規の郊外住宅建設にあたって、いくつかのモデルを開発し、それを新規住宅地域のコスト・レベルに応じて適用するという方式をとるようになった。1947年にロングアイランドにあるジャガイモ畑を買って、そこに大量生産方式で住宅団地を建設したレヴィット（William J. Levitt）は、その道の先駆者であったが[17]、レヴィットタウン（Levittown）と呼ばれる彼が開発した各地の郊外住宅の建設過程は、次のように描写されている。「トラックの隊列が固い舗装道路を進み、午前8時にあらかじめ組み立てられた羽目板が、9時半にトイレが、10時に洗面台とバスタブが、10時45分に建設用石膏ボードが、11時には床が放り出されていく[18]。」

郊外開発ブームにのって、画一的な建て売り住宅が大量に建設されたのである。芝生のある庭のついた、この一見こぎれいな一戸建て住宅は、台所の他に、二つ以上の寝室とバスルーム、暖炉のある居間、さらに屋根裏部屋をそなえているのが普通であった。こうした郊外住宅で展開される生活もかなり画一性の高いものであったといわれる[19]。テレビの他に、冷蔵庫、料理用のレンジ、電気洗濯機、掃除機があり、夕食後は居間で家族が集まり、一緒にテレビを見るのが習慣となっていた。週末や休暇には、これも家族でボート、プール、バーベキュー、旅行を楽しんだ。買い物は、郊外住宅地に隣接するショッピング・

センターに車で行くのが標準的生活スタイルとなり、ダウンタウンのデパートは活気を失いつつあった。郊外に住む中産階級の最大の関心は、住民が同質的で、都市の犯罪や騒音から隔絶された環境に住み、自らの住宅の資産価値が維持されることにあった。一方、いまだ郊外での中産階級的生活を享受できない人々にとっては、こうした生活は夢であったが、それは多くの人々にとって実現可能な夢であった。というのは、1950年代から60年代にかけて所得が伸びるとともに、所得の平準化は順調に進んでいたからである。

第2節　中産階級の「衰退化」：所得分配の不平等

(1) 平均実質賃金の低下傾向

　第二次大戦後、1960年代にかけての期間、アメリカ社会は着実な経済成長と生産性上昇を実現した。その過程で、すでにみたように所得の平準化が進み、より多くの国民にとって実質的所得の上昇・生活水準の上昇がみられ、中産階級を主体とする社会が確立していった。中間所得層はその多くが郊外住宅に住み、「理想の生活」を追求していった。また国民のほとんどにとって、中産階級に属すること、まだ低所得層であっても将来中産階級化する「夢」をもつことは、ごく自然なことであったといえよう[20]。

　ところが1970年代後半になると、中産階級に属することが自然なことではなく、苦労してようやく勝ち取るものであると指摘されるようになった。1947年から90年代末にかけての平均週給（実質）の変化をみると（図8-1）、1950年代には213ドルから261ドルへと23％上昇し、また60年代には増加率は低下したものの、252ドルから301ドルへと15％の上昇をとげており、1972—73年には315ドルに達した。しかし、これをピークにその後実質平均週給は、一時的に回復することはあっても低落傾向を続け、1980年には1970年の水準を下まわり、頂点を極めた72—73年の水準に比べ、13％減少している。さらに1990年には、ほぼ1960年水準にまで低下し、72年—73年に比べれば18％も減少したことになる[21]。ただ90年代後半に入ると、空前の長期的好景気の下で、平均賃金は多少上昇していることを付け加えなければならない。とはいえ、おおまかにみれば、1970年代初頭を境に実質平均週給でみる限り、労働者の所得が順調に上昇して

図8-1　民間非農業部門の週当り平均実質賃金，1947-98年
　　　　（1982年価格）

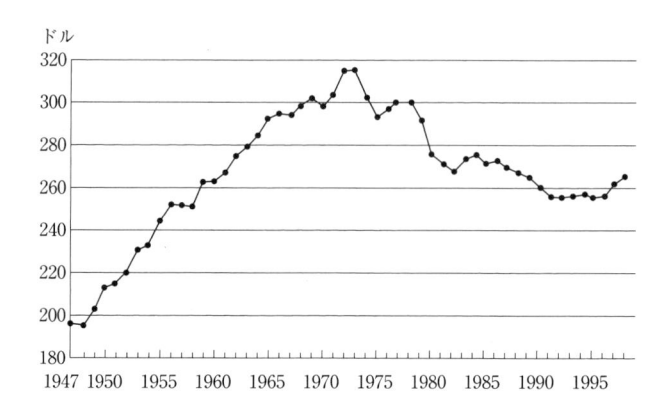

出所：*Economic Report of the Preident:1991*, Table 44;
　　　Economic Report of the Preident:1999, Table B-47から作成。

いくという期待は満たされたとはいえず、かえって低下または停滞する時代へと転換してきたといえよう。

　しかし、よりたちいってみると、実質賃金の低下または停滞はすべての勤労者に等しくみられる現象ではなく、教育水準によって差異があることがわかる。1960年から74年まで、熟練労働者の実質賃金は教育レベルにかかわりなく20％上昇したが、1974年から89年にかけて高校卒以下の労働者の実質賃金は21.7％低下した。これに対して、高校卒の実質賃金も低下したとはいえ、14.7％低下にとどまっている[22]。さらに、4年制大学卒男子の場合をみると、1987年ドル価格で1973年には年間所得平均49,531ドルであったが、87年には50,115ドルとなっており、上昇しているといえる。つまり、教育程度の低い階層ほど、賃金の低下が激しい一方、大学卒以上の者のみが所得上昇を期待できる状況へと変化したのである[23]。

(2)　世帯所得分布の不平等と中産階級の「衰退」

　このように1970年代半ば以降に、平均所得が低下すると同時に所得の不平等が進行してきたのであるが、いわゆる中産階級または中間所得層の状況はいかなるものであるのか、この問題をたちいってみるために、所得を分けあう世帯

表8-4　世帯所得分布の推移，1950-98年　　　　　　　　　　　　（単位：％）

	最低五分位	第2五分位	第3五分位	第4五分位	最高五分位	上位5％	ジニ係数
1950	4.5	12.0	17.4	23.4	42.7	17.3	0.379
1955	4.8	12.3	17.8	23.7	41.3	16.4	0.363
1960	4.8	12.2	17.8	24.0	41.3	15.9	0.364
1965	5.2	12.2	17.8	23.9	40.9	15.5	0.356
1970	5.4	12.2	17.6	23.8	40.9	15.6	0.353
1975	5.6	11.9	17.7	24.2	40.7	14.9	0.357
1980	5.3	11.6	17.6	24.4	41.1	14.6	0.365
1985	4.8	11.0	16.9	24.3	43.1	16.1	0.389
1990	4.6	10.8	16.6	23.8	44.3	17.4	0.396
1995	4.4	10.1	15.8	23.2	46.5	20.0	0.421
1998	4.2	9.9	15.7	23.0	47.3	20.7	0.430

出所：http://www.census.gov/hhes/income/histinc/f02.html, Table F-2; http://www.census.gov/hhes/income/histinc/f04.html, Table F-4 から作成。

(family) に関する統計を分析してみよう。表8-4はアメリカ人の世帯所得を下位から上位へ五分位に分けて、その階層分布を示している。この表によると、最低五分位層の所得が総所得にしめるシェアは、1975年まで増大していったが、75年の5.6％をピークにその後は低下し、80年に5.3％、85年に4.8％、90年に4.6％となった後も低下傾向は止まっていない。その結果、98年には4.2％と50年代の水準を下まわって、戦後最低のシェア[24]を示している。第2五分位層のシェアも同様に90年代には最も低下している。1950年から70年までは12.0％から12.3％の間を推移していたが、75年以降低下傾向を示した。90年に10.8％となった後も低下し続け、98年には9.9％にまで縮小しているのであって、この間の縮小率は最低五分位層よりも高いといえる。全体の中間に位置する第3五分位層のシェアは、50年代から70年代まで18％弱であって、ほとんど変化がなかった。しかし、80年代に入るとかなり低下しはじめ、90年に16.6％となった後も低下傾向は止まらず、90年代半ば以降は16％弱になっている。次に第4五分位層をみると、各年代を通して23.0％～24.4％の間にあり、あまり変動はないが、1970年代半ばから80年代半ばにかけて最もシェアが高い。ただ90年代から、この階層のシェアも徐々に低下している。

一方、70年代半ば以降90年代にかけて、確実にシェアをふやしているのは、唯一、最高五分位層のみである。1975年から5年ごとに40.7％、41.1％、43.1

%、44.3%、46.5%へとそのシェアは高まり、98年には実に47.3%に達しているのである。このことは、第二次大戦後、平等化傾向にあった所得分配の方向が逆転し、1950年代に比べても不平等化していることを如実に表している。さらに、最高五分位の中でも最も高所得の上位5％に所得分布が集中していることが問題であろう。50年に17.3%であった上位5％の所得シェアは、60年代には15％台となり、さらに70年代には14％台にまで低下した。しかし、80年代半ばに16.1%となった以降、拡大傾向を示し、90年代半ばには20.0%となり、98年には20.7%と戦後最大のシェアをみるようになっている。

　このように、1975年以降今日にかけて所得分配が最高五分位に集中化する傾向が明確である一方で、その他の4五分位層のシェアは低下している。とくに全体の中間層にあたる第3五分位とその下の第2五分位のシェア低下が顕著である。中産階級の定義はあいまいであり、商務省国勢調査局も正式の定義をおこなってはいないが、全体の中間層にあたる第3五分位を中心とする中間所得世帯ととらえることができよう。そうみた時、90年代後半の空前の好景気にもかかわらず、80年代半ば以降、長期的に中間層または中産階級の衰退化は進んでいるといえる。とりわけ第3五分位に最も近いグループである第2五分位層のシェアが70年代後半以降かなり急激に落ちていることは、階層上昇のチャンスが減少してきていることを示しているという点でアメリカ社会の一層の中産階級化はむずかしくなっていることを示唆しているといえよう。そこで次に、各五分位ごとの平均所得（mean income）の変化をみることを通じて、以上のことを別の角度から考察してみよう。

(3)　平均実質世帯所得及びジニ係数にみる格差

　1966年から98年までを3つの時期に分け（1966-79年、1979-93年、1993-98年）、五分位ごとに平均実質世帯所得の変化をみると（図8-2）、まず1966-79年の期間には5つの五分位層すべてで所得が増加している。所得の伸びが最も著しいのは最高五分位層（29%）であるが、最低五分位層の所得も22%伸びており、中間層である第3五分位層は25%の伸びを示している。これに対して、79-93年の間では、最低五分位の所得が17%低下したのを筆頭に、第2五分位層で8%、第3五分位層でも3%所得が低下している。ところが、最高五分位層

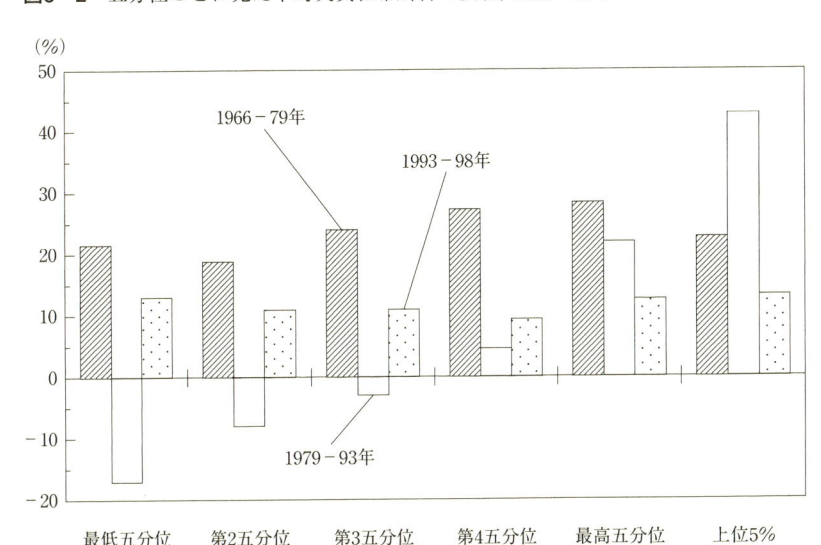

図8-2 五分位ごとに見た平均実質世帯所得の変化, 1996-98年

出所：http://www.census.gov/hhes/income/histinc/f03.html,Table F-3から算出・作成。

の所得は23％も増加し、特に上位5％層では66-79年の時期をも大きく上まわる44％の伸びを示していた。中間層とトップ層との格差は79年以前に比べて大幅にひろがったのである。その後の93-98年に関してみると、すべての五分位層で所得が増加しているが、中間3五分位についてみると10％から12％であり、79-93年の間に生じた最高五分位層との格差を補うほどのものではない。すなわち、中間層または中産階級と最高所得層との格差は90年代後半も拡大しつつある。

また、所得分配の平等度を示す尺度であるジニ係数の値からも、1990年代半ば以降、所得格差が広がり続けていることがわかる（表8-4）。ジニ係数は0から1までの数値で表され、0が「完全な平等」を表し、1が「完全な不平等」を表す。1950年のジニ係数は0.379であったが、50年代から60年代にかけて徐々に数値が低下していった。1960年に0.364、68年には0.348となり[25]、これまでの最低数値となった。すなわち、68年に最も平等化が進んだといえるのである。その後70年代にはほぼ50年代と同様の数値であったが、80年代初めから急速に数値が上がり始めた。82年に0.380となった後、さらに高まり、93年に

は0.429となった[26]。その後は、大きな変化はないが、1998年は0.430と47年以来、最も高い数値に達している。

　以上、平均実質賃金の変化、世帯所得分布の推移、平均実質世帯所得の変化、ジニ係数の推移などを通して、アメリカ社会における中産階級の「衰退」を明らかにしてきた。1990年代半ば以降、アメリカ経済の長期にわたる好況の過程で、平均実質賃金も平均実質世帯所得もやや増大する傾向がみられるようになったが、それは所得分配の平等化をもたらすものではなかった。その意味で、90年代の景気拡大にもかかわらず、アメリカの中産階級の地位はとくに下層中産階級を中心に不安定であるといえよう。そこで次に、こうしたアメリカ社会の現状が政治的にどのような意味をもっているのかを「中産階級」が多く居住する郊外に焦点をあわせて考察してみよう。

第3節　郊外の変貌と郊外中産階級の政治的態度

(1) コミュニティの政治に求めたもの

　アメリカが中産階級社会となった1950年代から60年代にかけて、中産階級が郊外に求めていたものは、単に自然に恵まれた環境の中での一戸建て住宅のみでなく、教会、学校、クラブなどを通じての隣人との交流とともに、充実した公共サービスのある「理想の生活」であった。そのため、中産階級はそれらの保障を郊外の政治に求めた[27]。換言すれば、郊外に移住した中産階級が求めていた政治は、都市化の進展にともなって中心都市にはびこった「腐敗した政治」とは異なるものでなくてはならなかった。都市の「腐敗した政治」は都市化が急速に進展し始めた19世紀後半以来のものであり、19世紀末から20世紀初頭にかけての改革運動において攻撃の第一のターゲットとなっていた。

　すでに述べてきたように、19世紀から20世紀にかけての世紀転換期に大都市の多くは政党マシーンの支配下にあり、マシーンは移民をはじめとする都市の低所得層を支持基盤とし、彼らに物心両面の私的「ソーシャル・サービス」を与える代価として、選挙において彼らの票獲得を目ざしていた。マシーンが施す日常的利益は、仕事の斡旋、金品の供与の他、警察ざたの解決や帰化・投票登録手続きの助力などをも含んでおり、マシーンによるサービスは、移民がア

メリカ社会に経済的、社会的、政治的に統合されていく過程で一定の役割をはたしたといえよう。しかし、公職を利用して得た情報を利用して利殖に励んだり、利権・特権の供与や企業活動を不当に擁護する市条例の作成とひきかえに実業界から多額の金銭をはじめとする報酬を確保していたのであって、マシーンを通じる政治統合には政治腐敗が内在しがちであった。特に革新主義時代に都市政府の第一課題であった各種のインフラストラクチャー建設・整備をめぐってマシーンと特定企業との不正な関係が強まり、改革者の批判の対象となった[28]。

　第二次大戦後には都市政治も革新主義時代とは変質していたものの、「腐敗した政治」の痕跡はかなり残っていた。中産階級は元来、マシーンとの直接的な関係で利益を得る可能性は低く、そのため市政改革運動の賛同者となる傾向が強かった。実際、改革運動の中心となって積極的に活動した人々は富裕層の一部とともに中産階級であった。こうした改革運動に賛同した中産階級の人々が郊外化にともなって郊外に移住した時、自治体に求めたのは、大都市では実現が困難だとわかってきた理想の政治であった。つまり直接民主主義的な「草の根の民主主義」であり、快適な生活環境を保障する公共サービスの能率的供給や彼らの不動産の価値を保全する地区規制を実現する行政であった。これら市民の政治への直接参加と行政の「能率と節約（Efficiency and Economy）」という二つの理念は、革新主義時代以来、市政改革者が目ざした理想であった[29]。

　このうち後者に関しては、行政権の強化、行政の専門化などの改革が実現されていったものの[30]、多くの低所得層が居住し、相対立する諸利益集団が混在する中心都市部では、中産階級は自らの利益が擁護される見込みが遠のいていくとみていたといえよう。一方、「草の根の民主主義」に関しては、大都市でもレファレンダム、イニシアチブ、リコール、ショート・バロットなどの制度改革は導入されるとしても、市民自らが個々の問題解決に直接参加することは不可能に近い。それに対して、小規模で住民の同質性の高い郊外のコミュニティでは、自治への直接参加が住民の義務であり、同時に権利であると考えられていた[31]。

(2) 郊外の変貌と住民の政治・政府観

　では、果たして郊外に移住した人々はコミュニティの政治と政府に満足を得ることができたのであろうか。1970年代はじめに発表されたいくつかの研究によれば、郊外住民は中心都市住民に比べて自治体政府に対する満足度が大きく、またコミュニティの政治への参加意識が高い傾向がみられるが、その理由は郊外という環境に住んでいるということよりも住民の社会的ステイタスや持ち家率の高さにあるといわれている[32]。その一方で、1970年代が進むと郊外住民の間にコミュニティの政治からの疎外感や自治体政府への不信感が広がりつつあるという指摘がなされるようになった[33]。

　郊外化の進展にともなって、コミュニティの政治・政府に対する郊外住民の考え方が一様でないことが明らかになっていったのであるが、その背景には、郊外の多様化[34]の進行があった。すでに1960年代初頭にレオ・シュノアは、郊外が住宅地であるという神話があるのに対して、郊外は住宅地とは限らず、ベッドタウン型の他に、商工業型とこの二つの型のミックスタイプがあると報告している[35]。また、所得水準からも郊外の多様化は進み、極めて高い所得層、中産階級、労働者層と貧困層それぞれの郊外があることも認めらるようになった[36]。とくに70年代以降、仕事を求めて中心都市から郊外に移住するブルーカラー層や黒人が増加したが、その結果、中心都市に近い古い住宅街や工場周辺には彼らの住宅地が広がるようになった。一方で、第二次大戦後に郊外に移住してきた人々の高齢化が進んでいった。郊外は階層的にも、人種的にも、年齢的にも多様化していったのであるが、それと同時に中心都市周辺の郊外でも、中心都市が抱えていると同様の、犯罪、貧困、麻薬などの諸問題が発生するようになった。こうして郊外が必ずしも中産階級の理想郷といえなくなる過程で、とくに新たに中間階級入りして郊外住民になった人々の間には、伝統的中産階級の政治・政府観とは異なる面がみいだされるようになった[37]。

　アラン・ウルフによると、第二次大戦後、経済成長が概して順調であった時期までに中産階級入りした人々は、コミュニティの政治に対して多かれ少なかれ革新主義時代の改革者に通じる理想を共有する傾向が強かったのに対して、遅れて中産階級入りした人々はそうした伝統的中産階級の政治・政府観を共有しているとはいえない。新中産階級は中産階級入りすることがごく自然とはい

えなくなってしまった時代に、苦労してその地位を得た人々であり、地位をより確実なものとしている古い中産階級に比べて保守的で、個人生活を重視しがちである。概して政治への市民参加そのものに対して消極的で、冷淡であるともいわれる。古い中産階級が問題解決のために、活発な政治活動をおこなう傾向をもっていたのに対して、新中産階級は個人生活に幸福を求め、コミュニティの政治に参加することに積極的な意味をみいだしてはいない。古い中産階級が都市かその近郊に住んだのに比べ、彼らは総じて都心からより遠距離の郊外に居住しており、そうしたコミュニティでは政治システムが確立していない。

　このような指摘は、ウィリアム・シュナイダーによる郊外住民の政治・政府観についての見方に通じている。シュナイダーによれば、今日、人々が郊外に移住する理由は「アメリカ的生活と文化の私化」であり、良い学校や安全な道路を提供できる「彼ら自身の政府を買うこと」である[38]。租税負担が相対的に重い郊外中産階級は、租税が他の人々のために使われるのを嫌っており、政府の扶助に依存して暮らす人々への同情心を共有しているとはいえない[39]。彼らは一般に、政治と政府の問題解決能力そのものについて懐疑的なのであり、政府支出は極力制限したいと考えているのである。

　こうした政治傾向がどの程度実際に郊外住民に共有されているのかを確かめることは困難であるが、ともかく過去四半世紀に強まった傾向であるといわれる。そして、この期間は郊外化が進み、郊外が中心都市からますます独立して発展し、新しい郊外都市が出現した時期と重なっていることに注目すべきだろう。郊外が居住の場であるだけでなく、買い物の場、仕事の場となる過程で、中心都市に近い郊外が、人口構成や所得水準などの点で都心部に近い性格をもっていく一方で、郊外各地には、オフィスビルばかりでなく、ショッピングモールやホテルもある「郊外ダウンタウン」が出現したのである。たとえば、アトランタ郊外にあるペリミーター・センターやカンバーランド/ガレリアは、商業地区スペースの点でアトランタのダウンタウンをしのいでおり、ペリミーター・センターは80年代末までに7万5千もの雇用を生み出した[40]。カリフォルニアのオレンジ・カウンティにあるコスタメサ・アーヴィング・ニューポートビーチも郊外ダウンタウンのひとつであり、80年代末までにオフィス・ビル、ホテル、大規模アパート、アート・センターが次々に建設された結果、自治体

の境界をこえた経済・社会・文化地域が生み出された[41]。

　急速に発展したこれらの郊外都市は、従来の郊外とは異なる性格をもつ、いわば「脱郊外都市 (postsuburban metropolis)」ともいえる存在である。従来の郊外が政治、経済、社会、文化の上で中心都市と密接な関係をもっていたのに対して、この新しい郊外は、中心都市がもっていた機能のほとんどすべてをそなえ、とくに経済的、文化的な力強さと自立性をもっているといってよい[42]。「エッジ・シティ (辺境都市)[43]」とも呼ばれるように、旧ダウンタウンから離れた移住者の都市であるが、郊外住民が全人口のほぼ過半数を占める今日では、アメリカ的生活の辺境とはいえない。住民はアジア系や黒人を含むが、圧倒的に白人中産階級である[44]。従来の中心都市と異なるのは、住民の構成が同質的であることだけでなく、この新しい「辺境都市」が政治の中心ではないことであろう。中心都市の旧ダウンタウンは経済・社会の中心であっただけでなく、シティ・ホールを擁して政治の中心であったのに対して、「脱郊外都市」は本来の自治体をこえて発展しているのである。それ故、こうした新しい郊外では政治は分散化し、ウルフやシュナイダーが指摘するように、住民の政治参加への無関心と政府への不信が広がる素地をもっているといってよい。

　実際、近年の研究によれば、エッジ・シティの住民のコミュニティへの日常的政治参加は低いことが示されている[45]。しかしこれは、彼らが選んだ郊外の政府が供給するサービスに満足している状態の反映ともいえるのである。また同質的な住民で構成されるコミュニティであるから、誰がコミュニティの政治に責任をもとうが大した違いはないという認識からきているともいえる。だが、もしその現状が脅かされれば、彼らは積極的な政治行動に参加する。例を挙げれば、商業開発やコミュニティ政府 (多くがカウンティ政府) の権力強化・集中が進むと郊外住民は「声高に反対の声をあげる[46]。」商業開発も、郊外住民が快適な郊外生活を維持できるとともに税収をあげることができる程度までしか許容しない。住民は日常的に積極的な政治活動はしなくとも、あくまでも草の根の民主主義という郊外の伝統的価値を守ろうとして、政府が大きくなることに反発する。多くの住民を集め、オフィスビル、リサーチセンター、ホテル、ショッピングモールといった中心都市同様の施設をもち、外観は「脱郊外的」であっても、住民は心の中で「郊外」を求めているのである[47]。エッジ・シテ

ィに住む中産階級も古い中産階級と同様に、広い意味で都市生活の快適さを享受する一方で、自然に囲まれた田園生活を送るというアメリカの中産階級にとって伝統的な価値観を共有しているのであって、それが実現される場が古い中産階級にとって中心都市周辺の郊外であったのに対して、新中産階級にとってはエッジ・シティなのであろう。

　これまで郊外中産階級の政治傾向について述べてきたが、このことはすでにみた1970年代以降の中産階級の「衰退」とどのように関係しているといえるだろうか。まず、第二次大戦後およそ60年代までに郊外住民となった中産階級は、みずからの地位に関してさほどの不安を感じていなかったとみてよいであろう。安定的な経済成長はほとんど当然のこととされ、だれでも中産階級化することができると考えられ、将来への不安も少なかった。当時はまだ共働きの世帯の割合も低く、夫にせよ、妻にせよ、郊外コミュニティの政治や社会活動に活発に取り組むだけでなく、中心都市の問題に関心を払う余裕もあったであろう。しかし、70年代に入って中産階級化することが必ずしも当然の道とならなくなり、また、たとえ中産階級化していても、「衰退」に対する不満や将来への不安は高まっていった。新中産階級は中心都市の問題にわずらわされずに、税の負担に比してより充実した教育を受けられるよい学校、定期的なゴミ収集といった公共サービスを確保できる遠い郊外を選んで移住していく。彼らの多くは共働きをしたり、苦労して中産階級の仲間入りをしたのであるから、古い中産階級に比べて自己防衛的になりがちである。古い中産階級が中心都市の問題解決のために、ある程度の負担増を容認したのに対して、新中産階級は手に入れた「理想の生活」を守ることに精一杯だといえよう。

(3) 中産階級の政党支持傾向

　郊外化、さらには「脱郊外都市」化が進むなかで、郊外中産階級には上に述べたような傾向がみられるのであるが、このことは政党支持傾向とどのように関連しているのだろうか。郊外コミュニティレベルの政治では、いわゆるリフォーム政治傾向が強く、選挙タイプからいえば、多くのコミュニティでノンパルティザン選挙制がとられ、政党は効率的に有権者を動員できない。その一方で官僚組織への依存度は高くなっている。しかし、連邦レベルの政治において

は、郊外住民も政党を選んでいるのである。そこで、以下では、かつての郊外中産階級の政党支持傾向を簡単にふり返るとともに、近年の中産階級、特に郊外居住者の政党支持がどのようであるのかを大統領選挙における出口調査の結果を手がかりとしてみていこう。

　ニューディール期までに中産階級入りしていた郊外住民は、政党支持傾向からみると共和党寄りであった[48]。この理由は、様々に解釈されうるが、その第一として、19世紀末以来続いていた民主党による都市中心部の政治支配に反対する郊外住民の共和党支持が考えられる。19世紀から20世紀にかけての世紀転換期には、アメリカの大都市の多くが民主党マシーンの支配下にあった。ニューヨーク、ボストン、サンフランシスコ、ジャージーシティをはじめとする多くの都市では、移民系をはじめとする都市労働者層を支持基盤とする民主党による政治支配が進行していた[49]。革新主義時代の改革者によって批判された「腐敗した政治」の多くは、こうした民主党マシーンによる政治であった。一方、この民主党主導の政治を批判した改革者の中心は当時の富裕層の一部と中産階級であり、反民主党という立場から、共和党支持傾向が強かったと考えられる。もちろん、共和党のビジネス擁護の諸政策が当時の中産階級の経済的利益と一致していた側面も否定できない[50]。ニューディール以前にすでに中産階級の仲間入りをしていたこれらの人々が、徐々に都心を脱出し、郊外に移住したのであるから、郊外は共和党の金城湯池となったとみてよい[51]。

　しかし、ニューディール以降、民主党の政策の下で勃興してきた中産階級は、民主党支持と彼らの社会・経済的地位との間に矛盾を感じていなかったことも確かである[52]。第二次大戦後、ニューディールの政治社会体制が引き継がれ、その枠組みの中で経済が成長していく過程で、アメリカ社会における中産階級は階層としての厚みを増していった。そして、かつて低所得層に属しながら民主党を支持していた人々の中産階級化も進み、彼らも郊外住民となっていった。その結果、郊外は次第に必ずしも共和党の票田ではなくなった。実際、郊外の票が全国票の33％を占めていた1960年大統領選挙について郊外での二大政党支持率をみると、18％が共和党を支持したとはいえ、15％は民主党支持となっていた[53]。

　その一方、中産階級化するにしたがって、従来の民主党支持から共和党支持

へと転向していった人々もあった。この傾向が特に強まったのは、ニューディール連合の崩壊が明確となった1960年代後半以降であったといえよう。ニューディール以来、民主党支持連合を結びつけていた経済の安定、所得の向上といった経済課題に代わって、「社会」問題ないしは「文化」問題が急速に重要な争点となった時、民主党を支持し続けた人々の間から離反者が現れはじめた。彼らの離反の原因は、まず民主党の社会・文化問題へのリベラルな姿勢であったが、同時に彼ら自身の中産階級化であったといえよう。ニューディール期には低所得層であった人々も、戦後の経済成長の下で次第に生活水準を向上させて中産階級の仲間入りを果たした時、政府への要求を変えていった。彼らはたとえ福祉国家の受益者であり続けたとしても、同時に高い租税負担者ともなっていたのであり、政府が貧困層救済のために多大な財政支出をおこなうことを支持するより、減税を支持する傾向が強くなった。とくに1970年代以降の経済の低成長期には、人種統合のための積極的優遇措置（Affirmative Action）に彼らの負担する税が使われることに、白人中産階級の不満と反発が広がった[54]。

このように中産階級の中から民主党離反者が増大していく傾向があったが、1980年代に入って共和党が積極的優遇措置の修正、社会保障政策の縮小、中絶反対などの保守的政策に加え、大幅減税をうちだしたことは、中産階級の民主党離れを促す要因となった。その結果、中産階級の支持は共和党に集中するようになった。1980年、84年の両大統領選挙での郊外票をみると（表8-5）、それぞれ55％、61％が共和党のレーガン（Ronald Reagan）を支持しており、民主党候補への支持率を大幅に引き離した[55]。中間所得層として第３五分位に相当する層を含むカテゴリー（年間世帯所得１万５千ドル以上３万ドル未満の層）[56]をとると、レーガンを支持した有権者は80年において53％、84年には57％となっている。なお、レーガンが郊外中間層の過半数から支持を得たとしても、その中には本来は民主党支持層であるが、低所得層やマイノリティに手厚い民主党の政策に不満をもっていたために、レーガンに投票した、いわゆる「レーガン・デモクラット」が含まれていた[57]。その意味で、中間層のレーガン支持は必ずしも共和党への強固な支持を意味したわけではなかった。実際、1988年大統領選挙で、共和党のブッシュ（George Bush）に投票した民主党支持者の比率は、17％とレーガン時代に比べれば低下した。とはいえ、中間所得

表 8-5 大統領候補への支持率（%），1980-2000年

	1980			1984		1988		1992			1996			2000		
	レーガン	カーター	アンダーソン	レーガン	モンデール	ブッシュ	デュカキス	クリントン	ブッシュ	ペロー	クリントン	ドール	ペロー	ゴア	ブッシュ	ネーダー
全投票者	51	41	7	59	40	53	45	43	38	19	49	41	8	48	48	2
共和党支持層	86	9	4	92	7	91	8	10	73	17	13	80	6	8	91	1
無党派層	55	30	12	63	36	55	43	38	32	30	43	35	17	45	47	6
民主党支持層	26	67	6	25	74	17	82	77	10	13	84	10	5	86	11	2
年間世帯所得別																
$15,000以下	43	49	7	45	55	37	62	58	23	19	59	28	11	57	37	4
$15,000-$29,999	53	39	7	57	42	49	50	45	35	20	53	36	9	54	41	3
$30,000-$49,999	59	32	8	59	40	56	43	41	38	21	48	40	10	49	48	2
$50,000以上	64	26	10	69	30	62	37	39	44	17	44	48	7	45	52	2
$75,000以上	—	—	—	—	—	—	—	36	48	—	41	51	7	44	53	2
$100,000以上	—	—	—	—	—	65	32	—	—	16	38	54	6	43	54	2
居住地域別																
人口50万以上	—	—	—	—	—	37	62	58	28	13	67	25	6	71	26	3
人口5万以上50万未満	—	—	—	—	—	47	52	50	33	16	50	39	8	57	40	2
郊外	55	35	9	61	38	57	42	41	39	21	47	42	8	47	49	3
人口1万以上5万未満	—	—	—	—	—	61	38	39	52	20	58	41	9	38	59	2
農村地域	55	39	5	67	32	56	44	39	40	20	44	46	10	37	59	2

注：1996年、2000年以外の年間世帯所得カテゴリーは、以下の通り。1980年：$10,000以下，$10,000-$24,999，$25,000-$50,000，$50,000以上。1984年：$12,500以下，$12,500-$24,999，$25,000-$50,000，$50,000以上。1988年：$12,500以下，$12,5000-$24,999，$25,000-$50,000，$50,000以上，$100,000以上。1992年：$15,000以下，$15,000-$29,999，$30,000-$49,999，$50,000以上，$100,000以上。

出所：New York Times and CBS News polls for 1980 through 1988; Voter Research and Surveys exit polls for 1992; Voter News Service exit polls for 1996 and 2000, reported in *New York Times* (12 November 2000), 4-4 から作成。

第8章　現代政治における中産階級

表8-6　1996年大統領選挙における郊外の投票行動、政党支持別

	全投票に占める割合(%)	1996年大統領選挙得票率(%)		
		クリントン	ドール	ペロー
郊外民主党支持層	18	83	10	5
郊外共和党支持層	17	13	80	6
郊外無党派層	13	42	36	17

出所：Voter Service News exit poll for 1996, cited G. Scott Thomas, *The United States of Suburbia* (Amherst, N.Y.: Prometheus Books, 1998), 224 から作成。

層票の56％[58]、郊外票の57％が彼に投じられた。

　1992年大統領選挙の際には、民主党のクリントン（Bill Clinton）が勝利をおさめるためにはレーガン・デモクラットの支持をとりもどす必要があると当初から指摘されていた。戦後の繁栄期に民主党を支持し、中産階級化したものの、70年代以降、民主党の社会・文化的問題や人種問題への対応に賛同できないために共和党候補に投票してきた民主党支持者をとりもどすために、クリントンはニューディール以来のリベラルな政策を前面に押し出すことを避け、中道路線を鮮明にする戦略をとり、具体的政策として政府による産業基盤整備、中間所得層への減税、公立学校の充実・改善、医療制度改革などを打ち出した。一方中産階級の側では、80年代に進んだ中産階級の「衰退」のため、将来の生活への不安と共和党への反発を高めていた。選挙の結果、民主党の中産階級奪回作戦は一定の成果をおさめたといえる。1980年代に最もレーガン・デモクラットとなることの多かった中間所得層（年間世帯所得3万ドル以上5万ドル未満の層）[59]では、41％がクリントンを支持し、ブッシュ（38％）、ペロー（Ross Perot）（21％）両支持者を上まわった。また郊外住民も41％がクリントンを支持し、ブッシュ支持者に2パーセント・ポイントの差をつけた。再選をめざした1996年大統領選挙で、中間所得層はクリントンへの支持を強めたようにみえる。この階層の48％がクリントンを支持するようになっている。郊外票もその47％がクリントンに投じられ、ドール支持票を5パーセントポイント引き離した。

　よりたちいって、ここで96年選挙のデータを郊外についてみると、次のようなことがわかる（表8-6）。まず、郊外における民主党支持者と共和党支持者は全国投票者のそれぞれ18％、17％となっており、伯仲している。第二に、各党

支持者の約8割がそれぞれの党の候補者に投票している。そこで、郊外に関して最も問題となるのは、全国投票者の13%を占める郊外無党派層の投票結果であった。その42%がクリントンを支持し、ドール（Bob Dole）支持者（36%）、ペロー支持者（17%）を上まわったことが、クリントンの郊外での勝利を決定的なものとしたといえる[60]。

このように、1990年代の大統領選挙結果をみると、郊外はやや民主党優位であったものの、無党派層次第でどちらの党へも傾く可能性があったといえよう。実際、2000年大統領選挙では郊外有権者の49%が共和党のブッシュ（George W. Bush）に投票し、民主党のゴア（Al Gore）（47%）をしのいだ。しかし両候補に投ぜられた郊外票の差は2パーセントポイントにすぎない。この格差は、人口50万以上の地域や農村地域における両候補間の支持率格差がかなり大きいのと対照的であり、郊外票にみられる顕著な特徴である（表8-5）。一方、中間所得層[61]についてみると、その中でも比較的所得水準の低い層（年間所得3万ドル以上5万ドル未満の層）は49%がゴアを支持していたものの、ブッシュへの支持率をわずか1パーセントポイント上まわったにすぎない。それに比べ、比較的高い所得の中間層（年間世帯所得5万ドル以上7万5千ドル未満の層の一部）では、ブッシュ支持の傾向が強いとみられる[62]。要するに、比較的下層の中産階級がゴアを、一方、上層中産階級はブッシュを支持する傾向があり、その結果、全体としてみると中産階級の両者への支持はほぼ拮抗していたとみなせる。中産階級が多く居住する郊外で、両者間の支持率格差がごくわずかだったことは、そのことの反映であったといえるであろう。

むすび

かつて民主党と共和党は都市票をめぐって対立していた。南北戦争以後、工業化と都市化の発展とともに、共和党は都市を基盤として連邦政治においてほとんど常に優位をほこっていた一方、伝統的に南部と西部の農民層を支持基盤としていた民主党は、新移民をはじめとする都市労働者層を支持層に加えることによって都市政党へと変身をはかったのである。都市人口が50%をこえた1920年代以降、多数派政党となる条件は都市に第一の支持基盤をもつことであ

った。新移民系を中心とする都市大衆をその支持層とした民主党は、ニューディール期以後1960年代まで、連邦政治においてほぼ共和党をしのぐ力をもっていたといえる。ところが郊外化が進展し、中産階級がますます郊外へと移住するにしたがって、政党はまた新たな対応にせまられてきた。

　アメリカ人のほぼ過半数が郊外住民となった今日、郊外に住む中産階級を制するものが大統領選挙をはじめとする連邦レベルの選挙で優位にたつことができる。それ故、両党とも多数党をめざすために中道路線をとることになる。貧困、犯罪、麻薬といった大都市の抱える問題を解決するために、中間層にさらなる租税負担を期待するとしたならば、彼らの支持を得る可能性は低くならざるを得ない。1960年代までは郊外住民となったとしても、中産階級は仕事や娯楽を通じて中心都市と密接に関係する生活を送り、都心部の抱える諸問題解決のための租税負担を受けいれてきた。しかし、「脱郊外都市」の発展に象徴されるように、郊外の中産階級は旧ダウンタウンの諸問題と直接関係のない生活を送ることができるようになった。彼らの日常生活において、中心都市との関係は希薄化しているのである。一方で、今日の郊外中産階級の生活は必ずしも安定したものではない。すでに述べたように、いまだに所得分配の不平等は進行しているのであり、経済が変調をきたせば彼らの「理想の生活」が崩れるリスクが存在する。そのため、郊外住民の関心は都心の政治問題よりも、苦労して手に入れた郊外での生活防衛に向かうのである。とくに1970年代以降に中産階級化した人々や世帯所得に関する五分位で第3五分位層に属する中間所得層には、その傾向が強いといえよう。彼らの中には、いずれかの政党の熱心な支持者になるというよりも無党派層あるいは無党派に近い層となって、選挙ごとにいずれの政党が彼らの中産階級的生活を守るのかを判断しようとする人々が多く含まれている。その意味で、彼らの動向は大統領選挙の結果を左右する要因となっているといえよう。

注
1)　世界の製造業付加価値に占めるアメリカのシェアは、1948年に55.6%、58年に46.8%であったと推定されている。United Nations, *1963 Supplement to the Monthly Bulletin of Statistics* (New York: U. N., 1964), 36-47より

算出。
2) John Kenneth Galbraith, *The Affluent Society* (Boston: Houghton Mifflin, 1958), chapter 1.
3) Alan Wolfe, "The Recentering of America," *Current History* (April 1992), 168.
4) Frederick R. Strobel, *Upward Dreams, Downward Mobility : The Economic Decline of the American Middle Class* (Lanham, Md.: Rowman & Littlefield Publishers, 1993), 4-6, 21, 35.
5) 平田美和子「ニュー・ディール救済政策における政府間関係」『津田塾大学紀要』No. 13(1981年), 236-243.
6) Arthur M. Schlesinger, Jr., *The Age of Roosevelt : The Coming of the New Deal* (Boston: Houghton Mifflin, 1959), 99 ; William E. Leuchtenburg, *Franklin Roosevelt and the New Deal : 1932-1940* (New York: Harper & Row, 1963), 57-58.
7) Strobel, *Upward Dreams, Downward Mobility*, 5-6 ; Michael E. Parrish, *Anxious Decades : America in Prosperity and Depression, 1920-1941* (New York: W. W. Norton, 1992), 308-310, 354-356.
8) Edward C. Banfield and James Q. Wilson, *City Politics* (Cambridge, Mass: Harvard University Press and The M. I. T. Press, 1963), 10.
9) Dennis R. Judd and Todd Swanstrom, *City Politics : Private Power and Public Policy* (New York: HarperCollins College Publishers, 1994), 188.
10) Stephan Thernstrom, *A History of the American People*, Vol. 2, 2nd ed. (Orlando, FL: Harcourt Brace Javanovich, 1989), 821.
11) Jon C. Teaford, *The Twentieth-Century American City*, 2nd ed. (Baltimore: The Johns Hopkins University Press, 1993), 98-101.
12) U. S. Department of Commerce, Bureau of the Census, *Historical Statistics of the United States : Colonial Times to 1970*, Bicentennial Edition, Part 2 (Washington, D. C.: Government Printing Office, 1975), 717.
13) *Ibid*.
14) Charles R. Adrian, *Governing Urban America*, 2nd ed. (New York: McGraw-Hill, 1961), 50-51.
15) *Ibid*., 50-52.
16) *Ibid*., 52-54.
17) レヴィットタウンに住む中間層の生活様式や政治については、Herbert J. Gans, *The Levittowners : Ways of Life and Politics in a New Suburban Community* (New York: Random House, 1967) を参照。
18) Lewis Paul Todd and Merle Curti, *Triumph of the American Nation* (Orlando, Florida: Harcourt Brace Jovanovich, 1990), 872.

19) Scott Greer, *Governing the Metropolis* (New York : John Wiley and Sons, 1962), 83-87.
20) 　第二次大戦後、所得と消費が増大したのであるが、消費構造の変化はアメリカ国民の中産階級化とその生活実態を反映している。1947年から77年にかけて、アメリカ人の家計消費支出額に関してシェアが増大したのは、住宅、交通、レクリエーション、個人サービス、医療の費目であるが、なかんずくシェア増が顕著であるのは、住宅費である。家屋またはアパートの所有ないし賃貸の費用が、1947年の9.9％から77年には15.5％へと増大しているが、これは持ち家の増加のためであった。1940年には持ち家に住むアメリカ人は44％にすぎなかったが、70年には63％へと上昇している。
　交通費に関しては、自動車関係費の割合が8％から13.4％へと拡大する一方で、飛行機を除けば、列車、バス、地下鉄などの公的交通サービス購入は、ますます減少し、ほとんど無視することができる額しか費やされていない。レクリエーション費を増大させているのは、外国旅行、テレビ、ラジオ、レジャー用品購入費であって、映画、演劇、スポーツ・イベントの入場料の支出に占める割合は低下している。住居費についで支出に占めるシェア拡大が著しいのは医療費で、これは相対価格の上昇と医療サービス消費増大のためである。Alan S. Blinder, "The Level and Distribution of Economic Well-Being," in *The American Economy in Transition*, ed. Martin Feldstein (Chicago : The University of Chicago Press, 1980), 426-433.
21) Wallace C. Peterson, *Silent Depression : The Fate of the American Dream* (New York : W. W. Norton, 1994), 35-37参照。
22) Jack Beatty, "Who Speaks for the Middle Class?" *The Atlantic Monthly* (May 1994), 66.
23) Robert B. Reich, *The Work of Nations : Preparing Ourselves for 21st-Century Capitalism* (New York: Alfred A. Knopf, 1993), 205-207 ; John Bound and George Johnson, "What Are the Causes of Rising Wage Inequality in the United States?" Federal Reserve Bank of New York *Economic Policy Review* (January 1995), 9-17.
24) 1947年から49年の数値については、http//www.census.gov/hhes/income/histinc/f02.html, Table F-2 参照。
25) http//www.census.gov/hhes/income/histinc/f04.html, Table F-4.
26) *Ibid*.
27) Robert C. Wood, *Suburbia* (Boston : Houghton Mifflin, 1959), chapter 3 ; 平田美和子「1920年代のアメリカ都市政治―市政改革を中心に―」『アメリカ研究』12（1978年）、84-85.
28) 本書第6章を参照されたい。
29) 本書第6章、第7章を参照されたい。

30) 行政権強化、行政の専門化にむけての改革としては、「強い市長制」、マネージャー制、委員会制、メリット・システムの採用、新しい財務手続きと会計方式、能率記録、タイムシート導入などが実現した。

31) たとえ郊外に移住したとしても、郊外と中心都市の社会・経済的な依存関係がある限り、中心都市の諸問題解決のために、郊外も含めた大都市圏の政治活動は統合されなければならないという考えが1920年代までには提起されていた。しかし、郊外は分離主義傾向が強く、大都市圏政府形成の試みはほとんど成功しなかった。郊外住民は中心都市からの独立を選択し、それによって郊外自治体は中心都市の抱える問題にわずらわされずに、独自のコミュニティを築きあげようとしたのである。平田美和子「1920年代のアメリカ都市政治―市政改革を中心に―」参照。

第二次大戦後の郊外化の過程においても、郊外住民のこうした傾向は変わらず、コミュニティの自治と小タウンの政治が郊外では選択されたのである。Wood, *Suburbia*, 83.

32) Deborah R. Hensler, "Orientations Toward Community and Politics," in *On the City's Rim : Politics and Policy in Suburbia*, ed. Frederick M. Wirt et al. (Lexington, Mass. : D.C. Heath, 1972), 117-130.

33) たとえば、Thomas P. Murphy and John Rehfuss, *Urban Politics in the Suburban Era* (Homewood, Ill. : The Dorsey Press, 1976), 62-72 参照。

34) *Ibid*., 73-91 ; *Adrian, Governing Urban America*, 43-53 ; Wood, *Suburbia*, 114-125 ; 阿部斉「アメリカ政治における都市と郊外」『アメリカ研究』28 (1994年), 13-15 ; 杉浦章介「郊外ミドル景観の創始と変容」『アメリカ研究』28 (1994年), 85-86.

35) Leo F. Schnore, "The Social and Economic Characteristics of American Suburbs," *The Sociological Quarterly* 4.2 (Spring 1963), 122-134.

36) Peter O. Muller, *Contemporary Suburban America* (Englewood Cliffs, New Jersey : Prentice-Hall, 1981), 71-78.

37) 次の段階については、Alan Wolfe, "Clash of the Middle Classes," *Harper's Magazine* (October 1993), 20, 22-23 を参照した。

38) William Schneider, "The Suburban Century Begins," *The Atlantic Monthly* (July 1992), 37.

39) *Ibid*., 37-38.

40) Teaford, *The Twentieth-Century American City*, 165.

41) *Ibid*., 165-166 ; Rob Kling, Spencer Olin and Mark Poster, "The Emergence of Postsuburbia : An Introduction," in *Postsuburban California*, ed. R. Kling, S. Olin and M.Poster (Berkeley and Los Angeles : University of California Press, 1995), 9, 17.

42) *Ibid*., viii.

43) Joel Garreau, *Edge City : Life on the New Frontier* (Garden City, N. Y. : Doubleday, 1991).
44) Teaford, *The Twentieth-Century American City*, 167.
45) Carmine Scavo, "Patterns of Citizen Participation in Edge and Central Cities," in *Contested Terrain : Power, Politics, and Participation in Suburbia*, ed. Marc L. Silver and Martin Melkonian (Westport, Connecticut : Greenwood Press, 1995), 129.
46) Jon C. Teaford, *Post-Suburbia : Government and Politics in the Edge Cities* (Baltimore : The Johns Hopkins University Press, 1997), 7.
47) *Ibid*., 206-210.
48) Banfield and Wilson, *City Politics*, 16-17 ; Everett Carll Ladd, Jr. with Charles D. Hadley, *Transformations of the American Party System : Political Coalitions from the New Deal to the 1970s* (New York : W. W. Norton, 1975), 97.
49) 本書第4章を参照されたい。
50) Ladd, *Transformations of the American Party System*, 97, 103.
51) ウッドによれば、このような解釈は「移住説 (The Theory of Transplantation)」と呼ばれる。これに対する解釈は、「転向説 (The Theory of Conversion)」であって、郊外に移住することによって人々は民主党支持から共和党支持へと変わるととらえる。Wood, *Suburbia*, 134-149.
52) Ladd, *Transformations of the American Party System*, 95-104.
53) Schneider, "The Suburban Century Begins," 35.
54) 平田美和子「ニューディール連合の崩壊」藤本一美編『アメリカ政治30年の検証』東京、行研出版局、1990年、56-60.
55) Voter News Service exit poll, reported in *New York Times* (12 November 2000), 4-4. 以下の大統領選挙についての数値も、特別の断りがない限り、同資料による。
56) 換算表によれば、1980年と84年については、表8-5における年間世帯所得1万5千ドル以上3万ドル未満 (80年の1万ドル以上2万5千ドル未満、84年の1万2千5百ドル以上2万5千ドル未満) の層が、ほぼ第2五分位、第3五分位に相当する。中間層としては下層低所得層を含んでいることもあり、次のカテゴリー (表8-5で3万ドル以上5万ドル未満) に入る上層中間層の数値 (両年とも59%) も参考にされたい。
57) 80年選挙で民主党支持者の26%、84年選挙で25%が「レーガン・デモクラット」であった (表8-5)。
58) 表8-5における年間世帯所得3万ドル以上5万ドル以下 (88年の2万5千ドル以上5万ドル未満) の層が、五分位に換算して、1988年にはほぼ第3五分位プラス第4五分位の一部に相当する。

59) 五分位に換算して、1992年には第3五分位プラス第4五分位の一部に、96年には第2五分位のごく一部プラス第3五分位に相当する階層となる。
60) Voter News Service exit poll 1996, cited in G. Scott Thomas, *The United States of Suburbia* (Amherst, N. Y.: Prometheus Books, 1998), 224.
61) 年間世帯所得3万ドル以上5万ドル未満の層は、五分位では第2五分位の一部と第3五分位の過半数。第3五分位の中で比較的所得の高い層は、表8-5では年間所得5万ドル以上の層に入る。
62) 中間所得層をおよそ五分位の第3五分位に相当する層とみてきたが、そのことからいうと、注61）に述べたように、2000年選挙では年間所得5万ドル以上の層の一部が含まれる。しかし、この一部の層に限ったデータはないので、あくまでも類推するしかない。

参考文献

Addams, Jane. "Why the Ward Boss Rules." *The Outlook* 58 (April 2, 1898).
Adrian, Charles R. "Forms of City Government in American History." In *The Municipal Year Book 1988*.
———. *Governing Urban America*. 2nd ed. New York: McGraw-Hill, 1961.
Aldrich, John H. *Why Parties?* Chicago: The University of Chicago Press, 1995.
Allen, Frederick Lewis. *The Big Change*. New York: Harper and Brothers Publishers, 1952.
Allswang, John M. *A House for All Peoples: Ethnic Politics in Chicago 1890-1936*. Lexington: University Press of Kentucky, 1971.
———. *Bosses, Machines, and Urban Voters*. Port Washington, N. Y.: Kennikat Press, 1977.
———. *The New Deal and American Politics*. New York: John Wiley & Sons, 1978.
Ammons, David N., and C. Newell. "City Managers Don't Make Policy: A Lie, Let's Face It." *Public Management* (March, 1988).
Andersen, Kristi. *The Creation of a Democratic Majority, 1928-1936*. Chicago: The University of Chicago Press, 1979.
Ansell, Christopher K., and Arthur L. Burris. "Bosses of the City Unite! Labor Politics and Political Machine Consolidation, 1870-1910." *Studies in American Political Development* 11 (Spring 1997).
Appleby, Paul H. "The Influence of the Political Order." *American Political Science Review* 42 (April 1948).
Banfield, Edward C. *Political Influence*. New York: The Free Press, 1965.
Banfield, Edward C., and James Q. Wilson. *City Politics*. Cambridge, Mass.: Harvard University Press and The M. I. T. Press, 1963.
Banovetz, James M., et al. "Leadership Styles and Strategies." In *Managing the Modern City*, ed. James M. Banovez. Washington, D. C.: International City Management Association, 1971.
Beatty, Jack. *The Rascal King: The Life and Times of James Michael Curley*. Reading, Mass.: Addison-Wesley, 1992.
———. "Who Speaks for the Middle Class?" *The Atlantic Monthly* (May 1994).

Bensman, Joseph, and Arthur J. Vidich. *The New American Society*. Chicago: Quadrangle Books, 1971.

Bernard, Richard M., and Bradley R. Rice. "Political Environment and the Adoption of Progressive Municipal Reform." *Journal of Urban History* 1.2 (February 1975).

Bernstein, Irving. *The Lean Years: A History of the American Worker 1920-1933*. Baltimore: Penguin Books, 1960.

Biles, Roger. "Edward J. Kelly : New Deal Machine Builder." In *The Mayors: The Chicago Political Tradition*. Revised ed., ed. Paul M. Green and Melvin G. Holli. Carbondale and Edwardsville: Southern Illinois University Press, 1995.

Blinder, Alan S. "The Level and Distribution of Economic Well-Being." In *The American Economy in Transition*, ed. Martin Feldstein. Chicago: The University of Chicago Press, 1980.

Blumin, Stuart M. *The Emergence of the Middle Class: Social Experience in the American City, 1760-1900*. Cambridge: Cambridge University Press, 1989.

Bobcock, John Paul. "The Irish Conquest of Our Cities." *Forum* 17 (April 1894).

Bollens, John C., and John C. Ries. *The City Manager Profession: Myth and Realities*. Chicago: Public Administration Service, 1969.

Bosworth, Karl A. "The Manager Is a Politician." *Public Administration Review* 18 (Summer 1958).

Boulay, Harbey, and Alan DiGaetano. "Why Did Political Machines Disappear?" *Journal of Urban History* 12.1 (November 1985).

Bound, John, and George Johnson. "What Are the Causes of Rising Wage Inequality in the United States?" Federal Reserve Bank of New York *Economic Policy Review* (January 1995).

Boyer, Paul. *Urban Masses and Moral Order in America: 1820-1920*. Cambridge, Mass.: Harvard University Press, 1978.

Boynton, Robert Paul, and Deil S. Wright. "Mayor-Manager Relations in Large Council-Manager Cities: A Reinterpretation." *Public Administration Review* (January/February 1971).

Bridges, Amy. *A City in the Republic: Antebellum New York and the Origins of Machine Politics*. Cambridge, Cambridge University Press, 1984.

———. *Morning Glories: Municipal Reform in the Southwest*. Princeton, N. J.: Princeton University Press, 1997.

———. "Winning the West to Municipal Reform." In *The Politics of Urban America*. 2nd ed., ed. Dennis R. Judd and Paul P. Kantor. Boston: Allyn and

Bacon, 1998.

Brown, M. Craig, and Charles N. Halaby. "Bosses, Reform, and the Socioeconomic Bases of Urban Expenditure, 1890-1940." In *The Politics of Urban Fiscal Policy,* ed. Terrence J. McDonald and Sally K. Ward. Beverly Hills, California: Sage Publications, 1984.

———. "Machine Politics in America, 1870-1945." *Journal of Interdisciplinary History* 17.3 (Winter 1987).

Browne, William. "Municipal Managers and Policy: A Partial Test of Svara Dichotomy-Duality Model." *Public Administration Review* 45 (September/October 1985).

Brownell, Blaine A., and Warren E. Stickle, eds. *Bosses and Reformers: Urban Politics in America, 1880-1920.* Boston: Houghton Mifflin, 1973.

Bryce, James. *The American Commonwealth* (1888). 3rd rev. ed. New York: Macmillan, 1924.

Buenker, John D. *Urban Liberalism and Progressive Reform.* New York: W. W. Norton, 1973.

Burner, David. *The Politics of Provincialism.* New York: Alfred A. Knopf, 1968.

Burnham, Walter Dean. "The Changing Shape of the American Political Universe." *American Political Science Review* 59 (March 1965).

———. "Those High Nineteenth-Century American Voting Turnouts: Fact or Fiction?" *Journal of Interdisciplinary History* 16.4 (Spring 1986).

Burrows, Edwin G., and Mike Wallace. *Gotham: A History of New York City to 1898.* New York and Oxford: Oxford University Press, 1999.

Callow, Alexander B., Jr. *The Tweed Ring.* London, Oxford, New York: Oxford University Press, 1966.

———, ed. *The City Boss in America.* New York: Oxford University Press, 1976.

Caro, Robert A. *The Power Broker: Robert Moses and the Fall of New York.* New York: Alfred A. Knopf, 1974.

Cerillo, Augustus, Jr. "The Reform of Municipal Government in New York City: From Seth Low to John Purroy Mitchel." *New York Historical Society Quarterly* 57.1 (January 1973).

———. "The Impact of Reform Ideology: Early Twentieth-Century Municipal Government in New York City." In *The Age of Urban Reform: New Perspectives on the Progressive Era,* ed. Michael H. Ebner and Eugene M. Tobin. Port Washington, N. Y.: Kennikat Press, 1977.

———. *Reform in New York City: A Study of Urban Progressivism.* New York:

Garland Publishing, 1991.

Chandler, Lester V. *America's Greatest Depression, 1929-1941.* New York: Harper and Row, 1970.

Childs, Richard S. "How the Commission-Manager Plan Is Getting Along." *National Municipal Review* 4 (July 1915).

———. "A City Manager Truck or a Political Wagon?: Editorial." *Public Management* 12 (February 1930).

———. *Civic Victories: The Story of an Unfinished Revolution.* New York: Harper and Brothers, 1952.

———. *The Charter Problem of Metropolitan Cities.* New York: Citizens Union Research Foundation, 1960.

———. *The First 50 Years of the Council-Manager Plan of Municipal Government.* New York: National Municipal League, 1965.

Clubb, Jerome M., and Howard W. Allen. "The Cities and the Election of 1928: Partisan Realignment?" *American Historical Review* 74 (April 1969).

Colburn, David R. "Al Smith and the New York State Factory Investigating Commission, 1911-1915." In *Reform and Reformers in the Progressive Era,* ed. David R. Colburn and George E. Pozetta. Westport, Conn.: Greenwood Press, 1983.

Cornwell, Elmer E., Jr. "Party Absorption of Ethnic Groups : The Case of Providence, Rhode Island." *Social Forces* 38 (March 1960).

———. "Bosses, Machines, and Ethnic Groups." *Annals* 353 (May 1964).

Curwitt, Rob. "The Lure of the Strong Mayor." *Public Management* (July 1993).

Dahl, Robert A. *Who Governs?* New Haven: Yale University Press, 1961.

Degler, Carl. "American Political Parties and the Rise of the City." *Journal of American History* 51 (June 1964).

DiGaetano, Alan. "The Rise and Development of Urban Political Machines: An Alternative to Merton's Functional Analysis." *Urban Affairs Quarterly* 24.2 (December 1988).

———. "Urban Political Reform : Did It Kill the Machine?" *Journal of Urban History* 18.1 (November 1991).

Dorsett, Lyle W. *The Pendergast Machine.* New York: Oxford University Press, 1968.

———. "City Boss and the Reformer : A Reappraisal." *Pacific Northwest Quarterly* (October 1972).

———. "Kansas City and the New Deal." In *The New Deal.* Volume 2, ed. John

Braeman et al. Ohio: Ohio State University Press, 1975.

———. *Franklin D. Roosevelt and the City Bosses.* Port Washington, N. Y.: Kennikat Press, 1977.

East, John Porter. *Council-Manager Government: The Political Thought of Its Founder, Richard S. Childs.* Chapel Hill: The University of North Carolina Press, 1965.

Ehrenhalt, Alan. "The Unraveling of a Local Government." *Governing* (October 1995).

Ekirch, Arthur A., Jr. *Progressivism in America.* New York: New Viewpoints, 1974.

Eldersveld, Samuel J. "The Influence of Metropolitan Party Pluralities in Presidential Elections since 1920: A Study of Twelve Key Cites." *American Political Science Review* 43 (December 1949).

Erie, Steven P. *Rainbow's End: Irish-Americans and the Dilemmas of Urban Machine Politics, 1840-1985.* Berkeley and Los Angeles: University of California Press, 1988.

———. "Bringing the Bosses Back in: The Irish Political Machines and Urban Policy Making." *Studies in American Political Development* 4 (1990).

Ethington, Philip J. *The Public City.* New York: Cambridge University Press, 1995.

Finegold, Kenneth. *Experts and Politicians: Reform Challenges to Machine Politics in New York, Cleveland, and Chicago.* Princeton, N. J.: Princeton University Press, 1995.

Finegold, Kenneth and Theda Skocpol. *State, Party, and Policy: Industry and Agriculture in America's New Deal.* Madison: University of Wisconsin Press, 1995.

Flecher, Thomas W. "What Is the Future for Our Cities and the City Manager." *Public Administration Review* (January/February 1971).

Fogelson, Robert M. *The Fragmented Metropolis: Los Angeles 1850-1930.* Cambridge, Mass.: Harvard University Press, 1967.

Foster, Mark. "Frank Hague of Jersey City: The Boss as Reformer." *New Jersey History* 86 (Summer 1968).

Fox, Douglas M., ed. *The New Urban Politics: Cities and the Federal Government.* Pacific Palisades, Cal.: Goodyear Publishing Company, 1972.

Galbraith, John Kenneth. *The Affluent Society.* Boston: Houghton Mifflin, 1958.

Gans, Herbert J. *The Levittowners: Ways of Life and Politics in a New Suburban Community.* New York: Random House, 1967.

Garreau, Joel. *Edge City: Life on the New Frontier.* Garden City, N. Y. : Doubleday, 1991.

Garrett, Charles. *The La Guardia Years: Machine and Reform Politics in New York City.* New Brunswick, N. J.: Rutgers University Press, 1961.

Gill, Norman N. *Municipal Research Bureaus: A Study of the Nation's Leading Citizen-Supported Agencies.* Washington, D. C.: American Council on Public Affairs, 1944.

Ginsberg, Benjamin, and Martin Shefter. *Politics by Other Means : The Declining Importance of Elections in America.* New York: Basic Books, 1990.

Glaab, Charles N. "Metropolis and Suburb: The Changing American City." In *Change and Continuity in Twentieth Century America: The 1920's,* ed. John Braeman et al. Columbus, Ohio: Ohio State University Press, 1968.

Glaab, Charles N., and A. Theodore Brown. *A History of Urban America.* New York: Macmillan, 1967.

Glazer, Nathan, and Daniel P. Moynihan. *Beyond the Melting Pot: The Negroes, Puerto Ricans, Jews, Italians, and Irish of New York City.* 2nd ed. Cambridge: MIT Press, 1970.

Gordon, Daniel N. "Immigrants and Urban Governmental Forms in American Cities, 1933-60." *American Journal of Sociology* 74 (September 1968).

———, ed. *Social Change and Urban Politics: Readings.* Englewood Cliffs, N. J.: Prentice-Hall, 1973.

Gosnell, Harold F. *Machine Politics: Chicago Model* (1937). Chicago: The University of Chicago Press, 1968.

Gottfried, Alex. *Boss Cermak of Chicago: A Study of Political Leadership.* Seattle: University of Washington Press, 1962.

Gould, Lewis L. "Introduction." In *The Progressive Era,* ed. Gould. Syracuse: Syracuse University Press, 1974.

Green, Paul Michael. "Irish Chicago: The Multiethnic Road to Machine Success." In *Ethnic Chicago.* Revised and expanded ed., ed. Peter d'A. Jones and Melvin G. Holli. Grand Rapids, Michigan: William B. Eerdmans, 1984.

———. "Anton J. Cermak: The Man and His Machine." In *The Mayors: The Chicago Political Tradition.* Revised edition, ed. P. M. Green and Melvin G. Holli. Carbondale and Edwardsville: Southern Illinois University Press, 1995.

Greenberg, Stanley B. *Middle Class Dreams: The Politics and Power of the New American Majority.* Revised and updated ed. New Haven: Yale University Press, 1995.

Greenstein, Fred I. "The Changing Pattern of Urban Party Politics." *Annals* 353 (May 1964).

―――. *The American Party System and the American People.* 2nd ed. Englewood Cliffs, N. J.: Prentice-Hall, 1970.

Greenstone, J. David, and Paul E. Peterson. "Reformers, Machines, and the War on the War on Poverty." In *City Politics and Public Policy,* ed. James Q. Wilson. New York: John Wiley & Sons, 1970.

―――. *Race and Authority in Urban Politics: Community Participation and the War on Poverty.* Chicago: The University of Chicago Press, 1973.

Greer, Scott. *Governing the Metropolis.* New York: John Wiley and Sons, 1962.

Griffith, Ernest S. *A History of American City Government: The Conspicuous Failure, 1870-1900.* New York : Praeger, 1974.

―――. *A History of American City Government: The Progressive Years and Their Aftermath, 1900-1920.* New York: Praeger, 1974.

Hansell, Bill. "Is It Time to 'Reform' the Reform?" *Public Management* (December 1998).

―――. "Reform the Reform, Part 2." *Public Management* (January 1999).

―――. "Revisiting the Reform of the Reform." *Public Management* (July 1999).

Harrell, C. A. "The City Manager as a Community Leader." *Public Management* (October 1948).

Harrell, C. A., and D. G. Wieford. "The City Manager and the Policy Process." *Public Administrative Review* (Spring 1959).

Hawkins, Brett W., and Robert A. Lorinskas, eds. *The Ethnic Factor in American Politics.* Columbus, Ohio: Charles E. Merrill, 1970.

Hays, Samuel P. "The Politics of Reform in Municipal Government in the Progressive Era." *Pacific Northwest Quarterly* 55 (1964).

―――. *American Political History as Social Analysis.* Knoxville, The University of Tennessee Press, 1980.

Henderson, Thomas M. *Tammany Hall and the New Immigrants: The Progressive Years.* New York: Arno Press, 1976.

Hensler, Deborah R. "Orientations Toward Community and Politics." In *On the City's Rim: Politics and Policy in Suburbia,* ed. Frederick M. Wirt et al. Lexington, Mass.: D. C. Heath, 1972.

Hirschhom, Bernard. *Democracy Reformed: Richard Spencer Childs and His Fight for Better Government.* Westport, Conn.: Greenwood Press, 1997.

Hofstadter, Richard. *The Age of Reform.* New York: Vintage Books, Alfred A.

Knopf, 1955.

Holli, Melvin G. *Reform in Detroit: Hazen S. Pingree and Urban Politics.* New York : Oxford University Press, 1969.

―――. "Urban Reform in the Progressive Era." In *The Progressive Era,* ed. Lewis L. Gould. Syracuse: Syracuse University Press, 1974.

―――. *The American Mayor: The Best & The Worst Big-City Leaders.* University Park, Pennsylvania: The Pennsylvania State University Press, 1999.

Huthmacher, J. Joseph. "Urban Liberalism and the Age of Reform." *Mississippi Valley Historical Review* 49 (September 1962).

―――. *Senator Robert F. Wagner and the Rise of Urban Liberalism.* New York: Atheneum, 1968.

International City Manager's Association. *The Municipal Year Book 1934―2000.* Chicago: The Association.

注記：Published: Washington, D.C., 1968-; Issued by: International City Manager's Association, 1934-1968; International City Management Association, 1969-〈1990〉; International City/County Management Association, 〈1992〉-

Jackson, Kenneth T., and Stanley K. Schultz. "Introduction of Part Six." In *Cities in American History,* ed. Jackson and Schultz. New York : Alfred A. Knopf, 1972.

Judd, Dennis R., and Todd Swanstrom. *City Politics: Private Power and Public Policy.* New York : HarperCollins College Publishers, 1994.

Judd, Dennis R., and Paul P. Kantor, eds. *The Politics of Urban America: A Reader.* 2nd Boston : Allyn and Bacon, 1998.

Kammerer, Gladys M. "Is the Manager A Political Leader? ―― Yes." *Public Management* (February 1962).

Kammerer, Gladys M., et al. *City Managers in Politics: An Analysis of Manager Tenure and Termination.* Gainesville, University of Florida Social Science Monographs, No. 13, 1962.

Kantowicz, Edward R. *Polish-American Politics in Chicago 1888-1940.* Chicago: The University of Chicago Press, 1975.

Katznelson, Ira. " 'The Burdens of Urban History': Comment." *Studies in American Political Development* no.3 (1989).

Kessel, John H. "Governmental Structure and Political Environment: A Statistical Note about American Cities." *American Political Science Review* 56 (September 1962).

Kessner, Thomas. "Fiorello H. LaGuardia." *History Teacher* 26 (February 1993).

Kingsdale, Jon M. "The 'Poor Man's Club': Social Functions of the Urban Working-Class Saloon." In *The Making of Urban America,* ed. Raymond A. Mohl. Wilmington, Del.: Scholarly Resources, 1988.

Kling, Rob, Spencer Olin, and Mark Poster, eds. *Postsuburban California.* Berkeley and Los Angeles: University of California Press, 1995.

Krase, Jerome, and Charles LaCerra. *Ethnicity and Machine Politics.* Lanham, Md.: University of America, 1991.

LaCerra, Charles. *Franklin Delano Roosevelt and Tammany Hall of New York.* Lanham, Md.: University Press of America, 1997.

Ladd, Everett Carll, Jr. with Charles D. Hadley. *Transformations of the American Party System: Political Coalitions from the New Deal to the 1970s.* New York: W. W. Norton, 1975.

Lankevich, George J. *American Metropolis: A History of New York City.* New York: New York University Press, 1998.

Larsen, Lawrence H., and Nancy J. Hulston. *Pendergast !* Columbia: University of Missouri Press, 1997.

Lee, Eugene C. *The Politics of Nonpartisanship.* Berkeley and Los Angeles: University of California Press, 1960.

Leuchtenburg, William E. *Franklin Roosevelt and the New Deal: 1932-1940.* New York: Harper & Row, 1963.

Lineberry, Robert L., and Edmund P. Fowler. "Reformism and Public Policies in American Cities." *American Political Science Review* 61 (Sept. 1967).

Link, Arthur S. "What Happened to the Progressive Movement in the 1920's?" *American Historical Review* 64.4 (July 1959).

―――. *American Epoch.* Volume 1. New York : Alfred A. Knopf, 1968.

Lockard, Duane. "The City Manager, Administrative Theory and Political Power." *Political Science Quarterly* 77 (1962).

―――. *The Politics of State and Local Government.* New York, London: Macmillan, 1963.

Lotchin, Roger W. "Power and Policy: American City Politics Between the Two World Wars." In *Ethnics, Machines and the American Urban Future,* ed. Scott Greer. Rochester, Vermont: Schenkman Books, 1981.

Loveridge, Ronald O. *City Managers in Legislative Politics.* New York: The Bobbs-Merrill, 1971.

Lowi, Theodore J. *At the Pleasure of the Mayor.* New York: Free Press of Glencoe, 1964.

———. "Machine Politics: Old and New." *The Public Interest* 9 (Fall 1967).
Lubell, Samuel. *The Future of American Politics*. New York: Harper & Row, 1965.
Lubove, Roy. *Twentieth Century Pittsburgh: Government, Business and Environmental Change*. New York: John Wiley & Sons, 1969.
Mandelbaum, Seymour J. *Boss Tweed's New York*. New York: John Wiley & Sons, 1965.
Mann, Arthur. *La Guardia Comes to Power, 1933*. Philadelphia: Lippincott, 1965.
Martin, Ralph G. *The Bosses*. New York: G. P. Putnam's Sons, 1964.
Masugi, Ken. "Ethnicity and Politics: Citizens as 'the mutual guardians of their mutual happiness' and the Politics of Realignment." In *The 1984 Election and the Future of American Politics*, ed. Dennis J. Mahoney and Peter W. Schramm. Durham, N. C.: Carolina Academic Press, 1987.
Mayhew, David R. *Placing Parties in American Politics: Organization, Electoral Settings, and Government Activity in the Twentieth Century*. Princeton: Princeton University Press, 1986.
McCarthy, Michael P. "On Bosses, Reformers, and Urban Growth: Some Suggestions for a Political Typology of American Cities." *Journal of Urban History* 4.1 (November 1977).
McCormick, Richard L. *The Second American Party System: Party Formation in the Jacksonian Era*. New York: Norton, 1973.
———. *From Realignment to Reform: Political Change in New York State, 1893-1910*. Ithaca and London: Cornell University Press, 1979.
———. *The Party Period and Public Policy: American Politics from the Age of Jackson to the Progressive Era*. New York and Oxford: Oxford University Press, 1986.
McDonald, Terrence J. "The Problem of the Political in Recent American Urban History: Liberal Pluralism and the Rise of Functionalism." *Social History* 10 (October 1985).
———. "The Burdens of Urban History: The Theory of the State in Recent American Social History." *Studies in American Political Development* no. 3 (1989).
———. "Reply to Professor Katznelson." *Studies in American Political Development* no. 3 (1989).
McDonald, Terrence J., and Sally K. Ward. "Introduction." In *The Politics of Urban Fiscal Policy*, ed. McDonald and Ward. Beverly Hills, Cal.: Sage, 1984.
McKean, Dayton D. *The Boss: The Hague Machine in Action*. Boston: Houghton

Mifflin, 1940.

McKelvey, Blake. *The Emergence of Metropolitan America, 1915-1966*. New Brunswick, N. J.: Rutgers University Press, 1968.

———. *The Urbanization of America 1860-1915*. New Brunswick, N. J.: Rutgers University Press, 1963.

McKenzie, R. D. "The Rise of Metropolitan Communities." In *Recent Social Trends in the United States*. Volume 1. New York and London: McGrow-Hill, 1933.

McNickle, Chris. *To Be Mayor of New York: Ethnic Politics in the City*. New York: Columbia University Press, 1993.

Menard, Orville D. *Political Bossism in Mid-America: Tom Dennison's Omaha, 1900-1933*. Lanham, Md.: University Press of America, 1989.

Merton, Robert K. *Social Theory and Social Structure* (1949). Rev. and enlarged ed. Glencoe, Ill.: Free Press, 1968.

Miller, Donald L. *City of the Century: The Epic of Chicago and the Making of America*. New York: Simon and Schuster, 1996.

Miller, Warren E., and J. Merrill Shanks. *The New American Voter*. Cambridge, Mass.: Harvard University Press, 1966.

Miller, William D. *Mr. Crump of Memphis*. Baton Rouge: Louisiana State University Press, 1964.

Miller, Zane L. *Boss Cox's Cincinnati: Urban Politics in the Progressive Era*. New York: Oxford University Press, 1968.

———. "Bosses, Machines, and the Urban Political Process." In *Ethnics, Machines and the American Urban Future*. Rochester, Vermont: Schenkman Books, 1981.

Monkkone, Eric H. *America Becomes Urban: The Development of U. S. Cities & Towns, 1780-1980*. Berkeley and Los Angeles: University of California Press, 1988.

Morgan, David R., and Sheilah S. Watson. "Policy Leadership in Council-Manager Cities: Comparing Mayor and Manager." In *Ideal and Practice in Council-Manager Government*. 2nd ed., ed. H. George Frederickson. Washington, D. C.: International City/County Management Association, 1995.

Mowry, George. *The California Progressives*. Berkeley and Los Angeles: University of California Press, 1951.

Muller, Peter O. *Contemporary Suburban America*. Englewood Cliffs, N. J.: Prentice-Hall, 1981.

Murphy, Thomas P., and John Rehfuss. *Urban Politics in the Suburban Era.* Homewood, Ill.: The Dorsey Press, 1976.

Nalbandian, John. "The Contemporary Role of City Managers." *American Review of Public Administration* 19 (December 1989).

National Civic League. *Model City Charter.* 7th ed. Denver, Colorado: National Civic League Press, 1996.

National Municipal League. *Forms of Municipal Government.* New York: National Municipal League, 1973.

Newell, Charldean, ed. *The Effective Local Government Manager.* 2nd ed. Washington, D. C.: International City/County Management Association, 1993.

Newfarmer, Gerald E. "What Do You Do When Reformed Government Doesn't Work? The Cincinnati Experience." *National Civic Review* (Fall-Winter 1995).

Nolting, Orin F. *Progress and Impact of the Council-Manager Plan.* Chicago: Public Administration Service, 1969.

O'Connor, Edwin. *The Last Hurrah.* Boston: Little, Brown, 1956.

Parrish, Michael E. *Anxious Decades: America in Prosperity and Depression, 1920 -1941.* New York: W. W. Norton, 1992.

Pate, James E. *Local Government and Administration.* New York: American Book Company, 1954.

Peterson, Lorin. *The Day of the Mugwump.* New York: Random House, 1961.

Peterson, Paul E. *City Limits.* Chicago: The University of Chicago Press, 1981.

Peterson, Wallace C. *Silent Depression: The Fate of the American Dream.* New York: W. W. Norton, 1994.

Phelan, Thomas J., and Mark Schneider. "Race, Ethnicity, and Class in American Suburbs," *Urban Affairs Review.* 31.5 (May 1996).

Pope, H. G. "Is the Manager a Political Leader? - No." *Public Management* (February 1962).

Powers, Madelon. "The 'Poor Man's Friend': Saloonkeepers, Workers, and the Code of Reciprocity in U.S. Barroom, 1870-1920." In *The Making of Urban America.* 2nd ed., ed. Raymond A. Mohl. Wilmington, Del.: Scholarly Resources, 1997.

Price, Don K. "The Promotion of the City Manager Plan." *Public Opinion Quarterly* 5.4 (Winter 1941).

Protasel, Greg J. "Leadership in Council-Manager Cities: The Institutional Implications." In *Ideal and Practice in Council-Manager Government.* 2nd ed., ed. H.

George Frederickson. Washington, D. C.: Internatinal City/County Management Association, 1995.

Rast, Joel. *Remaking Chicago: The Political Origin of Urban Industrial Change.* Dekalb, Ill.: Northern Illinois University Press, 1999.

Reich, Robert B. *The Work of Nations: Preparing Ourselves for 21st-Century Capitalism.* New York: Alfred A. Knopf, 1993.

Renner, Tari, and Victor S. DeSantis. "Contemporary Patterns and Trends in Municipal Government Structures." In *The Municipal Year Book 1993.*

———. "Municipal Form of Government: Issues and Trends." In *The Municipal Year Book 1998.*

Reynolds, George M. *Machine Politics in New Orleans, 1897-1926.* New York: AMS Press, 1936.

Rice, Bradley Robert. "The Galveston Plan of City Government by Commission: The Birth of a Progressive Idea." *Southern Historical Quarterly* 78 (1975).

———. *Progressive Cities: The Commission Government Movement in America, 1901-1920.* Austin: University of Texas Press, 1977.

Ridley, Clarence E., and Orin F. Nolting. *The City Manager Profession.* Chicago : The University of Chicago Press, 1934.

Riordon, William L. *Plunkitt of Tammany Hall* (1905). New York: E. P. Dutton, 1963.

Riper, Paul P. Van. "Politics-Administration Dichotomy: Concept or Reality." In *Politics and Administration: Woodrow Wilson and American Public Administration,* ed. Jack Rabin and James S. Bowman. New York: Marcel Dekker, 1984.

Robinson, Edgar Eugene. *The Presidential Vote, 1896-1932.* New York, Octagon Books, 1970.

———. *They Voted for Roosevelt: The Presidential Vote, 1932-1944.* New York: Octagon Books, 1970.

Rodgers, Daniel T. "In Search of Progressivism." *Reviews in American History* 10. 4 (December 1982).

Salter, J. T. *Boss Rule.* New York : McGraw-Hill, 1935.

Savage, Sean J. *Roosevelt: The Party Leader 1932-1945.* Lexington, Kentucky: University Press of Kentucky, 1991.

Sayre, Wallace S., and Herbert Kaufman. *Governing New York City.* New York: Russell Sage, 1960.

Scavo, Carmine. "Patterns of Citizen Participation in Edge and Central Cities." In

Contested Terrain: Power, Politics, and Participation in Suburbia, ed. Marc L. Silver and Martin Melkonian. Westport, Connecticut: Greenwood Press, 1995.

Schiesl, Martin J. *The Politics of Efficiency: Municipal Administration and Reform in America, 1800-1920.* Berkeley and Los Angeles: University of California Press, 1977.

Schlesinger, Arthur M., Jr. *The Age of Roosevelt: The Coming of the New Deal.* Boston: Houghton Mifflin, 1959.

Schneider, William. "The Suburban Century Begins." *The Atlantic Monthly* (July 1992).

Schnore, Leo F. "The Social and Economic Characteristics of American Suburbs." *The Sociological Quarterly* 4.2 (Spring 1963).

Scott, James C. "Corruption, Machine Politics, and Political Change." *American Political Science Review* 63 (1969).

Shannon, William V. "The Age of the Bosses." *American Heritage* (June 1969).

Shefter, Martin. "The Emergence of the Political Machine: An Alternative View." In *Theoretical Perspectives on Urban Politics,* ed. Willis D. Hawley and Michael Lipsky. Englewood Cliffs, N. J.: Prentice-Hall, 1976.

———. "The Electoral Foundations of the Political Machine: New York City, 1884 -1897." In *The History of American Electoral Behavior,* ed. Joel H. Silbey, Allan G. Bogue and William H. Flanigan. Princeton, N. J.: Princeton University Press, 1978.

———. "Trade Unions and Political Machines: The Organization and Disorganization of the American Working Class in the Late Nineteenth Century." In *Working-Class Formation: Nineteenth-Century Patterns in Western Europe and the United States,* ed. Ira Katznelson and Aristide Zolberg. Princeton, N. J.: Princeton University Press, 1986.

———. "Political Incorporation and Political Extrusion: Party Politics and Social Forces in Postwar New York." In *Political Parties and the State.* Princeton, N. J.: Princeton University Press, 1994.

———. "Regional Receptivity to Reform in the United States." In *Political Parties and the State.* Princeton, N. J.: Princeton University Press, 1994.

Simon, Herbert. *Administrative Behavior* (1945). 3rd ed. New York: The Free Press, 1976.

Soule, George. *Prosperity Decade, from War to Depression, 1917-1929.* New York: Rinehart, 1947.

Squires, Gregory D., et al. *Chicago: Race, Class, and the Response to Urban*

Decline. Philadelphia: Temple University Press, 1987.

Stave, Bruce M. *The New Deal and the Last Hurrah: Pittsburgh Machine Politics.* Pittsburgh : University of Pittsburgh Press, 1970.

——, ed. *Urban Bosses, Machines, and Progressive Reformers.* Lexington, Mass.: D. C. Heath, 1972.

——. "Pittsburgh and the New Deal." In *The New Deal.* Volume 2, ed. John Braeman et al. Ohio: Ohio State University Press, 1975.

Steffens, Lincoln. *The Autobiography of Lincoln Steffens.* New York: Harcourt, Brace, 1931.

——. *The Shame of the Cities* (1904). New York: Hill and Wang, 1992.

Stewart, Frank Mann. *A Half Century of Municipal Reform: A History of the NML.* Berkeley and Los Angeles : University of California Press, 1950.

Stillman, Richard J., Jr. *The Rise of the City Manager.* Albuquerque: University of New Mexico Press, 1974.

——. *Creating the American State: The Moral Reformers and the Modern Administrative World They Made.* Tuscallosa, Ala.: The University of Alabama Press, 1998.

Stone, Clarence N. *Regime Politics: Governing Atlanta, 1946-1988.* Lawrence: University of Kansas, 1989.

——. "Urban Political Machines: Taking Stock." *PS: Political Science and Politics* 29 (September 1996).

Stone, Harold, Don Price, and Kathryn Stone. *City Manager Government in the United States.* Chicago: Public Administration Service, 1940.

Strobel, Frederick R. *Upward Dreams, Downward Mobility: The Economic Decline of the American Middle Class.* Lanham, Md.: Rowman & Littlefield Publishers, 1993.

Strong, Josiah. *Our Country* (1886). Ed. Jurgen Herbst. Cambridge, Mass.: The Belknap Press of Harvard University Press, 1963.

Svara, James H. "Dichotomy and Duality: Reconceptualizing the Relationship Between Policy and Administration in Council-Manager Cities." *Public Administration Review* 45 (January/February 1985).

Svara, James H., and James W. Bohmbach. "The Mayoralty and Leadership in Council-Manager Government," *Popular Government* 41 (Winter 1976).

Swanstrom, Todd. "Semisovereign Cities: The Politics of Urban Development." *Polity* 21.1 (Fall 1988).

Taylor, Frederick. *Principles of Scientific Management.* New York, Harper and

Brothers, 1911.

Teaford, Jon C. "Finis for Tweed and Steffens: Rewriting the History of Urban Rule." *Reviews in American History,* 10 (December 1982).

———. *The Unheralded Triumph: City Government in America, 1870-1900.* Baltimore: The Johns Hopkins University Press, 1984.

———. *The Twentieth-Century American City.* 2nd ed. Baltimore: The Johns Hopkins University Press, 1993.

———. *Post-Suburbia: Government and Politics in the Edge Cities.* Baltimore: The Johns Hopkins University Press, 1997.

Thelen, David P. "Social Tensions and the Origins of Progressivism." *Journal of American History* 56.2 (September 1969).

———. *The New Citizenship: Origins of Progressivism in Wisconsin, 1885-1900.* Columbia, Mo., 1972.

———. "Urban Politics: Beyond Bosses and Reformers." *Reviews in American History* 7 (1979).

Thernstrom, Stephan. *A History of the American People.* Vol. 2. 2nd ed. Orlando, Florida: Harcourt Brace Javanovich, 1989.

Thomas, G. Scott. *The United States of Suburbia.* Amherst, N. Y.: Prometheus Books, 1998.

Todd, Lewis Paul, and Merle Curti. *Triumph of the American Nation.* Orlando, Florida: Harcourt Brace Jovanovich, 1990.

Trout, Charles H. "Curley of Boston: The Search for Irish Legitimacy." In *Boston 1700-1980: The Evolution of Urban Politics,* ed. Ronald P. Formisano and Constance K. Burns. Westport, Conn.: Greenwood Press, 1984.

United Nations. *1963 Supplement to the Monthly Bulletin of Statistics.* New York: U. N., 1964.

U. S. Department of Commerce, Bureau of the Census. *Historical Statistics of the United States: Colonial Times to 1970.* Bicentennial Edition. Part 1 & Part 2. Washington, D. C.: Government Printing Office, 1975.

———. *Statistical Abstract of the United States.* Washington, D. C.: Government Printing Office.

注記：Vols. for 1878-1902 issued by the Bureau of Statistics (Dept. of the Treasury); 1903-1911 by the Bureau of Statistics (Dept. of Commerce and Labor); 1912-1937 by the Bureau of Foreign and Domestic Commerce; 1938- by the Bureau of the Census.

Verba, Sidney, and Norman H. Nie. *Participation in America: Political Democracy and Social Equality.* New York: Harper & Row, 1972.

Voter News Service exit poll, reported in *New York Times* (12 November 2000).

Wade, Richard C. "The Withering Away of the Party System." In *Urban Politics New York Style,* ed. Jewel Bellush and Dick Netzer. Armonk, N. Y.: M. E. Sharpe, 1990.

Waldo, Dwight. *The Administrative State.* New York: Ronald Press, 1948.

Walsh, James P. "Abe Ruef Was No Boss: Machine Politics, Reform, and San Francisco." *California Historical Quarterly* 51 (1972).

Walton, Hanes, Jr. *Black Politics: A Theoretical and Structure Analysis.* Philadelphia: J. P. Lippincott, 1972.

Ward, David. *Cities and Immigrants: A Geography of Change in Nineteenth Century.* New York: Oxford University Press, 1971.

Weinstein, James. "Organized Business and the City Commission and Manager Movements." *Journal of Southern History* 28 (1962).

―――. *The Corporate Ideal in the Liberal State: 1900-1918.* Westport, Conn.: Greenwood Press, 1968.

White, Andrew D. "City Affairs Are Not Political." Reprinted in *The Politics of Urban America,* ed. Dennis R. Judd and Paul P. Kantor. Needham Heights, Mass.: Allyn & Bacon, 1998.

White, Leonard. *The City Manager.* Chicago: The University of Chicago Press, 1927.

Whyte, William Foote. *Street Corner Society.* 2nd ed. Chicago and London: The University of Chicago Press, 1969.

Wiebe, Robert H. *Businessmen and Reform: A Study of the Progressive Movement.* Cambridge, Mass.: Harvard University Press, 1962.

―――. *The Search for Order.* New York: Hill and Wang, 1967.

Wieford, Douglas G. "The Changing Role of the City Manager." *Public Management* (August 1954).

Wikstrom, Melson. "The Mayor as a Policy Leader in the Council-Manager Form of Government: A View From the Field." *Public Administration Review* 39 (May/June 1979).

Williams, Oliver P., and Charles R. Adrian. *Four Cities.* Philadelphia: University of Pennsylvania Press, 1963.

Willoughby, Alfred. *The Involved Citizen: A Short History of the National Municipal League.* New York : National Municipal League, 1969.

Wilson, James Q. *The Amateur Democrat.* Chicago and London: The University of

Chicago Press, 1966.
Wilson, James Q., and Edward C. Banfield. "Political Ethos Revisited." *American Political Science Review* 65 (December 1971).
Wilson, Woodrow. "The Study of Administration." *Political Science Quarterly* (June 1887).
Wirt, Frederick M., et al. *On the City's Rim: Politics and Policy in Suburbia.* Lexington, Mass. : D. C. Heath, 1972.
Wolfe, Alan. "The Recentering of America." *Current History* (April 1992).
―――. "Clash of the Middle Classes." *Harper's Magazine* (October 1993).
Wolfinger, Raymond E. "The Development and Persistence of Ethnic Voting." *American Political Science Review* 59 (December 1965).
―――. "Why Political Machines Have Not Withered Away." In *The Politics of Progress.* Englewood Cliffs, N. J.: Prentice-Hall, 1974.
Wolfinger, Raymond E., and John Osgood Field. "Political Ethos and the Structure of City Government." *American Political Science Review* 60 (June 1966).
Wood, Robert C. *Suburbia.* Boston: Houghton Mifflin, 1959.
Woofter, T. J., Jr. "The Status of Racial and Ethnic Groups." In *Recent Social Trends of the United States.* Volume 1. New York and London: McGraw-Hill, 1933.

阿部斉『アメリカの民主政治』東京大学出版会、1972年。
―――『アメリカ現代政治』第2版、東京大学出版会、1992年。
―――「アメリカ政治における都市と郊外」『アメリカ研究』28（1994年）。
岩野一郎「都市政治と移民」阿部斉・有賀弘・本間長世・五十嵐武士編『世紀転換期のアメリカ』東京大学出版会、1982年。
小川晃一「アメリカにおける都市政治の一例序論」『北大法学論集』第27巻3・4号（1977年）。
―――「アメリカにおける都市政治の一例――党組織」『北大法学論集』第29巻3・4号（1979年）。
―――「アメリカにおける都市政治の一例――政治マシーンに属する人々の社会的地位」『北大法学論集』第31巻3・4号（1981年）。
沖田哲也・中邨章・竹下譲編『地方自治と都市政策』学陽書房、1981年。
片桐正俊『アメリカ連邦・都市行財政関係形成論』御茶ノ水書房、1993年。
斎藤眞「アル・スミスと民主党の再編」『現代アメリカの内政と外交――高木八尺先生古希記念』東京大学出版会、1959年。
自治総合センター編『シティ・マネージャー――諸外国における理論と実態――』

1983年。
杉浦章介「郊外ミドル景観の創始と変容」『アメリカ研究』28（1994年）。
砂田一郎『現代アメリカの政治変動』勁草書房、1994年。
田口富久治編『主要諸国の行政改革』勁草書房、1982年。
中邨章『アメリカの地方自治』学陽書房、1991年。
西尾勝「アメリカにおける大都市行政の構造(1)―(7)」『国家学会雑誌』79-80巻（1965年-67年）。
―――『権力と参加』東京大学出版会、1975年。
西山隆行「ニューヨーク市政体制の変容――ラガーディアの改革とタマニー支配体制の崩壊」『国家学会雑誌』第113巻、第3・4号（2000年）。
野村達朗『ユダヤ移民のニューヨーク』山川出版社、1995年。
平田美和子「アメリカにおける移民と都市政治」『津田塾大学紀要』第6号（1974年）。
―――「アメリカ都市政治におけるシティ・マネージャー職理念の展開」津田塾大学『国際関係学研究』No.3（1976年）。
―――「1920年代のアメリカ都市政治――市政改革を中心に――」『アメリカ研究』12（1978年）。
―――「革新主義市政改革とビジネスマン」『津田塾大学紀要』第11号（1979年）。
―――「ニュー・ディール救済政策における政府間関係」『津田塾大学紀要』第13号（1981年）。
―――「民主党の都市政党化と都市政治――ニューディール期を中心に――」『津田塾大学紀要』第14号（1982年）。
―――「アメリカにおける都市政党マシーンの形成と展開――タマニーホールを中心に――」津田塾大学『国際関係学研究』No.9（1982年）。
―――「ニューディール連合の形成」津田塾大学『国際関係学研究』No.13（1986年）。
―――「ニューディールの諸政策とロウズヴェルト連合(1)」津田塾大学『国際関係学研究』No.14（1987年）。
―――「ニューディール連合の崩壊」藤本一美編『アメリカ政治30年の検証』東京、行研出版局、1990年。
―――「アメリカにおける政党マシーンと新移民――ニューヨークとシカゴのケース――」武蔵大学『人文学会雑誌』第25巻、第2・3巻（1993年）。
―――「アメリカにおける中産階級の衰退とその政治的意味」津田塾大学『国際関係学研究』No.22（1995年）。
―――「アメリカ大統領選挙にみるエスニシティ――人種・民族グループと二大政党――」『異文化・異民族の交流と対立』御茶ノ水書房、1996年。

藤本一美『アメリカの政治と政党再編成』勁草書房、1988年。
松本悠子「革新主義時代におけるタマニーホールと移民」『西洋史学』134号（1984年）。
寄本勝美『自治の形成と市民——ピッツバーグ市政研究——』東京大学出版会、1993年。

あとがき

　筆者がアメリカの都市政治に関心を抱き、その研究に着手する契機となったのは、ブリンマー大学（ペンシルベニア州）大学院に留学中の1970年代初めであった。大学院の授業で触発された筆者のアメリカ都市政治研究は、帰国後も続き、その研究成果の一部を70年代半ばに発表した。その後、筆者の研究対象は、連邦レベルの政治に拡がったが、それと同時に断続的にではあれ、都市政治に関わる研究成果を発表してきた。「アメリカにおける移民と都市政治」『津田塾大学紀要』第6号（1974年）、「アメリカ都市政治におけるシティ・マネージャー職理念の展開」津田塾大学『国際関係学研究』No. 3 (1976年)、「1920年代のアメリカ都市政治——市政改革を中心に——」『アメリカ研究』12 (1978年)、「革新主義市政改革とビジネスマン」『津田塾大学紀要』第11号（1979年）、「民主党の都市政党化と都市政治——ニューディール期を中心に——」『津田塾大学紀要』第14号（1982年）、「アメリカにおける都市政党マシーンの形成と展開——タマニーホールを中心に——」津田塾大学『国際関係学研究』No. 9 (1982年)、「アメリカにおける政党マシーンと新移民——ニューヨークとシカゴのケース——」武蔵大学『人文学会雑誌』第25号、第2・3号 (1993年)、「アメリカにおける中産階級の衰退とその政治的意味」津田塾大学『国際関係学研究』No. 22 (1995年) がその主たるものである。

　本書は、これらの論文を再検討し、アメリカ都市政治の研究をまとめてみようという意図から生まれたものである。しかし、一口に「まとめる」といっても、それは容易な作業ではなかった。この四半世紀にアメリカにおける都市政治研究は発展し、かつて「通説」であったものがあらためて問題にされ、膨大な研究成果が発表されてきているからである。そこで筆者は、できる限りそうした新たな研究成果を参照し、また、かつて参照できなかった文献も利用して、本書をまとめあげた。その意味で、本書は単に筆者が発表してきた論文の集成ではない。本書の序章を含めて第2章から第8章の内容は、上記の諸論文を部

分的にベースとしてはいるが、問題意識を拡張し、大幅な加筆、修正をおこなっている。また削除した部分もある。したがって各章の構成も上記諸論文とはかなり異なっている。とはいえ、このような事情から、各章間で多少、内容的に重複した部分もあることは断っておきたい。なお、第1章は新たに書き下ろした。

　本書を完成するまでには、実に多くの方々のお世話になった。筆者がアメリカの都市政治研究をはじめた1970年代の頃から、暖かくお励ましくださったアメリカ政治研究会の諸先生方にはとくにお礼申し上げたい。斎藤眞東京大学名誉教授、阿部齊放送大学教授、泉昌一前桜美林大学教授、砂田一郎学習院大学教授、五十嵐武士東京大学教授、藤本一美専修大学教授、古矢旬北海道大学教授、久保文明慶應義塾大学教授をはじめとするメンバーの方々からいただいた貴重なコメントやアドバイスが、筆者を本書の完成へと導いてくれたものと深く感謝する次第である。さらにお亡くなりになった藤田たき元津田塾大学学長をはじめとする津田塾大学の諸先生方、留学先のブリンマー大学、ハーバード大学、ケンブリッジ大学でお世話になった先生方に心から感謝をささげたい。

　本書の執筆に際しては、武蔵大学、ハーバード大学、ケンブリッジ大学をはじめとするいくつもの大学の図書館に大変お世話になった。筆者の面倒な依頼に対して、快く応じてくださった図書館員の方々のご協力がなければ本書は完成できなかったと思う。また、参考文献一覧と索引作りを手伝ってくださった水田亜紀子氏にも、大いに助けられた。

　最後になったが、学術書の出版事情が厳しい折に、本書の出版をお引き受けくださった勁草書房、並びに同社編集部の町田民世子氏には、あつくお礼申し上げたい。また、本書出版にあたって勁草書房へ紹介の労をとってくださった砂田一郎先生に、この場を借りて謝意を表する次第である。

　なお、本書の刊行は平成12年度武蔵大学研究出版助成金によって可能となった。記して援助に感謝したい。

　　　　2001年1月

　　　　　　　　　　　　　　　　　　　　　　　　　平田　美和子

人名索引

Addams, Jane   50,88,106,189
Adrian, Charles R.   17-18,82,86,193,217, 220,226,252,254
Aldrich, John H.   49
Aldridge, George   45
Allen, Frederick Lewis   82
Allen, Howard W.   137,164
Allen, William H.   185
Allswang, John M.   106-108,133,135-138, 163-166,189
Ammons, David N.   226
Ansell, Christopher K.   108
Appleby, Paul H.   224

Banfield, Edward C.   18,29,83-84,190, 252,255
Banovetz, James M.   225
Beard, Charles   203
Beatty, Jack   165,253
Behrman, Martin   45,53
Bensman, Joseph   83
Bernard, Richard M.   194
Bernstein, Irving   163
Biles, Roger   138
Blinder, Alan S.   253
Bobcock, John Paul   111,133
Bollens, John C.   194,225
Bosworth, Karl A.   225
Bound, John   253
Boyer, Paul   190
Boynton, Robert Paul   217-218,226
Bradford, Ernest S.   203
Braeman, John   162,164
Brennan, George   121,136
Bridges, Amy   52,85,106,133,184,192,194
Brown, A. Theodore   49
Brown, M. Craig   38,51-54
Browne, William   226

Brownlow, Louis   205
Bryce, James   25,49,88,106,112,133,169, 189
Buckley, Christopher   111
Buenker, John D.   109,135,191
Burner, David   162-163
Burris, Arthur L.   108
Burrows, Edwin G.   190
Bush, George W.   248,250
Bush, George   247-249

Callow, Alexander B., Jr.   49,106-107,133
Carnegie, Andrew   187
Caro, Robert A.   138,165
Cerillo, Augustus Jr.   108,194
Cermack, Anton J.   44,120-121,123,128-129,136
Chandler, Lester V.   137,163
Childs, Richard Spencer   106,177-178,181-182,192-193,198-199,202-207,220-223
Childs, William   177,192
Clinton, Bill   247-250
Clubb, Jerome M.   137,164
Colburn, David R.   109,135
Coolidge, Calvin   142,145
Cornwell, Elmer E., Jr.   29,82,87,113,133
Croker, Richard   45
Croly, Herbert   203
Crump, Edward   44,53,73,75
Curley, James Michael   30-31,111,124, 151,157-158,160-161,165
Curti, Merle   252
Cutting, R. Fulton   185,187

Dahl, Robert A.   29,84,113,133
Daley, Richard J.   74,78,86-87,119
Davis, John W.   144
Dawson, William   78,87

279

Degler, Carl   189
Dennison, Tom   53
DeSantis Victor S.   17, 18-20
DiGaetano, Alan   17-18, 51-53, 85-87
Dole, Bob   248-250
Dorsett, Lyle W.   35, 50, 52-54, 82, 138, 164-166
Dunne, Edward   41, 119, 136

East, John Porter   192-193, 221
Ehrenhalt, Alan   227
Ekirch, Arthur A., Jr.   191
Eldersveld, Samuel J.   162-163
Ely, William   156
Erie, Steven P.   50-51, 54, 87, 116, 134-135, 137-138
Ethington, Philip J.   85

Farley, James A.   128, 130
Field, John Osgood   83
Finegold, Kenneth   52, 136, 195
Fiske, Jim   94
Flecher, Thomas W.   227
Flynn, Ed   128
Fogelson, Robert M.   192

Galbraith, John Kenneth   228, 251
Gans, Herbert J.   252
Garreau, Joel   254
Garrett, Charles   87, 137, 165-166
Gaynor, William J.   102-103, 186
George, Henry   41, 98-100, 104, 108, 115, 122
Gill, Norman N.   194-195
Ginsberg, Benjamin   139
Glaab, Charles N.   49, 162
Gompers, Samuel   100, 115
Goodnow, Frank   208
Gordon, Daniel N.   84-85
Gore, Al   248, 250
Gosnell, Harold F.   136, 138
Gottfried, Alex   136, 138
Gould, Lewis L.   189

Grant, Arthur H.   192
Green, Paul Michael   136-138
Greenstein, Fred I.   29, 82-83, 113, 133, 192
Greer, Scott   86, 252
Griffith, Ernest S.   191, 193
Guffey, Joseph   154

Hague, Frank   44, 46, 53, 73, 75, 111, 156-157
Halaby, Charles N.   38, 51, 53
Hamilton, Alexander   23
Hansell, Bill   226-227
Harding, Warren G.   142
Harrell, C. A.   213, 225
Harrison, Carter I and II.   118
Harrison, Carter II.   119, 120
Hays, Samuel P.   18, 177, 191-192
Hawley, Willis D.   106, 134
Hearst, William Randolph   41
Henderson, Thomas M.   135
Hensler, Deborah R.   254
Hewitt, Abram   98, 107
Hillquit, Morris   117
Hirschhom, Bernard   192, 221
Hoffman, John T.   94
Hofstadter, Richard   81-82, 163
Holli, Melvin G.   41, 52, 136, 164-165, 174, 189-191
Hoover, Herbert   124-125, 140, 142, 145, 150, 161
Hopkins, Harry   130, 158
Hopkins, John P.   118
Hulston Nancy J.   53, 82, 164
Huthmacher, J. Joseph   109, 135, 191
Hylan, John F.   186

Ickes, Harold   158-159

Jackson, Andrew   49
Jackson, Kenneth T.   49, 51, 189
Jefferson, Thomas   23, 26, 27
Johnson, George   253
Johnson, Tom L.   174

280

人名索引

Jones, Samuel 174
Judd, Dennis R. 19,53,85,189,252

Kammerer, Gladys M. 217,225-226
Kantor, Paul P. 85,189
Kantowicz, Edward R. 135-136
Kaufman, Herbert 108
Keane, Mark 216
Kelly, John 34,45,97,101,111,115
Kelly, Ed 75,111,129-130,132
Kessel, John H. 64,83
Kessner, Thomas 138,165
Kingsdale, Jon M. 82-83
Kline, Charles 153
Kling, Rob 254

La Follette, R. M. 143-144
La Guardia, Fiorello H. 32,77,126-129, 131-132,138,158-159,165-166
Ladd, Everett Carll, Jr. 255
Larsen, Lawrence H. 53,82,164
Lawrence, David 86,111
Lee, Eugene C. 18
Leuchtenburg, William E. 252
Levitt, William J. 234
Link, Arthur S. 81
Lipsky, Michael 106,134
Lockard, Duane 193,224
Lotchin, Roger W. 33,50,86
Loveridge, Ronald O. 225
Low, Seth 102,190,192
Lowi, Theodore J. 134,138
Lubell, Samuel 163
Lubove, Roy 86

McKee, John V. 125
Mandelbaum, Seymour J. 106
Mann, Arthur 87,165
Martin, Ralph G. 53,134,165
Masugi, Ken 133
McAdoo, William Gibbs 144
McCarthy, Michael P. 52
McClellan, George B. 102-103,186

McCormick, Richard L. 49,189
McDonald, Terrence J. 51,54
McDonough, Joe 120
McKean, Dayton D. 53,165
McKee, John V. 125-126
McKelvey, Blake 137,162-164,192
McKenzie, R. D. 162
McLaughlin, Hugh 111
McNickle, Chris 135
Mellon, Richard K. 86
Menard, Orville D. 53
Merriam, Charles E. 209,211
Merton, Robert K. 28-33,35,50,89,106, 112-113,133
Metz, Herman A. 194
Miller, William D. 53
Miller, Zane L. 35,51-52
Mitchel, John Purroy 186,194
Morgan, David R. 218,225-226
Morgan, J. P. 52
Morrissey, John 98
Muller, Peter O. 254
Munro, William B. 203
Murphy, Charles Francis 44,102,111,116 -118
Murphy, Frank 124-125,151
Murphy, Thomas P. 254
Murray, Matthew S. 155

Nalbandian, John 226
Nash, Patrick 75,111,120-121,129
Newell, Charldean 222,226
Newfarmer, Gerald E. 227
Nolting, Orin F. 209,216,222-225

O'Brien, John 95,125-126
O'Connell, Dan 111
O'Connor, Edwin 50,86,152,158,164
Otis, H. G. 223

Parrish, Michael E. 252
Pendergast, James 82,111
Pendergast, Thomas Joseph 46,73,85,

281

111, 155-156
Perot, Ross   248-250
Peterson, Lorin   190
Peterson, Wallace C.   253
Pinchot, Gifford   154
Pingree, Hazen S.   52, 174-175
Plunkitt, George Washington   40-41, 60-61, 112
Pope, H. G.   225
Powers, Madelon   82
Price, Don K.   193-194, 206, 220-221, 223, 225
Protasel, Greg J.   226

Rast, Joel   86
Reagan, Ronald   247-248
Rehfuss, John   254
Reich, Robert B.   253
Renner, Tari   17, 18-20
Reynolds, George M.   53
Rice, Bradley Robert   18, 52, 193-194, 220
Ridley, Clarence E.   209, 216, 224
Ries, John C.   194, 225
Riordon, William L.   52, 82, 133, 135
Riper, Paul P. Van   224
Robinson, Edgar Eugene   163-164
Rockefeller, John D.   52, 187
Roosevelt, Franklin D.   32, 48, 74-75, 124-132, 140-141, 148, 150-153, 155-159, 161-163, 165-166, 229
Roosevelt, Theodore   173, 190

Savage, Sean J.   137-138
Sayre, Wallace S.   108
Scavo, Carmine   255
Schiesl, Martin J.   18, 108, 191, 193-195, 220
Schlesinger, Arthur M., Jr.   252
Schneider, William   243, 244, 254-255
Schnore, Leo F.   242, 254
Schultz, Stanley K.   49, 51, 189
Scott, James C.   51
Shannon, William V.   51

Shefter, Martin   50-52, 70, 85, 106-108, 134, 137, 139
Simon, Herbert   224
Smith, Alfred E   103, 105, 117, 128, 144-145, 148, 163
Soule, George   162
Speer, Robert   45, 53
Squires, Gregory D.   87
Stark, Lloyd C.   155
Stave, Bruce M.   54, 164
Steffens, Lincoln   27-28, 49, 88, 90, 106, 112, 118, 133, 136, 170, 174, 176, 189, 191
Stewart, Frank Mann   18, 190, 220-221
Stillman, Richard J., Jr.   193, 222-225
Stone, Clarence N.   51
Stone, Harold and Kathryn   193, 211-212, 223, 225
Strobel, Frederick R.   252
Strong, Josiah   25-27, 49
Strong, William   190
Sullivan, Roger   118
Svara, James H.   226
Swanstrom, Todd   19, 53, 252

Taggert, Thomas   45
Taylor, Frederick   193, 207, 223
Teaford, Jon C.   35, 50, 53, 252, 254
Thelen, David P.   35, 50, 189
Thernstrom, Stephan   252
Thomas, G. Scott   255
Tilden, Samuel   107
Todd, Lewis Paul   252
Trout, Charles H.   165
Tweed, William   34, 92-97, 101, 104, 107

Vanderbilt, Cornelius   94
Vidich, Arthur J.   83

Wade, Richard C.   138
Wagner, Robert F.   103, 105, 117
Waldo, Dwight   224
Walker, James M.   124-125, 158, 165
Walsh, David   32, 157-158, 160

Walsh, James P.   51
Walsh, Michael   41
Walton, Hanes, Jr.   87
Washington, Harold   78
Watson, Sheilah S.   218, 225-226
Weinstein, James   191-194
White, Andrew D.   170, 189
White, Leonard   208-209, 224
Whyte, William Foote   74, 86
Wiebe, Robert H.   191
Wieford, Douglas G.   225
Wikstrom, Melson   226
Williams, Oliver P.   217, 226
Willoughby, Alfred   190, 220
Willoughby, W. F.   208
Wilson, James Q.   18, 29, 83-84, 190, 252, 255
Wilson, Woodrow   9, 144, 208, 223-224

Wolfe, Alan   228, 242, 244, 252, 254
Wolfinger, Raymond E.   54, 83-85, 87
Wood, Robert C.   253-255
Woofter, T. J., Jr.   81
Wright, Deil S.   217, 226

阿部斉   254
岩野一郎   135
小川晃一   84
斎藤眞   163
杉浦章介   254
中邨章   85
西山隆行   165
野村達朗   135
平田美和子   49, 54, 133-134, 137-138, 163-164, 252-255
松本悠子   109
寄本勝美   87, 164

事項索引

ア行

アービングホール　92,98
ICMA →国際シティ/カウンティ・マネージメント連合、国際シティ・マネージメント連合、国際シティ・マネージャー連合
アイリッシュ　32-33,41,58,77,84,93-94,97-99,107,110-111,113-122,125-126,128-129,131-132,135-136,144,148,159,175
アイルランド→アイリッシュ
アトランタ（ジョージア州）　243
『アメリカ合衆国におけるマネージャー制政治』　211
『アメリカ共和国』　25
アメリカ労働総同盟（AFL）　100,115
アルバカーキ（ニューメキシコ州）　69,184
アングロサクソン　25-27,57,69-70,83,118,126,144
委員会制（commission system）　6-7,9-12,19,44,46,73,180-185,187,193-194,198-200,203,253
　——と政党マシーン　44,46,53,73
　——とビジネス　181-185
　——の発展　9-11
「移住説」　255
イニシアチブ　18,172,241
移民
　——（系）人口比率　59,64-69,76-77,84-85
　——制限法　147
　——とマシーン政治　第2章,93-94
　——とリフォーム政治　63-68
　——の帰化と投票権　61-63,116,119,125
　——の都市への流入　26-27,57-59,69-70,93,114-116,118
インディアナポリス（インディアナ州）　45
ウォード（ward）　5-8,11-13,17,19,66,172,180,221

AFL →アメリカ労働総同盟
「エッジシティ（辺境都市）」　244-245
NML →全国都市連盟
NCL（National Civic League）　221
オークランド（フロリダ州）　19
オースチン（テキサス州）　184
オールバニー（ニューヨーク州）　84,111
オマハ（ネブラスカ州）　53

カ行

科学的管理法　181,186,193,203,206-210
革新主義　3,6,8-9,13,24,30,40-46,71-73,76,80,109,112,第6章,197,199,203,241-242,246
合衆国市長会議（U.S. Conference of Mayors）　150
ガルヴェストン（テキサス州）　9,181,184,198,220
カンザスシティ（ミズーリ州）　32,35,44,46,73,82,85,153,155-157,160-161,164,218
共和党　111,118-119,122,127,129,131,134,142-145,147-148,153,162,230,246-247,249-250
「草の根の民主主義」　6,171,180,241,244
クック・カウンティ　120-121,130,162
クリーブランド（オハイオ州）　17,56,59,143,174
郊外　15,79,232-235,240-251,254
公共事業局（Public Works Administration, PWA）　127,156,158-159,229
構造改革（structural reform）　191
『行動規範（Code of Ethics）』　205-206,209-213,215-216,223,225
国際シティ/カウンティ・マネージメント連合（International City/County Management Association, ICMA）　205,219,222-223

事項索引

国際シティ・マネージメント連合（International City Management Association, ICMA）　215, 222
国際シティ・マネージャー連合（International City Managers' Association, ICMA）　208-209, 211-212, 215, 222
黒人　78-79, 87, 244
「古典的」マシーン政治　57-63
「コミュニティリーダー」　210, 215-220

サ行

『最後の歓呼』　30-31, 74, 152, 157
「最後の歓呼説」　31-32, 74-75, 152-153, 157-158
サムター（サウスカロライナ州）　199
サンアントニオ（テキサス州）　184
産業別労働組合会議（CIO）　75
サンディエゴ（カリフォルニア州）　69, 184
サンフランシスコ（カリフォルニア州）　42, 68-69, 71-72, 111, 143-144, 187, 246
サンホゼ（カリフォルニア州）　184, 218
シアトル（ワシントン州）　69-72
CAO→首席行政管理官
CMA→シティ・マネージャー連合
市会マネージャー制（council-manager system）→マネージャー制
シカゴ（イリノイ州）　44, 50, 56, 59, 69, 75, 78, 82, 84, 87, 90, 111, 113-114, 118-123, 128-132, 135-138, 143, 149, 162, 186, 189, 209, 211, 215, 222
　——大学　209, 211, 215, 222
　——の移民（系）　118-121, 128-129
　——の民主党得票率　124
事業促進庁（局）（Works Progress Administration, WPA）　74, 127, 130, 151, 154-156, 158-159, 230
資源保全市民団（Civilian Conservation Corps, CCC）　229
市政改革　3, 5, 6, 8, 41-42, 44, 72-74, 90-91, 93, 102-104, 117, 119, 133, 第6章, 197, 202, 220, 241
市政調査会　42-43, 180, 185-187, 194-195
市長市会制（市長制）　5, 10-12, 14-17, 64-68, 84, 196, 200
　強い——（strong-mayor system）　5, 45-46, 172-173, 193, 197, 203, 253
　弱い——（weak-mayor system）　5, 45, 53, 172, 197
実質世帯所得　230-231, 238-240
シティ・マネージャー→マネージャー制
『シティ・マネージャー』　208
『シティ・マネージャー職』　209, 224
『シティ・マネージャー・ブレティン（City Manager Bulletin）』　205, 222
シティ・マネージャー制（city manager system）→マネージャー制
シティ・マネージャー連合（City Managers' Association, CMA）　204, 222
ジニ係数　238-239
「支配的マシーン」　38-40, 44-48, 52
　——と「党派的マシーン」の分布　38-40, 47, 52
　——の興隆と要因　40-47
ジャージーシティ（ニュージャージー州）　32, 44, 73, 75, 111, 153, 156-157, 160-161, 164, 246
「社会改革（social reform）」　41, 174-175, 177, 191
ジャクソン（ミシガン州）　183-184
首席行政管理官（chief administrative officer, CAO）　16, 225
商工会議所　181-182, 184, 205, 222
所得分配（の不平等）　235-240, 251
ショートバロット（short ballot）　172-173, 178, 182, 192, 199, 204, 221, 241
新移民　25-27, 32-33, 57-63, 69-70, 76-79, 82, 110-113, 116-123, 125-126, 131, 132, 136, 147, 250
シンシナティ（オハイオ州）　19, 43, 111, 149, 219, 227
ストーントン（バージニア州）　9, 198
スプリングフィールド（オハイオ州）　184
「政治的リーダー」　217-220
政党マシーン→マシーン
西部　23, 27, 57, 65, 67-71, 144-145, 250
積極的優遇措置（Affirmative Action）　247

285

全国産業復興法（National Industrial Recovery Act, NIRA）　230
全国都市連盟（NML）　18,171-175,177-178,182,193,197,203-204,221-222
全市単一選挙区制（at large electoral system）　6-8,11-13,15-17,19-20,66-67,72-73,172,175,180,184,200
セントルイス（ミズーリ州）　56,59,90,142-143,145,176

タ行

大恐慌　112,123-125,129,141,148-151,229
大統領選挙
　　——1920年　140,142-144,146,148
　　——1924年　140,143-144
　　——1928年　140,124,145-146,148,161
　　——1932年　124,128,140-141,153,155,161
　　——1980年　247-248,255
　　——1984年　247-248,255
　　——1988年　247-248
　　——1992年　247-248
　　——1996年　248,249
　　——2000年　248,250,256
大ニューヨーク市　102,117,135
「脱郊外都市（postsuburban metropolis）」　243,245,251
WPA →事業促進庁（局）
タマニー→タマニーホール
タマニーホール　31-36,40,42,44-45,60,77-78, 3章,111-118,122,125-128,131,135,158-161,163,165,172,177,185-186,190
ダラス（テキサス州）　184,193
中産階級　25,27,33,38,41,79,108,113,128,193,第8章
　　——化　33,79,108,113,229-235
　　——と郊外　79,232-235,240-251
　　——とマシーン　25,38,41
　　——の「衰退化」　235-240
　　——の政党支持傾向　245-250
中心都市　15,232,240,242-245,254
中西部　9,57,65-72,76-78,133,140,145,147,187

デイトン（オハイオ州）　9,72-73,184,200
デトロイト（ミシガン州）　52,56,69,72-73,124,143,149,151,174-175
「転向説」　255
デンバー（コロラド州）　18,45,53,69
トゥイード・リング　34,92,94-97,107
「党派的マシーン」　38-40,46-47,52
『都市の恥辱』　27,170
「都市リベラリズム（urban liberalism）」　191
トレド（オハイオ州）　174

ナ行

南西部　9,133,194
南部　84,140,144,147,250
「虹の連合」　32-33,113,132
ニューオーリンズ（ルイジアナ州）　33,45,53,73
ニューディール　30-32,46-48,74-76,78-79,111-112,114,123,125-127,129-131,140-141,148-162,229-230,246-247
ニューヘブン（コネチカット州）　84
ニューヨーク（市）　17,31-36,40-42,45,50-52,56,59-60,69,77-78,81,90,93,98,102,104-105,111,113-118,123-132,135,137-138,143-145,148-149,158-161,165-166,170-171,176-177,185-187,190-192,194,209,222,232,246
　　——1933年市長選挙　126
　　——とニューディール　158-160
　　——とポピュリスト　41-42
　　——の移民（系）　114,116,126-127
　　——の郊外化　232
　　——の市政改革運動　170-171,177,185-187,194
　　——のタマニーホール→タマニーホール
　　——の民主党得票率　124,143-144,146
ニューヨーク・カウンティ民主党　92,98
「能率と節約」　16,42,44,46,91,103,117,119,173,183,187-188,241
ノンパルティザン選挙（non-partisan election）　6-8,11-16,19,43,64-67,72-74,172-173,175,184,200,245

ハ行

パルティザン選挙（partisan election） 6-8, 11-12, 43, 64-67, 221
PWA →公共事業局
ビジネス 4, 27-29, 37-38, 42, 80-81, 89-91, 94-96, 101-102, 105, 第6章, 197
ピッツバーグ（ペンシルベニア州） 17, 32, 47, 59, 86-87, 90, 111, 143, 153-155, 157, 160-161, 164, 176
ヒューストン（テキサス州） 56, 181, 184, 193-194
フィラデルフィア（ペンシルベニア州） 17, 56, 59, 90, 111, 143, 149, 170, 187, 234
フェニックス（アリゾナ州） 69, 184
普通選挙権 4, 23, 38, 47, 80, 178-179
復興金融公庫（Reconstruction Finance Corporation, RFC） 124, 150
プロビデンス（ロードアイランド州） 69
フロンティアライン 55
平均実質賃金 235-236
ポートランド（オレゴン州） 69, 71-72
北東部 57, 65-72, 76-78, 86, 133, 144-145, 147, 170, 183, 187
ボストン（マサチューセッツ州） 17, 30-33, 59, 69, 73-74, 77, 124, 143, 145, 148, 151, 157, 160-161, 165, 179, 246
ボルチモア（メリーランド州） 56, 143

マ行

マートン・モデル 30-35, 89
マシーン 4-9, 14, 19, 第1章, 第2章, 第3章, 第4章, 147, 170-180, 183-185, 187-189, 193, 197, 199, 241, 246
——研究 25-35, 88-92
——と西部の都市 68-71
——とビジネス 28, 34, 37-38, 42, 83, 87, 90-91, 94-97, 100-102, 105, 112, 130, 174-180, 183-184
——による各種の「恩恵」 59-61, 94, 100, 104, 114, 117, 240
——の「隠れた機能」 28-29, 113
——の衰退原因 71-80, 152-153, 157-160

——の特徴 36-38
——の隆盛 57-59, 154-157
マックレイカーズ 27, 88
マネージャー制（manager system） 6-7, 9-16, 18-19, 43, 46, 64-67, 72-73, 85, 180-185, 187-188, 193-194, 第7章, 220, 226, 253
——とNML 199, 203-205, 222
——と政党マシーン 43, 46, 73
——とビジネス 181-185
——とリチャード・チャイルズ 181-182, 204-205
——におけるマネージャーの役割 第7章
——の発展 9-11, 14-15, 200-202
南パシフィックマシーン 71
ミネアポリス（ミネソタ州） 90, 176
ミルウォーキー（ウィスコンシン州） 61, 69, 124, 143, 145, 194
民間事業局（Civil Works Administration, CWA） 155-156, 159
民主党 48, 87, 107, 111-114, 118-125, 128-132, 136, 140-141, 144-148, 153-154, 158, 174-175, 230, 245-250
無党派層 250-251
メリットシステム 18, 43, 72, 172-173, 208, 253
メンフィス（テネシー州） 44, 53, 73, 75
モデル都市憲章（model city charter） 193, 199, 203, 221
モデル都市綱領（model municipal program） 173

ラ行

リコール 18, 172, 241
リフォーム政治→市政改革
「レーガン・デモクラット」 247, 255
レファレンダム 18, 172, 241
レヴィットタウン 234, 252
連合労働党（United Labor Party） 98, 108, 115, 122
連邦緊急救済局（Federal Emergency Relief Administration, FERA） 130, 151, 156, 159, 166, 229

287

ロウレンス（カンザス州）　208,222
ロサンゼルス（カリフォルニア州）　56,69,
　71-72,143,233
ロチェスター（ニューヨーク州）　17,45
ロックポート（ニューヨーク州）　199,207,
　222
ロングバロット（long ballot）　178,197,
　221

ワ行

ワグナー法　230
ワスプ→アングロサクソン
ワシントンＤＣ　56,215,222
『我らが祖国』　25

著者略歴
1946年　東京都に生まれる
1969年　津田塾大学学芸学部卒業
1971年　プリンマー大学大学院政治学研究科修了
　　　　津田塾大学非常勤講師，東京大学非常勤講師などを経て，
現　在　武蔵大学人文学部教授
著　書　『1920年代のアメリカ都市政治』『アメリカ研究』(1978年)
　　　　「アメリカにおける政党再編論に関する一考察」『津田塾大学紀要』(1984年)
　　　　『アメリカ政治30年の検証』(共著、行研出版局、1990年)
　　　　『アメリカ合衆国とは何か』(共著、雄山閣出版、1999年)
　　　　など

アメリカ都市政治の展開　マシーンからリフォームへ
2001年3月20日　第1版第1刷発行

著　者　平田美和子
　　　　ひら　た　み　わ　こ
発行者　井　村　寿　人

発行所　株式会社　勁　草　書　房
　　　　　　　　　けい　そう
112-0005　東京都文京区水道 2-1-1　振替 00150-2-175253
　　　　　電話（編集）03-3815-5277／FAX 03-3814-6968
　　　　　電話（営業）03-3814-6861／FAX 03-3814-6854
　　　　　　　　　　　　　　港北出版印刷・牧製本

© HIRATA Miwako　2001　Printed in Japan
＊落丁本・乱丁本はお取替いたします
＊本書の全部または一部の複写・複製・転訳載および磁気または光記録媒体への入力等を禁じます。
　　　　ISBN　4-326-30142-2
　　　　http://www.keisoshobo.co.jp

視覚障害その他の理由で活字のままでこの本を利用出来ない人のために、営利を目的とする場合を除き「録音図書」「点字図書」「拡大写本」等の製作をすることを認めます。その際は著作権者、または、出版社まで御連絡ください。

砂田　一郎	現代アメリカの政治変動	Ａ５判	4,000円
牧田　義輝	アメリカの広域行政	Ａ５判	3,700円
山岸　義夫	アメリカ膨張主義の展開	Ａ５判	3,500円
山崎　　正	米国の地方財政	Ａ５判	6,903円
藤本　一美	アメリカの政治資金	四六判	2,300円
牧田　義輝	アメリカ大都市圏の行政システム	Ａ５判	3,700円
中村　泰男	アメリカ連邦議会論	Ａ５判	5,500円
花井等・浅川公紀編	戦後アメリカ外交の軌跡	Ａ５判	3,400円
花井等・浅川公紀編	アメリカの外交政策	Ａ５判	4,500円

＊表示価格は2001年3月現在。消費税は含まれておりません。